中國學術思想 研究輯刊

二四編

林慶彰 主編

第 8 冊

陳確「心氣是一」的思想研究

王焜泰 著

花木蘭文化出版社

國家圖書館出版品預行編目資料

陳確「心氣是一」的思想研究／王焜泰 著 — 初版 — 新北市：
花木蘭文化出版社，2016〔民105〕
目 4+244 面；19×26 公分
（中國學術思想研究輯刊 二四編；第 8 冊）
ISBN 978-986-404-722-2（精裝）
1.（清）陳確 2. 學術思想 3. 清代哲學
030.8   105013479

ISBN-978-986-404-722-2

9 789864 047222

中國學術思想研究輯刊
二四編　第 八 冊   ISBN：978-986-404-722-2

陳確「心氣是一」的思想研究

作　　者　王焜泰
主　　編　林慶彰
總 編 輯　杜潔祥
副總編輯　楊嘉樂
編　　輯　許郁翎、王筑　美術編輯　陳逸婷
出　　版　花木蘭文化出版社
社　　長　高小娟
聯絡地址　235 新北市中和區中安街七二號十三樓
　　　　　電話：02-2923-1455 ／傳真：02-2923-1452
網　　址　http://www.huamulan.tw 信箱 hml 810518@gmail.com
印　　刷　普羅文化出版廣告事業
封面設計　劉開工作室
初　　版　2016 年 9 月
全書字數　218241 字
定　　價　二四編 11 冊（精裝）新台幣 20,000 元

陳確「心氣是一」的思想研究

王焜泰　著

作者簡介

王焜泰，一九八四年生，彰化縣鹿港人。畢業於中國文化大學中文系、中國文化大學中文所，曾任國、高中教師，現爲臺中華盛頓中學國文專任教師，論文著有《陳確「心氣是一」的思想研究》。

提　要

「宋明理學」在中國思想史上已盛行了六百餘年，然而在理學之末流呈現出一種空談心性亦近狂禪的現象，此時在於明清學術思想轉換之際而又受到政治影響，使明末學者思想產生了劇烈變動，如：羅欽順、王廷相、劉宗周、黃宗羲等人無不受到當時「氣學」所影響，就在此時傳統理學的相關問題再度被挑戰，這也是一個學術明顯轉變的現象。

陳確在這明清氣學潮流之中也深受其影響，他打破了傳統的偏見、勇於挑戰權威，他認爲性善應從實踐工夫來說，此時把形上本體落實到形下層面，來避免空談本體之性，使本體就在人倫日用之中無限展露，這也是陳確的重要思想特質之一。

雖然陳確深受陽明「心學」之影響，但並不代表只有純「心學」觀念，而且陳確把心的本體觀念保留，但也引進了「氣學」思想系統來修正「心學」，所以我們不能再說陳確只有「心學」意味，而是要以「心氣是一」的角度來去詮釋說明，更能凸顯其思想特色。

目

次

第一章　緒　論

第一節　研究動機

　　「宋明理學」在中國思想史上已盛行了六百餘年，然而在理學之末流呈現出一種空談心性亦近狂禪的現象，此時在於明清學術思想轉換之際而又受到政治影響，使明末學者思想產生了劇烈變動，如：羅欽順、王廷相、劉宗周、黃宗羲等人無不受到當時「氣學」所影響，就在此時傳統理學的相關問題再度被挑戰，這也是一個學術明顯轉變的現象。

　　陳確在這明清氣學潮流之中也深受其影響，他打破了傳統的偏見、勇於挑戰權威，他認爲性善應從實踐工夫來說，此時把形上本體落實到形下層面，來避免空談本體之性，使本體就在人倫日用之中無限展露，這也是陳確的重要思想特質之一。

　　雖然陳確深受陽明「心學」之影響，但並不代表只有純「心學」觀念，而且陳確把心的本體觀念保留，但也引進了「氣學」思想系統來修正「心學」，所以我們不能再說陳確只有「心學」意味，而是要以「心氣是一」的角度來去詮釋說明，更能凸顯其思想特色。

第二節　研究方法

　　首先，先由陳確原典之中分別找出以「氣」、「道」、「性」、「理」、「情」、

「才」、「心」、「欲」、「知行」、「氣質」、「善惡」等關鍵字做稍加摘錄歸納，分析字句彼此之間的關係，大體可以分為「天道論」、「心性論」、「工夫修養論」為三大論題。藉此以建構出陳確在於明清之際之地位。

其次，將陳確所謂的「本體」釐清是否有繼承漢代「氣化宇宙論」或者宋明「本體論」來突顯出陳確的思想特質，然而陳確本體即是在於人倫日用之中展現為「道在氣中」。進而來說明陳確「人性論」是否有善無惡，同時對程朱的空談本體進行批判，並認為氣性是必須擴充使性更加臻善。

再者，重視形下實踐之心作為研究方向，並結合了王學「心學」與受到當時明清之際的氣學氛圍影響之下，必然是走向「心氣是一」這條路上。

最後，在徹底了解陳確的氣論思想架構之下，再加上與各家學派異同比較如：「理氣是一」、「心理氣是一」、「純粹氣本論」、「心氣是一」來凸顯陳確在中國思想史中的獨特性、價值性與對後世之影響。

第三節　研究資料

在明末清初思想的轉換之際，陳確對於當時社會環境、政治腐敗產生了莫大的反動，他看清了明末「心學」的不澈底性又加上宋明「本體義」的提倡之下，導致人對於現實氣化層面有所遺棄。然而陳確資料非常廣泛，從詩文到思想無所不包，但本論文則以陳確的思想處多做探討與闡述，而對於詩文部分則少加詳述，此為不足之處。

一、陳確原典資料

對此，想要了解陳確的思想特質大致上可以從《陳確集》〔註1〕此本書去分析立論，而了解陳確的主要思想篇章則有《葬書上》、《葬書下》、《性解上》、《性解下》、《氣情才辨》以及對於《大學》的不滿而作《大學辨一》、《大學辨二》、《大學辨三》、《大學辨四》為最主要研究的資料，然而亦有些與友人

〔註 1〕參見李宜庭《陳確思想探析：以「欲」、「私」、「氣」為核心的討論》，國立臺灣師範大學國文研究所，頁 6。B.C1798 由玄族孫陳敬璋將陳確遺著編成《陳確先生遺集》，但未付梓，目前所發現的抄本有南京、北京版兩種，直至B.C1979，中華書局以上海本為底本參照南京版，以及《大學辨》抄本，加上吳騫所做的《陳確年譜》，以及其它散見資料，才整理校點而成目前對陳確資料收羅最完整的是《陳確集》。

的來往書信也是參考資料，例如：〈答劉伯繩書〉、〈答朱康流書〉、〈答吳仲木書〉、〈答張考夫書〉等等，這些都是重要的研究資料來源。

　　談到風水相信是中國幾千年來的傳統習俗，但陳確對於迷信風水主張為不切實際並且影響到人民的生計，於是則作《葬書上》、《葬書下》來批評當時候的風水習俗，更言：「今天下異端之危害甚多矣：葬師為甚，佛次之，老又次之。」〔註2〕可以看出陳確把於風水視為異端之首。但中國人特重「慎重追遠」於是也並不是全部的抹煞掉，而是提出只要合理另又開創出一套自我的葬俗法則。〈六字葬法〉云：

> 葬法有六要：曰時，曰近，曰合，曰深，曰實，曰儉。時不出三月，近不出鄉，合謂族葬，深入地至丈以外，實謂棺外槨內以灰沙實築之，不留蟃隙，儉謂不事虛文。蓋儉則必時，合則必近，深則必實。
> 〔註3〕

「人性論」在中國思想史可以說是非常多元發展，但陳確作有《性解上》、《性解下》〔註4〕的自我「人性觀」，他不再走程朱形上的「本體論」，反而是轉向於形下的「氣化觀」，但並不是否定「本體」的存在，他認為唯有透過後天的「素位」才能確保人性圓滿性，並且認為「義理之性」內聚收攝在「氣質之性」使兩者相互融合的性一原論。〈與劉伯繩書〉言：

> 性即是體，善即是性體。既云：「道性善」，又云：「不言行善之本」，豈非騎驢覓驢乎！「本體」二字，不見經傳，此宋儒從佛氏脫胎來者。兄謂《商書》「維皇降衷」、《中庸》「天命之性」，皆指本體言，此誣之甚也。皇降、天命，特推本之詞，猶言人身則必本之親生云耳。其實孕時，此親生之身，而少而壯而老，亦莫非親生之深，何嘗指此為本體，而過此以往，即屬氣質，非本體乎？〔註5〕

最後對於《大學》的「知先行後」、「知止」、「誠意慎獨」、「正心」、「格物致知」等諸多問題提出批判，此《大學辨》一出則引來許多的攻訐，對《大學》

〔註2〕　【清】陳確《陳確集》，〈葬書下〉，北京：中華書局，1979年，頁489。

〔註3〕　【清】陳確《陳確集》，〈葬書下〉，北京：中華書局，1979年，頁494～495。

〔註4〕　參見蒙文通〈《治學雜語》論先秦諸子與理學〉，收於氏著《先秦諸子與理學》，桂林：廣西師範大學，2006年，頁312。孟子言養氣是重視發展，孔子言性近習遠，也是說有待於發展。自宋儒以後，明末清初的陳乾初還講得好些，他講性善時發揮了發展論的理論，比宋、明儒者所講人性的理論要深刻得多。

〔註5〕　【清】陳確《陳確集》，北京：中華書局，1979年，〈與劉伯繩書〉，頁466。

只知道知識上的認知卻不是生活經驗層面的「知」，如此一來則產生了「空談本體」、「割裂知行」的狀態，所以陳確才認爲《大學》爲「空寂之學」爲不切實際的「禪學」。以至於，陳確認主張透過「脩身」來鍥入到本體之中，使人性更能眞實流露出來。

〈大學辨〉其云：

> 夫「知之非艱，行之惟艱」，自古言之。定、靜、安、悉屬止功，固不費絲毫氣力；慮亦是空思索，未有力行深造之功也。何遽至於能得乎？《大學》蓋曰一「知止」，而學已無餘事矣。此《大學》之供案也。後又遽進而求之格致，皆爲「知止」起義耳。物格而知至者，知止也。故「格物」節文氣絕似「知止」節。又若曰一格致，而學已無餘事矣。又《大學》之供案也。故以其前之歸重「知止」，而知上文明、親、至善之言之爲虛設也；以其後之歸重格致，而又知上文誠、正、脩、齊、治、平之言之皆爲虛設也，惟「脩身爲本」一言，最爲切實，然已大悖前義矣。故讀《大學》之全文而又知「脩身爲本」之言之亦爲虛設也。弟謂《大學》竟是空寂之學者，蓋以此也。〔註6〕

以上則是陳確對於明末清初的不滿而提出新的思想觀念，而本文著重在於陳確對於當代產生哪些反動思潮，並且與各思想家作相互比較來得知陳確在於思想史上的定位。另有，陳確是否只有單純受到王學「心學」影響而成爲「偏霸心學」〔註7〕，亦或者也受到「氣學」影響而歸納在「心氣是一」範疇之中。

二、學者著書

　　雖然陳確可參考的研究資料不多，但並不能澆熄學者對於陳確做更新一步的了解。因此，眾多的學者則是抱持著汲汲態度努了解陳確最原始的思想特質，並且重新詮釋陳確在於學術史上的地位與價值，可以說是對後代研究幫助是非常大的，而專著書中有提到陳確相關問題則有錢穆《中國近三百年學術史》則是繼承了梁啓超並且在北平圖書館獲得《大學辨》抄

〔註6〕【清】陳確《陳確集》，（北京：中華書局，1979年），〈大學辨〉，頁573。
〔註7〕參見王瑞昌《陳確評傳》，南京：南京大學出版社，2002年，頁378。

本，除此之外，另有從陳確的墓誌銘中了解到與黃宗羲之間論學關係〔註8〕，則言：「乾初論學，亦何嘗不自蕺山、陽明出？亦惟其特提與重視之轉移，即足以推證其思想之變遷。」〔註9〕；古清美《明代理學論文集》則是從陳確的成長背景到人性論，並且對於陳確《大學辨》提出深入淺出的看法〔註10〕、張麗珠則著有三本書，全面重新詮釋清代的理學風氣，並且呈現出明末清初的學術走向〔註11〕、詹海雲《清初學術論文集》則是更深入去分析《人性論》、《理欲觀》並且對《大學辨》的「知而不行」提出批判，並且涉及到工夫修養等問題〔註12〕、劉述先《黃宗羲心學的定位》〔註13〕、鄧立光《陳乾初研究》不僅詳述了陳確的生平與爲學經過，並且對於「素位」、「天道論」、「人性論」、「理欲觀」、「大學辨」進而到與劉宗周、黃宗羲相做比較，來凸顯出思想特質〔註14〕、王瑞昌《陳確評傳》則是認爲陳確爲「偏霸心學」，這也意味著「心學」意味非常濃厚〔註15〕。另外，又有陶清《明遺民九大家哲學思想研究》〔註16〕、侯外廬《陳確哲學選集》〔註17〕、蒙培元《中國心性論》〔註18〕、梁啓超《中國近三百年學術史》〔註19〕、溝口雄三《中國前近代思想的演變》〔註20〕。

三、單篇期刊論文

對於期刊部分則是以陳確與各思想家作相互比較，則有王俊彥〈陳確

〔註8〕　參見錢穆《中國近三百年學術史》上冊，臺北：臺灣商務，1987年。
〔註9〕　參見錢穆《中國近三百年學術史》上冊，臺北：臺灣商務，1987年，頁50。
〔註10〕　參見古清美《明代理學論文集》，臺北：大安，1990年。
〔註11〕　參見張麗珠《清代的義理學轉型》，臺北：里仁，2006年。張麗珠《清代新義理學——傳統與現代的交會》，臺北：里仁，2003年。張麗珠《清代義理學新貌》，臺北：里仁，1999年。
〔註12〕　參見詹海雲《陳乾初大學辨研究——兼論其在明末清初學術史上的意義》，臺北：明文，1986年。詹海雲《清初學術論文集》，臺北：文津出版社，1992年。
〔註13〕　參見劉述先《黃宗羲心學的定位》，臺北：允晨，1986年。
〔註14〕　參見鄧立光《陳乾初研究》，臺北：文津出版社出版社，1992年。
〔註15〕　參見王瑞昌《陳確評傳》，南京：南京大學出版社，2002年。
〔註16〕　參見陶清《明遺民九大家哲學思想研究》，臺北：洪葉文化，1997年。
〔註17〕　參見侯外廬《陳確哲學選集》，科學出版社，1958年。
〔註18〕　參見蒙培元《中國心性論》，臺北：臺灣學生，1990年。
〔註19〕　參見梁啓超《中國近三百年學術史》，臺北：里仁，1995年。
〔註20〕　參見溝口雄三著，林右崇譯《中國前近代思想的演變》，臺北市編譯館，1994年。

的性善論與明清氣學〉〔註21〕、王昌偉〈陳乾初《大學辨》對朱子的駁難〉〔註22〕、王瑞昌〈陳乾初思想的心學定位〉〔註23〕、古清美〈陳乾初理學思想探討〉、〈談陳乾初與黃梨洲辯論的幾個問題〉〔註24〕、任大援〈陳確的性理思想〉〔註25〕、何冠彪〈陳確對出處之抉擇與回應──明遺民探求自處之道一例〉〔註26〕、辛冠潔〈陳確三論──陳卻對程朱理學的三次發難〉、〈鮮享盛名的清代學壇明珠──陳確〉〔註27〕、姜廣輝〈陳確思想研究〉〔註28〕、徐令彥〈試析陳確對「人性善」理論的修正和補充〉〔註29〕、陽徵〈陳確研究綜述〉〔註30〕、蔡家和〈黃宗羲與陳確的論辯之研究〉〔註31〕、鄭宗義〈黃宗羲與陳確的思想因緣之分析──以〈陳乾初先生墓誌銘〉為中心〉〔註32〕、韓立森〈陳確思想的特質〉〔註33〕、嚴健羽〈陳確的哲學思想〉〔註34〕。

〔註21〕 參見王俊彥〈陳確的性善論與明清氣學〉,《發皇華語‧涵詠文學──中華文化暨華語文教學學術研討會論文集》(臺北:文津出版社有限公司,2009 年 12 月) 頁 113～142。

〔註22〕 參見王昌偉〈陳乾初《大學辨》對朱子的駁難〉,《鵝湖月刊》第 24 卷第 12 期。

〔註23〕 參見王瑞昌〈陳乾初思想的心學定位〉,《中國哲學史》第 3 期,2002 年。

〔註24〕 參見古清美〈陳乾初理學思想探討〉,收於古氏著《明代理學論文集》,臺北:大安,1990 年。古清美〈談陳乾初與黃梨洲辯論的幾個問題〉,《幼獅學誌》第 17 卷 3 期,1983 年。

〔註25〕 參見任大援〈陳確的性理思想〉,〈浙江學刊〉第 2 期,1983 年。

〔註26〕 參見何冠彪〈陳確對出處之抉擇與回應──明遺民探求自處之道一例〉,《故宮學術季刊》第 11 卷第 4 期。

〔註27〕 參見辛冠潔〈陳確三論──陳卻對程朱理學的三次發難〉,收入《中國哲學史》,浙江人民出版社,1983 年。辛冠潔〈鮮享盛名的清代學壇明珠──陳確〉,收於《第一屆國際清代學術研討會論文集》,高雄:中山大學中文系,1993 年。

〔註28〕 參見姜廣輝〈陳確思想研究〉,《中國哲學史》第 1～2 期,1996 年。

〔註29〕 參見徐令彥〈試析陳確對「人性善」理論的修正和補充〉,《河南社會科學》第 5 期,1999 年。

〔註30〕 參見陽徵〈陳確研究綜述〉,《船山學刊》第 4 期,2004 年。

〔註31〕 參見蔡家和〈黃宗羲與陳確的論辯之研究〉,臺大:《哲學論評》第 35 期,2008.3。

〔註32〕 參見鄭宗義〈黃宗羲與陳確的思想因緣之分析──以〈陳乾初先生墓誌銘〉為中心〉,《漢學研究》第 14 卷 2 期,1996 年。

〔註33〕 參見韓立森〈陳確思想的特質〉,《晉陽學刊》第 2 期,1990 年。

〔註34〕 參見嚴健羽〈陳確的哲學思想〉,收入《論中國哲學史──宋明理學討論會文集》,浙江人民出版社,1983 年。

四、學位論文

1. 周麗楨〈陳乾初思想之研究〉

周麗楨所撰〈陳乾初思想之研究〉，首先敘述陳確在明末清初的背景之下，造就了陳確獨特思想獨特性，並且以生命的各階段來了解如何安頓立命；其次，則以「人性論」與「大學辨」來作爲論述的主軸，最後則是以陳確變革後身心之安頓爲考量，此論文可以說對陳確作初步的認識與了解。〔註35〕

2. 陳熙遠〈時代思潮與轉折點上的異數──陳確思想試析〉

陳熙遠所撰〈時代思潮與轉折點上的異數──陳確思想試析〉，則是以歷史角度切入來看陳確此爲比較特殊地方，首先以亡國之後則以「死節」來自我的反省與安頓立命，並且對於當代的風水傳習俗與傳統禮教做出分析與闡釋；次之，對於《大學辨》的成立背景作探討了解與相關問題，來反映出如何替宋明理學貫注新的生命；最後則說明如何「琢磨程朱」與「光復孔孟」與同門黃宗羲之間的談話與辯論。〔註36〕

3. 王琇瑜〈陳乾初處世思想探析──以素位、葬論惟中心的討論〉

王琇瑜所撰〈陳乾初處世思想探析──以素位、葬論惟中心的討論〉，首先則以陳確的生命來做討論以及如何面臨時代環境所帶來的衝擊影響，並且如何回應對於環境所帶的影響與對生命的反省；其次，以「素位之學」來說明後天實踐與人倫日用的相互連結。另有，說明如何把「素位之學」鍥入到風俗改革之中，可以說是把「素位之學」重新的再下一次定義。〔註37〕

4. 劉清泉〈陳確批判傳統理學的思想探究〉

劉清泉所撰〈陳確批判傳統理學的思想探究〉，首先此論文較著重於程朱「人性論」的批評與重新建構出陳確特殊「人性論」思想價值，進而發展出新的精神理論出來；次之，即作「大學辨」對《大學》的「知而不行」提出批評，來呈現出與宋儒學者之間歧異處；最後，則討論與其師劉宗周之間的

〔註35〕 參見周麗楨〈陳乾初思想之研究〉，國立高雄師範學院國文研究所碩士論文，1989 年。

〔註36〕 參見陳熙遠〈時代思潮與轉折點上的異數──陳確思想試析〉，國立臺灣大學歷史研究所碩士論文，1991 年。

〔註37〕 參見王琇瑜〈陳乾初處世思想探析──以素位、葬論惟中心的討論〉，國立臺灣師範大學國文研究所碩士論文，1993 年。

思想傳承，選擇了黃梨洲、張楊園來與陳確相做學術論證比較，來得知陳確在於思想地位的價值性。〔註38〕

5. 蔡恆海〈陳確思想研究〉

蔡恆海所撰〈陳確思想研究〉，先從陳確如何對傳統人性觀的傳承與改變，由重視本體而轉向後天實踐層面；其次，則討論「理欲觀」來回應宋儒「存天理、滅人欲」的觀念；最後，則以《大學辨》來了解「行」之重要性與討論如何對《葬論》做改革，對於陳確則可以做更深一步的了解。〔註39〕

6. 楊于萱〈陳確人性論研究〉

楊于萱所撰〈陳確人性論研究〉，首先藉由陳確承繼孔孟學說來貞定人性，使人不再有推諉之心，來強調陳確對於後天實踐功夫的重要性；其次，反對宋儒把「義理之性」與「氣質之性」二分割裂，進一步說明性善必須由氣上見；另外，從「習」延伸到人性不為惡，再次強調工夫在人倫日用之中的重要性；最後，則以本心為依據，並且藉由生活中的本心「逆覺體證」來體會「天道」，而不是佛老的「澄心坐忘」工夫。〔註40〕

7. 李宜庭《陳確思想探析：以「欲」、「私」、「氣」為核心的討論》

李宜庭所撰《陳確思想探析：以「欲」、「私」、「氣」為核心的討論》，首先肯定陳確的「理欲觀」再分別以「天理」與「人欲」之間的關係作為討論研究方向；其次，從「理欲觀」說明對於「私」的肯定，而有「公私」與「自私」之分；另由肯定「氣」，來說明人性論而使性一體全善；最後，則是說明對於朱子、王陽明、劉宗周三者之間的繼承與改正，此論文可以說是對於「私」的部分有做更深入的探討值得去了解的地方。〔註41〕

〔註38〕 參見劉清泉〈陳確批判傳統理學的思想探究〉，國立清華大學中文所碩士論文，1997年。

〔註39〕 參見蔡恆海〈陳確思想研究〉，國立彰化師範大學國文研究所碩士論文，2003年。

〔註40〕 參見楊于萱〈陳確人性論研究〉，國立中央大學中國文學研究所碩士論文，2007年。

〔註41〕 參見李宜庭《陳確思想探析：以「欲」、「私」、「氣」為核心的討論》，國立臺灣師範大學國文研究所論文，2008年。

第二章　陳確成學過程

　　陳確，名道永，字非玄，原名篿永，字原季，（今浙江海寧人），明亡後改是名，易字乾初〔註1〕，生於明萬曆三十二年（1604 B.C），卒於清康熙十六年（1677 B.C）。陳確家族本爲海寧望族，其曾祖陳公正爲邑庠生，文筆才賦甚高；父陳穎伯又爲邑庠生，在此書香世家的影響之下，陳確也對科舉產生了濃厚的追求，但十六、七歲參加童試而落第，於是從對科舉興趣轉爲冷漠態度而云：

　　　　後數年屢試不售，輒不勝牢騷之感。〔註2〕

十八歲則娶碩人王氏。碩人，海鹽諸生王廷榮之長女；至二十歲從仲兄學于審山之陰；到了二十七歲則與祝開美（祝淵，字開美，號月隱，明崇禎癸酉舉人，年三十五，殉節死）相識。二十九歲長子翼出生，字敬之，次年補博士弟子。另外，四十歲則是陳確思想的一大轉變期從山水遊樂轉向思想性質，另又與祝開美、吳仲木（吳蕃昌，字仲木，海鹽人，順治九年壬辰，工年四十九歲）拜謁其師劉宗周（（1578～1645B.C），初名憲章，字起東，號念臺，後人稱其爲蕺山先生。山陰（今浙江紹興）人。因講學於山陰縣城北的蕺山，學者稱之爲蕺山先生）。而將過去一切的寫性情之詩文書法、篆刻博奕等技藝全部屏棄。越明年，明代滅亡，導致劉宗周絕食而卒，隨之陳確好友祝開美亦也殉國，劉宗周手書及其所記師授於陳確，此時陳確對於理學之中所謂的

〔註1〕 【清】陳確《陳確集》，（北京：中華書局，1979年），頁639。《爲舊字有贈》
　　　　其詩中云：「昔我字非玄／今子易乾初，／其德爲潛龍／于名取確乎」。
〔註2〕 【清】陳確《陳確集》，（北京：中華書局，1979年），頁460。

「慎獨」、「致良知」、「本心」已開始注意，這也奠定了他日後的基礎〔註3〕；及至四十四歲具呈本學，求削儒籍，得到批准。又改名為確，字乾初。陳確身體健康每況愈下，但他對於理學則是抱持著熱忱，五十一歲寫成《大學辨》徹底打破舊有傳統的《大學》，又致力於抨擊朱熹（（1130 B.C～1200 B.C），字元晦，一字仲晦，號晦庵、晦翁、遯翁等，徽州婺源（今屬江西）人，南宋著名的理學家）。所著《大學章句集註》可以說是不留餘地，更是大膽說：

> 陳確氏曰：《大學》首章，非聖經也。其傳十章，非賢傳也。程子曰：
> 「《大學》，孔氏之遺書，而未始直言孔子」朱子則曰：「右經一章，
> 蓋夫子之意，而曾子述之；其傳十章，則曾子意，而門人記之也」
> 〔註4〕

此話一出更是受到當代學家批判，但也掀起了一股反動思潮，並且提出「知而不行」、「正心」、「致良知」等諸多問題。五十四歲又完成了《性解》、《禪障》此時陳確更把理學範疇推到更高層次。相對的，也批評程朱把形上「本體」說得太高，使得形下「經驗層」受到遺棄，而在「人生而靜」以上談人性，〈性解下〉云：

> 宋儒又強分個氣質之性，謂氣情才皆非本性，皆有不善，另有性善
> 之本體，在「人生而靜」以上，奚啻西來幻指！一唱百和，學者靡
> 然宗之，如通國皆醉，共說醉話，使醒人何處置喙其間？噫！可痛
> 也。〔註5〕

到了七十三歲則與師出同門的黃宗羲（1610～1695 B.C，字太冲，號南雷，學者稱梨洲先生，浙江余姚黃竹浦人。）多次論辯之下，從起先對於陳確思想觀念的不滿，認為已偏離了蕺山之學，並且與陳確《大學辨》、「天理人欲」、「擴充盡才」都有著不同看法。〈與乾初論學書〉云：

> 夫性之為善，合下如是，到底如是，擴充盡才而非有所增也，即不
> 加擴充盡才而非有所減也。不為堯存，不為桀亡。到得牿亡之後，
> 石火電光未嘗不露，纔見其善確不可移。故孟子以孺子入井、呼爾

〔註3〕 【清】陳確《陳確集》，（北京：中華書局，1979 年），頁534。「（父）因授《性理集要》一書，卻終不能讀也」。從這裡可以看出，陳確起初對於理學可以說是沒有興趣，但自從拜謁其師劉宗周之後，卻改變了陳確的思想特質，依筆者認為，劉宗周是扮演著啟發者的角色。

〔註4〕 【清】陳確《陳確集》，（北京：中華書局，1979 年），〈大學辨〉，頁552。

〔註5〕 【清】陳確《陳確集》，（北京：中華書局，1979 年），〈性解下〉，頁451。

蹴爾明之，正爲是也。若必擴充盡才始見其善，不擴充盡才未可爲
善，焉知不是荀子之性惡，全憑矯揉之力而後至於善乎？〔註6〕

老兄此言，從先師「道心即人心之本心，義理之性即氣質之本性，
離氣質無所謂性」而來。然以之言氣質、言人心則可，以之言人欲
則不可。氣質、人心是渾然流行之體，公共之物也，人欲是落在方
所，一人之私也。天理、人欲，正是相反，此盈則彼絀，彼盈則此
絀。故寡之又寡，至於無欲，而後純乎天理。若人心、氣質，烏可
言寡耶？「棖也慾，焉得剛」，子言之謂何？「無欲故靜」，孔安國
注《論語》「仁者靜」句，不自濂溪始也。以此而禪濂溪，濂溪不受
也，必從人欲恰好處求天理，則終身擾擾，不出世情，所見爲天理
者，恐是人欲之改頭換面耳。〔註7〕

然而我們可以透過黃宗羲替陳確所做的墓誌銘中可窺知一二兩人關係，並經
過多次的修改墓誌銘之下也逐漸慢慢認同陳確的思想歧出處，但現今學者則
有分成兩派說法。其一，認爲黃宗羲晚年的思想觀慢慢靠攏向陳確，而受到
陳確的影響；另一派說法則是黃宗羲雖承認陳確的思想特質，但不向陳確靠
攏，而是陳確繼承了劉宗周思想而自我開創一套的理論，此上述兩種都沒有
錯，只是如何去解讀罷了，但筆者則偏向於後者〔註8〕，在於筆者認爲陳確雖
繼承了其師劉宗周思想，但仍自我開創出自我的思想理路而不是全盤的接
收；再者，與黃宗羲多次的論辯之下，黃宗羲也逐漸同意陳確的思想，所以
筆者才認爲陳確已脫離舊有的理學窠臼中。

第一節　陳確發揚孟子學說

陳確雖然處於明末清初動盪時期，並在亡國之後更是痛定思痛力挽狂瀾

〔註6〕 【清】陳確《陳確集》，（北京：中華書局，1979年），〈與乾初論學書〉，頁
　　　 148。
〔註7〕 【清】陳確《陳確集》，（北京：中華書局，1979年），〈與乾初論學書〉，頁
　　　 149。
〔註8〕 參見蔡家和《黃宗羲與陳確的論辯之研究》，國立臺灣大學哲學論評，第三五
　　　 期，頁1～36。蔡家和則是分成兩派：其一，黃宗羲後期靠攏於陳確，則有錢
　　　 穆、古清美、鄧立光；其二，則是蔡家和認爲黃宗羲並非靠攏於陳確，相對
　　　 的，陳確則是發展出自我一套的思想理論。筆者則是認爲與蔡家和觀念相類
　　　 似，但兩者說法皆能成立。

明末王學末流，並且以「琢磨程朱、光復孔孟」爲號召，相較之下，與傳統理學抗衡之下也承受眾多責難，但他仍不改其志破除舊有的傳統窠臼，從「天道觀」、「人性論」、「理欲論」、「氣、情、才」、「大學辨」重新的詮釋，並以破舊立新的態度來扭轉此弊病，這也使陳確在於明末清初的思想上占了一席之位，而讓清代思想賦予了嶄新的生命。

一、集義、養氣

陳確言：

> 氣無不善，貴得其養而已。夫氣之體，自剛大也。然不集義而助之長，能無餒乎！孟子若曰：浩然之氣，誠未易言也。雖然，亦不敢不一盡言之也。〔註9〕

陳確對於孟子所言「浩然之氣」有所承繼，此處更開宗明義說「氣無不善」，從先天義肯定「氣」的價值性並蘊含有道德規範，且此「氣」爲純善的，雖說如此，陳確仍把重點放在「養」字上，也就是說從形上氣性本體落實在後天實踐層面，以至於言「養氣」重要性。那麼，當「氣」如有不善，也就是人遺忘了工夫修養等問題，此時人才是重要主宰的對象，而陳確則把此工夫修養稱之爲「集義」，所謂「集義」使氣能持盈貞定，讓「氣」能夠沛然莫之能禦。換句話說，倘若人如果失去了此「集義」之工夫，導致「氣」在運行之時受到阻礙呈現不夠清暢，而讓人有推託之心，也就是說陳確透過孟子「養氣」、「集義」來讓人時常能以此工夫爲戒，其云：「孟子不動心工夫，只是養氣；養氣工夫，只是集義。」〔註10〕除此之外，「浩然之氣」亦是藉由「集義」工夫所養成之至大至剛之氣。〔註11〕

另外，陳確對於「氣」的位階也相對提高。

> 人得天地之氣以生，故吾之氣即天地之氣也，至剛大者也。而天地又得吾直養之氣而始實，故盈天地間之氣皆吾氣也，塞乎天地者也。顧剛大者氣之體也，道義者氣之理也。理足，故氣充。剛大之塞天

〔註9〕【清】陳確《陳確集》，（北京：中華書局，1979年），下〈其爲氣也四節〉，頁545。

〔註10〕【清】陳確《陳確集》，（北京：中華書局，1979年），上〈與吳仲木書〉，頁137。

〔註11〕參見李明輝《孟子重探》，臺北：聯經出版社，2001年，頁31。

地也，道義之塞天地而已矣。故浩然之氣，無非道也，無非義也。
氣與道義，其配合而無間者耶！苟有間焉，則道義非吾之有，而氣
從之餒矣，安所得浩然者乎！〔註12〕

人之所以可以爲人，則是透過陰陽之氣所妙凝而成，而「天」理所當然是一個創造本體並內聚生生義、普遍義，於是人在凝結過程之中形上的道德規範不斷的貫注在吾人身上，使個體中蘊含有形上價值而形下不再是枯槁無內涵；相對的，此時形上與形下必定相融合，而形上也呈現出活動狀態，這也就是所謂「吾之氣即天地之氣也」。

那麼，如何才能保有此「剛大之氣」才是強調的重點，陳確則是主張人雖稟受陰陽之氣而生，但仍必須透過「養」才能使我們後天的實踐得以展現出來，這也是從「無形之氣」轉換到「有形之氣」，那麼「轉換」這兩字則是代表著「養氣」也就是媒介，另外「盈天地間之氣皆吾氣也」此話如果以「心學」角度來分析的話也無不可，也就是以「心」來對天地之間萬物作感應，那麼「感應」媒介又是什麼？於是，不得不把「氣」再度拉引進來，「心」雖說有觀照萬事萬物的功能，但如何向外發散使內在的本質得以展現，陳確不但吸取了孟子「氣學」與「心學」，而是把此兩者相互作一個融合，而呈現出特有「心氣是一」詮釋角度。

從上面我們大致上可以了解到如何保持著對「氣」的工夫，但或許有人會說是否太過於追求於「氣」，而忘掉了既有的「本體」。顯然，陳確並沒有把形上本體給真正的遺棄掉，雖有「剛大之氣」但仍必須配合「道義」，而「道義」就是氣之理，簡單來說，不完全只是後天的工夫修養來貞定自身之氣，因爲沒有「氣之理」來做爲先天條件的話，「氣」仍是一個沒有本質內涵並且不再是「剛大之氣」，因爲「道義」充塞於天地之間，我們必然受到此影響以至於「氣」必須與「道義」相配，換句話說，就是當自身「浩然之氣」展現之時，就是「道義」與「氣」的顯現，很明顯的看出「道義」就是本體，而「氣」就是我們後天所必須去落實的，因「氣」是很難去掌控，這也就是爲什麼陳確和孟子所要強調的「養氣」。陳確言：

「必有事」三句，正是集義工夫，意義節節相承。今反云無此浩然之氣則道義亦餒，是何語耶？上節「直養無害」四字，已含下三節

〔註12〕【清】陳確《陳確集》，（北京：中華書局，1979年），下〈其爲氣也四節〉，頁545。

意，其曰「配道義」，曰「集義」，曰「有事，勿助長」，即承「直養
無害」四字而暢言之耳。〔註13〕

其實筆者大略可以得知陳確講「氣」是要人對於後天實踐工夫免於有推諉之
心，則以「氣」的觀點來切入到「性」，如此一來當「氣」充之時；「性」也得
以充足，陳確就是站在此角度上來說明「氣即性」。那麼，人對於後天實踐的
工夫才是能使「氣」保持充足，對此，把「必有事」、「直養無害」、「弗忘」作
為「集義」工夫，人處於人倫日用之中時常能以工夫鍥入到本體之中，使形上
道德創造的運行得以生生不息，而形下的道德價值則可透過人的道德實踐慢慢
展露出來，當然，人才是實踐一環中的重要主宰者。陳確在〈配道義解〉云：

握苗助長，天下皆知宋人之愚，而不知愚宋人者之未始非宋人也。

苗之氣本勃然生也，握之而槁；人之氣本浩然剛大也，襲焉而餒。

〔註14〕

這邊所要強調的是「人」來影響到後天的結果，因為天下萬事萬物本質本是
相同，於是陳確則藉由孟子「握苗助長」來說明人對於「氣」的掌握度，因
「苗之氣本勃然生」而人卻去改變它使之枯槁；反觀，放在人身上如果以「義
襲」則會導致人的「浩然之氣」產生收縮，所以陳確主張人對於「養氣」的
重要性。當然，人對於所做之事都必須合於道與義當做前提，並透過後天經
驗層面的「集義、養氣」工夫使「浩然之氣」得以剛正，這一直是陳確所強
調的後天工夫修養，其實陳確是把「氣」的系統範疇加廣加深，不再拘限於
形上與形下之分，而是以「氣」作為工夫修養的基礎，並且落實到「性」中，
最後強調以後天經驗實踐才是能使「氣性」得到最大的保證。

二、擴充盡才

陳確對於「擴充盡才」的重視，在〈性解〉中提到：

「盡其心者知其性也」之一言，是孟子道性善本旨。蓋人性無不善，
於擴充盡才後見之。如五穀之性，不藝植，不耘籽，何以知其種之
美耶？〔註15〕

〔註13〕 【清】陳確《陳確集》，（北京：中華書局，1979 年），下〈配道義解〉，頁 546。
〔註14〕 【清】陳確《陳確集》，（北京：中華書局，1979 年），下〈其為氣也四節〉，
頁 545。
〔註15〕 【清】陳確《陳確集》，（北京：中華書局，1979 年），下〈性解上〉，頁 447。

孟子所謂「性善」則是透過內在「本心」自我的逆覺體證，並藉由「四端之心」由內向外發散。簡而言之，孟子認爲當「心體」能夠發用之時也就「性」的展現，而「心體」又直承於形上的道德本質，於是孟子所強調的是由「內」到「外」的自我超越理路，而缺乏了由「外」向「內」的眞正實踐工夫。陳確首先對於人性善的肯定，這也證明了他從形上本體慢慢轉向於形下的實踐，認爲「性」的內涵特質必須透過「擴充」才能眞正了解到人性的意義。於是，對於「擴充」的實踐過程才是重要的，並不是所謂的結果論；陳確也舉例說明種植五穀，當農夫對於他的自己的穀物沒有用心的去細心照料，想當然而收成之時也不會有豐收，此時則怪罪於種子不夠好，相對的，人對於後天的實踐不夠徹底，時常以推諉之心把事情給推託掉，陳確所講求「擴充」就是勉人從後天的人倫日用中，不斷的把自我的「本心」透過工夫修養把它給展現出來；孟子則不像陳確那麼直截，他所重視的是「種子」既有的本質如何展現出來，並沒涉及到如何才能把人從錯誤之中拉回來。：

陳確利用「教養」、「滋培」來做說明：

> 各正、葆合，雖曰天道，熟非人道？今夫一草一木，誰不曰此天之所生，然滋培長養以全其性者，人之功也。庶民皆天所生，然教養成就以全其性者，聖人之功也。非滋培長養能有加于草木之性，而非滋培長養，則草木之性不全。非教養成就能有加于生民之性，而非教養成就，則生民之性不全。〔註16〕

陳確從「氣化觀」來說明萬事萬物皆透過氣化凝結而成並且人亦是，雖然氣化方式有多種可能，但仍不失其既有的內在本質，也就形上的道德價值都內聚在萬事萬物之中，既然內在本質已存在個體之中，那麼如何把本質給擴充開來。陳確則利用「滋培」、「教養」來說明，首先透過人對於草木的「滋培」而使草木得以適時成長，才能讓穀物趨於性全；次之，人透過「教養」得以讓人性充分得到擴充。但「滋培」、「教養」雖言擴充，就工夫而言只是不斷的把內在本體往外擴展，並不是在性中在尋求另一個本體，所以，陳確主要是引導我們朝向人對於後天的道德實踐，使性在這當下時空環境之中找到一個安頓。於是，陳確提出此觀念：

> 惻隱之心人皆有之，能盡惻隱之心，然後知吾性之無不仁。羞惡之心人皆有之，能盡羞惡之心，然後知吾性之無不義。辭讓是非之心，

〔註16〕【清】陳確《陳確集》，（北京：中華書局，1979 年），下〈性解下〉，頁 450。

莫不皆然。故所謂盡心，故擴而充之是也。苟能充之，雖曰未學知
性，吾必謂之知性；苟不充之，雖自謂知性，吾豈謂之知性者哉。
〔註17〕

此處陳確則利用孟子「四端之心」來說明「盡心」與「擴充」之重要性，然
而此時藉由「氣」的無限流行不已來使人性無限的展露出仁、義、禮、智，
而所謂的「盡心」、「擴充」不外乎就是對於內的仁、義、禮、智的認知，同
時藉由心氣本體的「擴充」使人有惻隱、羞惡、辭讓、是非的表現〔註18〕，
讓人性回復到最初的本質，並不是只有在當下的發用而是在人倫日用中得以
常駐；而孟子仍是處在以本體爲主的路線，對於實踐或許只是當下一時的，
並沒有在於整個過程之中都能保持著「擴充」，而陳確雖然不言本體，但他能
從形下層面來把形上本體帶入到實踐層面，或許這是陳確的思想歧異處吧！

第二節　陳確思想的繼承與修正

　　陳確對於王陽明的「心學」也有所繼承，但又不完全是走內在理路，實
則是透過「心體」的擴充，使「本心」不再受到拘限，以免再度落入到明末
王學的弊病中，並且讓「心體」賦予「氣化觀」，於是可從「心學」的角度來
分析，並融入「氣學」觀念，因此則形成特殊的「心氣是一」的思想觀念。
再者，王陽明講「致良知」、「知行合一」，陳確則對此提出新的詮釋方法，並
透過《大學辨》來說明「知行合一」。

　　劉宗周在明末的王學與朱學的夾殺之下，試圖改變王學以「心」爲本的
工夫論；與朱學的「心性」二分而大談道德形上本體，雖然劉宗周無力挽回
明末流弊，但可以說是開了先驅而使陳確能繼承其師之志，力圖導正清初明
末的諸多問題，而陳確雖然受業於劉宗周，但其思想觀念也慢慢有所改變。
陳確言：

　　自時厥後，稍稍知學，然後拜劉先生於蕺山，揖諸子於古小學，相
　　與求所謂聖賢之道，而後知言、行之不可苟也如此，而後知吾向者
　　口過、身過之滿天下也如此。〔註19〕

〔註17〕【清】陳確《陳確集》，（北京：中華書局，1979年），下〈知性〉，頁443。
〔註18〕詳見本論文第五章第六節。
〔註19〕【清】陳確《陳確集》，（北京：中華書局，1979年），上〈壽高聲野七十序〉，
　　　　頁246。

另外，黃宗羲與陳確雖師出同門，但兩人的關係可從黃宗羲多次修改《墓誌銘》了解到兩人從爭論到黃宗羲認同陳確思想特質，這也可以看出陳確對於挑戰舊有的理學系統的大膽，從「擴充盡才」、「天理人欲」、「大學辨」等相關問題掀起了風波；從備受爭議到黃宗羲的認同，甚至多次的修改《墓誌銘》，可以說是一路走來非常的艱辛，或許說陳確的思想比較能跳脫窠臼，而黃宗羲則是走向保守尊重師道一路。

一、陳確對王陽明的修正

陳確在〈與吳仲木書〉中言：

> 吾人日用，過失最多，自聖人且不能免，何但後學。細心體察，當
> 自知之。知之即改，改而不已，功夫純熟，漸不費力。聖賢學問，
> 端不越此。若明知是過而不即改，曰「此特在外者，不須亟亟，吾
> 當求之獨體」，此自欺欺人，不可之大者也。知過之心，即是獨體；
> 知而不改，便爲有體無用，非眞體矣。又於此外求獨，何翅千里。
> 〔註20〕

陳確直接承認就算是「聖人」都有可能有所犯錯，何況於一般的平民百姓呢？所以，後天的實踐工夫就顯得格外重要。因此，當我們「本心」受到外在物質、物欲的環境影響之下，「本心」此時就受到嚴格的考驗，此時「氣」則是讓「本心」能正常的觀照外在事物，從錯誤中去導回正常的道路，當「本心」知道吾人已經犯了錯誤，但「本心」雖言是靈明之心，但它不具有改過的能力，它只有道德規範的判斷，於是「本心」具有「知過」的能力；而「氣」則是扮演著「改過」的功用。然而王陽明則是把「本心」的價值建構在「本體」之上，換句話說，仍是以「知」來當作道德主體，對於「改」相對不是有那麼多琢磨，因爲陳確是以「學」來消解「過失」而「學」亦即是「氣」的另一種面象。如此一來，「心」與「氣」則是相輔相成，「心」就「體」；「氣」爲「用」，而陳確的「知行觀」則是建立在「體用一元」的基礎之下。陳確對「知行」提出自我的看法與見解：

> 如兄欲至京師，必先自越城發足，烏有先見京師而后發程之理？若

〔註20〕【清】陳確《陳確集》，（北京：中華書局，1979年），上〈與吳仲木書〉，頁73。

> 只據圖披索，一覽斯盡，何煩推勘，要豈得爲眞見耶？推之凡事，
> 莫不皆然，而復何疑於斯道乎？〔註21〕

陳確又舉例說「知而不行」的價值觀，他主張任何事情不能都以「心」來作
爲準則，必須透過與「氣」相結合，才不會落入到不切實際的泥淖中。於是，
「據圖披索」四字就成爲「空談心性」的最佳寫照，這也說明了「知而不行」
是無法成就事情，有如人心嚮往著京城卻不自己走一遭，而是以「心」來體
悟一切事物，最後淪爲空談、不切實際，俗語說得好「千里始於足下」，這也
是陳確個人所要表達思想意涵，他打破了舊有傳統的「心學」，而開創出以「實
踐」爲主的氣化流行心。

二、陳確對劉宗周的開展

陳確對於劉宗周（1578～1645B.C），初名憲章，字起東，號念臺，後人
稱其爲蕺山先生。山陰（今浙江紹興）人。因講學於山陰縣城北的蕺山，學
者稱之爲蕺山先生。思想雖亦有所繼承，但在《大學辨》中「誠意」、「正心」
的次序問題，與劉宗周卻是有很大的不同點。陳確在〈答格致誠正問〉云：

> 吾之先正於誠也，蓋欲合意於心，而統誠於身焉耳。分意於心，則
> 支甚矣，先誠於正，則舛甚矣，此《大學》之蔽也。〔註22〕

陳確認爲「正心」必須先於「誠正」，因爲當一有「意念」之時，仍是必須以
「心」來當作主宰，而「意」只是依附在於「心」上，這也引來劉宗周門下
的弟子批判，認爲已偏離師門非常之多，因劉宗周是以「意」先於「心」，陳
確認爲此時可能產生以「意」爲準則而使「心」失去既有的本質〔註23〕，換
句話說，當「意」發用之時它有可能有兩條路徑，即是「偏」與「正」，而陳
確看到此問題而主張必須「正心」先於「誠意」，也就是說從「心」作爲基礎
本質，透過「心」蘊含有形上道德規範，讓「心」處於靈明並且在發用之時
可以不偏離於價值判斷，那麼「意」亦會跟隨著「心」，但並不代表「意」是
屬於第二義，只是陳確必須以這樣的角度去分析立論，因此陳確也背受著背

〔註21〕【清】陳確《陳確集》，（北京：中華書局，1979 年），下〈與劉伯繩書〉，頁
471。
〔註22〕【清】陳確《陳確集》，（北京：中華書局，1979 年），下〈答格致誠正問〉，
頁 559。
〔註23〕參見鄧立光《陳乾初評傳》，臺北：文津出版社出版社，民 81，頁 128。

離師道的評論，但筆者認為陳確只是要力圖挽救弊病，但有許多思想觀仍是以劉宗周為主。

然而，陳確對於又對「天理」、「人欲」有了不同看法：

> 學者只是從人欲中體驗天理，則人欲即天理矣，不必將天理人欲判然分作兩件也。〔註24〕

> 人心本無天理，天理正從人欲中見，人欲恰好處，即天理也。向無人欲，則亦並無天理之可言矣。〔註25〕

> 天理皆從人欲中見。人欲正當處即是理，無欲又合理乎？〔註26〕

顯然陳確對於「天理」、「人欲」極力調和兩者的緊張關係。首先，他以「人欲即天理」來說明必須是一體，藉由後天的實踐道德來展現出形上的道德價值，也就是說用「實踐」來讓內在「本心」能展現出完美的形上價值：其次，說明「人欲不可滅」，此則為反駁宋儒所謂「存天理、去人欲」之說，陳確把「人欲」正常合理化，也就是說對於「人欲」的肯定，但相對的並不是肆無忌憚的放縱「欲」，必須在「無過與不及」的基礎之下來說，使我們行為符合道德具體行為；最後，以「天理從人欲中見」來說明形上、形下是一，陳確最主要是要人時常保有工夫修養，主張透過內在的自我心性修養與外在的工夫相配合，也就是以「克己」、「寡欲」為己任，如此一來，讓「人欲」不受過度物質吸引，並且透過內在的修養來消解人對於欲望的過多的追求。從以上幾點論述下來，不難發覺到陳確對於「理欲觀」的思想理路，則是承襲開展劉宗周的「理欲觀」，只是陳確比劉宗周更直截闡明「天理從人欲中見」。

劉宗周言：

> 求仁是聖學第一義，克復是求仁第一義也。吾儕日用之間，一揚眉瞬目，無非護持此己。過惡皆從此生。假合此己不立，雖聲色貨利亦天理邊事，若為己而設，即道德性命亦人欲邊事。天理人欲，本無定名，在公、私之間而已。〔註27〕

〔註24〕【清】陳確《陳確集》，（北京：中華書局，1979年），下〈近言集〉，頁425。

〔註25〕【清】陳確《陳確集》，（北京：中華書局，1979年），下〈無欲作聖辨〉，頁461。

〔註26〕【清】陳確《陳確集》，（北京：中華書局，1979年），下〈與劉伯繩書〉，頁468。

〔註27〕【明】劉宗周、戴璉璋、吳光主編《劉宗周全集》，（臺北中央研究院中國文哲研究所籌備處，民86），第二冊，頁426。

劉宗周把「求仁」、「克己」放在第一義，這也直接說明了劉宗周以工夫修養來貞定自我心性，那麼「天理」、「人欲」亦是此種態度，主張「天理」、「人欲」可公可私，所謂「私」、「公」也就取決於「本心」，也就是當「心」做出合理的判斷就是「公」反之則為「私」，對於生活之中充滿了各種物質的利益，於是人也在此環境中備受考驗，而「聲色貨利」如果能以「心」道德良知本體來做為判斷，如此一來「人欲」也得以合理的展露並且在「無過與不及」基礎上，那麼「人欲」也就不會被視為性之惡源頭，反而是用「人欲」來表現形上無窮生生之天理。

三、陳確對黃宗羲的發揮

黃宗羲則對陳確所謂「擴充盡性」表現出他的不滿，主張「性」不必擴充，倘若人性必須透過「擴充」而全善，則是落入荀子的「化性起偽」。黃宗羲對此發表此意見：

> 夫性之為善，合下如是，到底如是，擴充盡才而非有所增也，即不加擴充盡才而非有所減也。不為堯存，不為桀亡。到得牿亡之後，石火電光未嘗不露，纔見其善確不可移。故孟子以孺子入井、呼爾蹴爾明之，正為是也。若必擴充盡才始見其善，不擴充盡才未可為善，焉知不是荀子之性惡，全憑矯揉之力而後至於善乎？老兄雖言「惟其為善而無不能，此以知其性之無不善也」；然亦可曰「惟其為不善而無不能，此以知其性之有不善也」。是老兄之言性善反得半而失半矣。〔註28〕

黃宗羲對於陳確的「擴充盡性」認為有所不妥，主要原因在於「性善」本體為內聚本有，根本不需要透過「擴充」而達到全善狀態。此處，透過深入的探討或許黃宗羲對於陳確的思想有所誤會。首先，黃宗羲從先天義來肯定人的個體都收攝著性善本體，而並不需要藉由所謂的「擴充」來達到全善，這有如孟子所言「我固有之」，如此一來，只要經由「擴充」來達到全善的話，就好像荀子所言的「化性起偽」，但依筆者認為黃宗羲只是分而論之，並不是認為「性」不必藉由工夫修養來展現。然而，陳確之所以主張人必須透過「擴充」而達全善，主要原因是在於使人不憑恃著先天本有的性善之體，如果人

〔註28〕 【明】黃宗羲《南雷文案》，卷三，杭州：浙江古籍出版社，2005 年 9 月〈與陳乾初論學書〉，《黃宗羲全集》增訂版，冊十，頁 158。

只要一有推諉之心就容易偏離成聖的道路。於是，陳確其實是扣緊著「實踐」二字，再藉由「實踐」來鍥入到「本體」之中，換句話說，人就在當下時空環境中不斷的「擴充」與「完成」，來讓人性臻於完善，那麼並不是所謂黃宗羲所講的「化性起偽」的工夫，其實陳確則是利用「體」、「用」的關係來聯繫「本體」、「工夫」。

　　且又說：

> 老兄此言，從先師「道心即人心之本心，義理之性即氣質之本性，離氣質無所謂性」而來。然以之言氣質、言人心則可，以之言人欲則不可。氣質、人心是渾然流行之體，公共之物也，人欲是落在方所，一人之私也。天理、人欲，正是相反，此盈則彼絀，彼盈則此絀。故寡之又寡，至於無欲，而後純乎天理。若人心、氣質，烏可言寡耶？。〔註29〕

然而在於「天理」、「人欲」又有些許的不認同之處，黃宗羲與陳確同樣師承於劉宗周，所以黃宗羲也本著是師說主張「人心」即「道心」；「氣質之性」即「義理之性」，這也是從一氣流行的觀念來解釋，顯然，「人心」、「氣質之性」必蘊含有形上道德的價值，並且收攝在於人的個體中，如此一來形上與形下則達成相互融合。於是，黃宗羲則提出「人心」不可為「人欲」，他認為「人欲」為人內在的追求，此時則可能受到物質利益的影響，而使「人心」受到阻礙而不清暢，再者，黃宗羲又以消長的關係來比喻「天理」、「人欲」這也造成某些程度上的緊張關係，但黃宗羲又不得不處理此問題，於是他主張以「理」來約束人內在的欲望，來讓「人欲」降到最低，而最後達到「無欲」。其實陳確只是把「人欲」給合理化，他主要是調合從宋儒以來「存天理、去人欲」的對立緊張關係，但並不是過度的縱欲。此時，陳確主要想要透過人對於「人欲」的合理性、無過與不及的基礎之下，來去追求人對於生活之中的欲望，以至於可以從「人欲」來反顯形上「天理」的存在，而讓「天理」不再是空洞、毫無氣息可言，這也說明了陳確雖不言形上本體，但他仍是以後天的實踐工夫來展露形上的道德規範。另外，黃宗羲也不是對於陳確都抱持著批評態度，對於一些思想觀念仍是有讚許之處，例如：《大學辨》。

　　黃宗羲又言：

〔註29〕　【明】黃宗羲《南雷文案》，卷三，杭州：浙江古籍出版社，2005 年 9 月，〈與陳乾初論學書〉，《黃宗羲全集》增訂版，冊十，頁 195。

> 學問之道，以各人自用得著者爲眞。凡倚門傍戶、依樣葫蘆者，非
> 流俗之士，則經生之業也。此編所列，有一偏之見，有相反之論。
> 學者於其不同處，正宜著眼理會，所謂一本而萬殊也。以水濟水，
> 豈是學問。〔註30〕

黃宗羲在此也認爲所謂學問之道，不外乎就是透過人本身自我的體認，不再走朱子「格物致知」空談心性本體。顯然，黃宗羲與陳確都認爲都是藉由工夫鍥入到本體之中，雖說如此，黃宗羲也許從本源上去談；相較之下，陳確則是以自我個體的發用〔註31〕，因黃宗羲仍必須以道德本體爲基礎，在此基礎之下而去做所謂的工夫修養。也許可以發現到黃宗羲在「知」、「行」相比之下，仍是把「知」成分看得比較重要，所以筆者才會認爲黃宗羲是從本源上說，不像陳確對於實踐那麼直截了當，雖說如此，黃宗羲仍是以接受的心態來面對《大學辨》，只是黃宗羲從不同面象來談「知」、「行」但終歸於一途。

第三節　對宋儒思想進行批判

陳確對於宋儒可以說是「貶多於褒」，首先對於「氣質之性」與「義理之性」二分、「氣、情、才」爲形下之惡、「天理人欲」的緊張關係，並以「存天理、滅人欲」爲號召，最後對《大學》不留餘力的批判，所謂「知而不行」爲禪障之說，而陳確也身處明末清初的動盪環境之中，不得不提出更具實際層面的思想來挽救此流弊，但此道路卻是走得不是那麼順利，處處遭受到批判更被人視爲思想歧異者，也因爲這樣陳確才更能顯示出他在此流弊中的思想特別處。

〔註30〕 【明】黃宗羲《明儒學案・發凡》，杭州：浙江古籍出版社，2005 年 9 月，《黃宗羲全集》增訂版，冊七，頁 6。

〔註31〕 參見何佑森〈顧亭林與黃梨洲〉，《幼獅學誌》，十五卷二期，頁 69。陳確因明儒將《大學》講壞了，生出許多流弊，所以要徹底摧毀《大學》。說《大學》是禪學，是空寂之學，只講格致誠正，不講修齊治平；只重內而不重外，只重心而不重物，只重虛不重實，只重意而不重身，只重知而不重行。又說《大學》不合朱子之教，朱子解誠意爲心之所發，心之所發是教人內外交修，而梨洲釋蕺山之意爲心之所存。陳確說誠只在意不在身即是不誠，梨洲說意是心的主宰，而心是身的主宰。陳確講發用，梨洲講本源，兩人此意見不同。依筆者認爲，雖然兩人對於「意」的體物有所不同，但對於黃宗羲來說仍是不離工夫本體「必須工夫，纔還本體」，只是黃宗羲只是想固守舊有的道德本體，才把「本體」抓著不放；陳確則是直接肯定「本體」，所以他才從發用層次來說明。

陳確對於「氣質」、「善」的思想學說另有不同看法而言：

> 宋儒又強分個氣質之性，謂氣情才皆非本性，皆有不善，另有性善
> 之本體，在「人生而靜」以上，奚啻西來幻指！一唱百和，學者靡
> 然宗之，如通國皆醉，共說醉話，使醒人何處置喙其間？噫！可痛
> 也。〔註32〕

> 一性也，推本言之曰天命，推廣言之曰氣、情、才，豈有二哉！由
> 性之流露而言謂之情，由性之運用而言謂之才，由性之充周而言謂
> 之氣，一而已矣。〔註33〕

陳確從氣化宇宙觀來探討「性」只有「氣質之性」。換句話說，當形上透過氣
化生生不斷對形下作用，進而使道德本體凝結收縮內聚在形下之中，此時，
人則可藉由實踐工夫來展現無窮生生的道德價值。於是，陳確不再言宋儒所
謂二分法，並且主張不必要再從本體之中再去求一個虛冥本體，因為本體就
在人倫日用之中而不是在「人生而靜」以上。

　　從以上分析立論可以了解到陳確不喜言「本體」只好從形下經驗層面來
回推既有的道德本體，那麼「天命」所下達到形下的本質也是「氣、情、才」
的表現，換句話說「氣、情、才」亦是與形上相貫通，藉此「氣、情、才」
則不能視為形下之惡，這與宋儒的思想觀念有很大不同之處，宋儒把氣化之
偏怪罪於形下，於是對於「氣、情、才」才認為是形下之惡可以說是不公平
之處。對此，陳確只好從形上層轉到形下層，即是用實踐工夫來確保「氣、
情、才」能更加貞定展現，但並不代表氣質之偏就是惡的表現，陳確把此惡
歸咎於「習」上，也就是後天的實踐學習，這也是陳確思想比較特別的地方。

　　除此之外，又對於「天理人欲」意有所言，其云：

> 人欲不必過為遏絕，人欲正當處，即天理也。如富貴福澤，人之所
> 欲也；忠孝節義，獨非人之所欲乎？雖富貴福澤之欲，庸人欲之，
> 聖人獨不欲之乎？學者只時從人欲中體驗天理，則人欲即天理矣，
> 不必將天理人欲判然分作兩件也。雖聖朝不能無小人，要使小人漸
> 變為君子。聖人豈必無人欲，要能使人欲悉化為天理。君子小人別
> 辨太嚴，使小人無站腳處，而國家之禍始烈矣，自東漢諸君子始也。

〔註32〕　【清】陳確《陳確集》，（北京：中華書局，1979年），〈性解下〉，頁451。
〔註33〕　【清】陳確《陳確集》，（北京：中華書局，1979年），〈氣情才辨下〉，頁451
　　　　　～452。

> 天理人欲分別太嚴，使人欲無躲閃處，而身心之害百出矣，自有宋
> 諸儒始也。〔註34〕

首先陳確則是消融了宋儒以來「天理人欲」的緊張對立關係，更主張「人欲」
不可遏絕，也就是說連聖人都有可能都有欲望即是「飲食男女」，何況是一般
平民百姓怎麼可能沒有欲望。於是，陳確則提出了「人欲」即「天理」的觀
念，主要對於「人欲」不要太過於嚴辨，那麼如何才能使「人欲」合理化？
簡單來說，肯定人對於物質的追求，但必須建立在「無過與不及」的基礎之
下，避免人對於欲望太貪求，此時陳確必須又把工夫修養帶入此環節中，讓
人民從「人欲」追求中去體驗「天理」，而「天理」也因受到氣化流行影響，
對「人欲」有一定的準則規範，如此一來能讓「天理」合理從「人欲」中展
現。然而，我們深入去探討宋明理學的「存天理、去人欲」是否真正滅絕所
有「人欲」這問題也直得去深思了解〔註35〕，或許陳確多多少少有些誤認了，
但不可抹滅的是陳確把「理欲觀」的觀念推向更高的層次。至此，陳確對於
《大學》多處亦有所不滿而言：

> 蓋《大學》言知不言行，必為禪學無疑。雖曰親民，曰齊、治、平，
> 若且內外交脩者，並是裝排不根之言。其精思所注，只在致知、知
> 止等字，竟是空寂之學。書有之：「知之非艱，行之惟艱」。玩知止
> 四節文氣，不其然乎？聖學之不明，必由于此。故《大學》廢，則
> 聖道自明。《大學》行，則聖道不明。關係儒教甚鉅，不敢不爭非好
> 辨也。〔註36〕

> 如兄欲至京師，必先自越城發足，烏有先見京師而后發程之理？若
> 只據圖披索，一覽斯盡，何煩推勘，要豈得為真見耶？推之凡事，
> 莫不皆然，而復何疑於斯道乎？〔註37〕

《大學》在宋儒的眼中都認為是一本聖書或者是科考底本，而陳確則對於《大
學》一書內容提出許多問題，例如：「知而不行」、「正心誠意」次序等等。從
上面的論述，陳確主要從《大學》「知而不行」來提出嚴重批判，認為學者都
著重於「知」的認識，而卻遺忘了「行」的重要性，這也使人對於後天實踐

〔註34〕 【清】陳確《陳確集》，（北京：中華書局，1979年），下〈近言集〉，頁425。
〔註35〕 詳見本論文第八章有做詳細探討。
〔註36〕 【清】陳確《陳確集》，（北京：中華書局，1979年），下〈大學辨〉，頁557。
〔註37〕 【清】陳確《陳確集》，（北京：中華書局，1979年），下〈與劉伯繩書〉，頁
471。

不再重視，讓人落入到佛老的空談、「心學」的不切實際。於是，陳確則把「知」、「行」做一個相環扣，把「知」導入「行」中，這關係有如把「工夫」鍥入「本體」之內，使「知」不再是單純的認知而是具有活動的「知」，此觀念則是可以用「體用一源」的分析下來說明，「體」不再是純粹的「本體」，而是把「行」的階層拉拔到第一義，如此一來，諸多的問題都能符合人的生活經驗層面，卻不是重新引導人回形上的本體不徹底性。

　　另外，陳確也舉例說明「欲至京師」不再口說而不行動，認爲凡是人都必須符合實際經驗層面的要求，眞正落實後天的實踐工夫來貫注自我身心，進而對「按圖索驥」的不眞實性的反動，陳確也的確把「知」與「行」重新的詮釋過一番，並且遺棄了舊有的傳統理路，而是在明末清初開創出更具活動性的心性哲學。

第三章　陳確「天道論」

第一節　漢、宋明氣學「天道觀」對陳確之影響

　　「天」在中國思想史上仍是處於重要的範疇之一，並且「天」所代表的涵義也因時代的不同而有了不同的闡釋角度〔註1〕，又如張立文則把「天」分成五種不同的內涵：天是自然的形上學本體或天地萬物存有的依據；天是有人格的主宰者；天是自然而然的；天是自然界的宇宙；天蘊含倫理道德內涵，這也告訴著我們在不同的時空背景之中，「天」則是扮演著不同的角色，且反映出當時的思想觀念。〔註2〕而以下筆者就以漢代做為分水嶺來對宋、明所言之「天」來稍做解釋說明，並且與陳確相做比較，來得知陳確是否單純吸收漢代亦或者只有吸收宋明所謂之「天」。

　　首先，我們以漢代的董仲舒（文帝元年 179B.C～武帝太初元年104B.C，號桂巖子，西漢廣川人〔今河北省冀縣東南〕）為例來說明他所認為的「天」。

　　董仲舒云：

〔註 1〕　參見唐經欽《孔孟天論之歷史省察與當代詮釋》，臺北：中國文化大學研究所博士論文，89 年 12 月，頁 3～5。天則可以分為三個內涵：（一）人格神之天，天主宰人事上的政令、事務，而成為天子受命得正位主要的依據。（二）自然義之天：如同道家清淨無為形上之天，與荀子形下之自然天有別。（三）：道德義涵之形上天道，就是儒家以道德賦予在天之內涵中，天道生生不已，主張天人可以合德或合一。
〔註 2〕　參見張立文《中國哲學範疇精粹叢書——天》，臺北：七略出版社，1966 年，頁 7～9。

> 天者，百神之君也，王者知所最尊也。以最尊天之故，故易始歲更
> 紀，即以其初郊。〔註3〕

> 天者，百神之大君也。事天不備，雖百神猶無益也。〔註4〕

由上述可知董仲舒認爲「天」是神也是萬事萬物的主宰，並且不是只有一般
的神，而是百神之中最大的，如此一來「天」就有可能爲萬物的源頭，即爲
沒有「天」也就不能生成萬物，又云：「天地之氣，合而爲一，分爲陰陽，判
爲四時，列爲五行」〔註5〕天地之間人稟氣而生，但這化生的過程之中「天」
以陰陽二氣來做爲生成的活動義，而陰陽二氣再化分爲陰陽五行（木、火、
土、金、水），此五行相生相剋，此時人就在這生成的過程中帶有「天」的意
志，這也說明了天比人更加爲尊貴，而祭祀只是個儀式，主要要箝制君主如
果不依天志，那麼人民與國家則會遭至禍害。〔註6〕除此之外，董仲舒再度點
出「天」具有人格神意謂。

> 天地之物，有不常之變者，謂之異，小者謂之災。災常先至而異乃
> 隨之。災者，天之譴也；異者，天之威也。譴之而不知，乃畏之以
> 威，《詩》云：「畏天之威」，殆此謂也。凡災異之本，盡生於國家之
> 失。國家之失乃始萌芽，而天出災害以譴告之；譴告之而不知變，
> 乃見怪異以驚駭之，驚駭之尚不知恐，其殃咎乃至。以此見天意之
> 仁而不欲陷人也。〔註7〕

董仲舒主張有災異是上天給予人們的警告與懲罰，當災異一出現也就是國家
的政治不夠順從天意，此時上天就會給人民或者君王有改過的機會，如果不
從之則會導致禍害到來，從這我們可以得知，「天」仍然具有「仁心」來引導
群眾回歸正常的道路之上，明顯看出「天」具有濃厚人格神的意味存在，有
無上的權力能對不適當的人提出警告又能對人賞賜。簡單來說「天」可以使

〔註3〕【漢】董仲舒《春秋繁露 卷十五・郊義》臺北：臺灣商務印書館《四部叢刊》
影上海商務印書館縮印武英殿聚珍本，1975 年，頁 78。

〔註4〕【漢】董仲舒《春秋繁露 卷十五・郊季》臺北：臺灣商務印書館《四部叢刊》
影上海商務印書館縮印武英殿聚珍本，1975 年，頁 79。

〔註5〕【漢】董仲舒《春秋繁露 卷十三・五行相生》臺北：臺灣商務印書館《四部
叢刊》影上海商務印書館縮印武英殿聚珍本，1975 年，頁 73。

〔註6〕參見杜保瑞《董仲舒政治哲學與宇宙論進路的儒學架構》，《哲學與文化》第
30 卷，第九期，2003 年 9 月，頁 26。

〔註7〕【漢】董仲舒《春秋繁露 卷八・必仁且智》臺北：臺灣商務印書館《四部叢
刊》影上海商務印書館縮印武英殿聚珍本，1975 年，頁 49～50。

人改變自己的惡行和對自己所做錯的事情有所反省，正確的把人引回道德的路上。例如董仲舒非常喜愛用四時五行來說明「天」，其云：「五帝三王之治天下，不敢有君臣之心，什一而稅，教以愛，使以忠……故天為之下甘露，朱草生，醴泉出，風雨時，嘉禾興，鳳凰麒麟遊於郊」〔註8〕這個說明了君王只要順天而治理國家，那麼「天」就會反映出好的現象來，如春天之時草木盛開則不會出現槁木；夏天之時則不會出現火災、大旱來使人民過的痛苦；秋天之時，「天」可以使人民穀物豐收而不會有食物匱乏之時；冬天之時則不會有霧氣冥冥、有大水。由此可知，雖然五行各有不同的意涵，但董仲舒只是要提醒君王、人民必須時時知過改過，「天」並不是真正的要害人，而是要人能為善，所以「天」是來制衡君王與人民，蘊含著濃厚的「人格神」意味存在。

相較之下，在陳確的天道觀中仍是主張天是「自由意志」，則言：

> 天無私覆，故雨露之施不擇物。物之材不材，自為枯榮焉，非天有
> 意枯榮之也。地承天施，亦猶是耳。人之善不善，自為禍福焉，非
> 天與地能禍福之也。〔註9〕

陳確明白指出「天道」並不會因人做錯事情，而形成上天降下災異在人們身上，因萬物本身在氣化凝聚過程之中，氣化凝聚因此就有多種可能，並且天道亦灌注在萬物個體之內，因此人必須對於自我的後天行為有所負責與努力。那麼，在陳確的「天道觀」則表現出一種「自然義」的意涵，也就是說「天道」不管在任何的時空環境之中，都是扮演著一個無私的角色，但不代表著人與天道產生割裂隔絕，而是陳確對於虛無飄渺的天道不去言談。換句話說，人的「善與不善」都決定在於吾人對後天的實踐與否，並且性也不會因「氣」而有所不同，亦或者可能使性變惡的可能，那麼上天就無法對性此作出限制，因為陳確所認為的「氣」是清明之氣；董仲舒認為「氣」則會受到天道的意志所牽引，導致陳確對於董仲舒「人格神」的思想觀念有所不同，原因在於董仲舒指出後天的工夫修養必須藉由「人格神」來限制規範人們對於後天的禮教，不讓人行為有所偏頗；然則陳確則是從先天經驗層先加以肯定，並且強調說明人在於後天是否能對「實踐義」加以落實來做討論，故可

〔註8〕 【漢】董仲舒《春秋繁露 卷四·王道》臺北：臺灣商務印書館《四部叢刊》
影上海商務印書館縮印武英殿聚珍本，1975 年，頁 20。
〔註9〕 【清】陳確《陳確集》，（北京：中華書局，1979 年），下〈葬論〉，頁 477。

得知兩人所言修養論仍是在於後天實踐，只是董仲舒需藉由「人格神」來作為規範，陳確則是利用「氣」直接強調人實踐的動力。

同樣為漢代的又有王充（漢光武帝建元三年～漢和帝永元九年，字仲任，會稽上虞人〔今浙江上虞市〕），認為所謂之「天」自然無為，而「天」不能譴告人，而人的成敗都都是由自己所決定，這與董仲舒的「人格神」思想大相逕異，而以下我們來探討王充所主張的「天」到底是為何？

王充對「天」抱有不同看法，認為「天」是無意志，不因外在環境而有所影響：

> 天道無為，故春不為生，而夏不為長，秋不為成，冬不為藏。陽氣
> 自出，物自生長；陰氣自起，物自成藏。〔註10〕

王充主張「天」是無為的，它無法去改變任何東西，而是按照既有本質的規律而進行運轉，因此春生、夏長、秋收、冬藏這一切都是大自然所運行的規律與狀態，只是萬物必須透過陰陽之氣來生成萬物，如此一來「氣」扮演了一個非常重要的角色，然而此「氣」也不受先天或者後天人為所影響，同時「氣」本身也有可能是自然無為，從這裡明顯看出王充不認為「人格神」能操控著人，因「天」本來就是自然無為的狀態，而天的運行方向與狀態也是自然的，而化生凝結成物也是自然的。那麼王充則是打破以往讖緯的觀念，認為「天」正常或者災異都是天的自然表現。王充在《論衡校釋》且言：

> 當雷迅疾之時，仰視天，不見天之下。不見天之下，則夫隆隆之聲
> 者，非天怒也。〔註11〕

> 人為雷所殺，詢其身體，若燔灼之狀也，如天用口怒，口怒生火乎？
>
> 〔註12〕

王充認為當「天」發出巨大雷聲之時，並不是代表「天」有所發怒，倘若是「天」在發怒那麼此時「天」不再是自然無為而是帶有「人格神」之天了。簡單來說，是雷擊到萬物而產生出火花進而生出火花，使萬物或者人受到傷害，並不是「天」本身的意志，如此一來王充所要表達出「天」並不可能會譴告人，只是「天」按著它運行的規律方向而進行，而不是「天」能影響人。

〔註10〕王充著、黃暉撰《論衡校釋・自然》，北京：中華書局，1990 年 2 月，頁 782。
〔註11〕王充著、黃暉撰《論衡校釋・雷虛》，北京：中華書局，1990 年 2 月，頁 295。
〔註12〕王充著、黃暉撰《論衡校釋・雷虛》，北京：中華書局，1990 年 2 月，頁 295。

　　至此，陳確明白與王充有相同思想觀念，另在〈地脈論〉曾提到「天」
即是自然運轉。

> 地之氣，本於天而演於水者也。本於天，故有升降，此地之變於寒
> 暑者然也。本於天，故異陰陽，此地氣之限於南朔者然也。演於水，
> 故亦有盛旺，故旱竭而枯，淫溢而災，近山而剛，近水而柔，近海
> 而鹹，近河而淡。大抵疏達者肥美，壅滯者瘠鹵，則民居之利疾，
> 草木之莞枯應之。〔註13〕

陳確認為天地萬物雖稟受「陰陽二氣」創生所凝結而成，但在此氣化過程之
中「天道」則不會對人民產生限制，因「春、夏、秋、冬」都各有各的運轉
標準，並不會人們犯了過錯上天立即降下災異給人，從此立場來來談論陳確
「天道觀」思想，陳確已經更進一步從破除「人格神」轉換到「自然天」的
觀念，其主要緣由在於減少人對於形上的過度依靠、憑恃，因而產生對後天
實踐教化有所遺棄。換句話說，陳確所強調「天道觀」主要著重於「天道」
的自我創生運行，並配合後天人們對於實踐工夫的直截性，於是「自然之天」
就成為陳確所言的「天道」意識，再者，「天道」也並不是那麼容易展現出來，
於是陳確藉此「擴充」的功能把「天道」所蘊藏的意涵給真正顯露出來。

　　對此，王充在〈明雩〉與〈順鼓〉再度強調「人」與「天」的關係。

> 為水旱者，陰陽之氣也。〔註14〕

> 天之賜雨，自有時也。〔註15〕

> 夫一賜一雨，由一晝一夜也；其遭若堯湯之水，由一冬一夏也。
>
> 〔註16〕

所謂「陰陽之氣」其實是相互影響的關係，當陰氣極盛之時，此時「天」可
能下起雨來，但不代表此時沒有陽氣所存，只是陽氣此時所蘊含的比例較低，
但陽氣仍然在此氣化之中；反之，當陽氣極盛之時，「天」則有不同的樣態出
來，有可能衍生出旱災，而王充則認為四時之間關係是相環扣的，「天」不能
影響人而「人」與「天」也是沒有相感應的，因為你做好事或者壞事，天不
能對你譴告，如此一來王充則是認為人本來必須有自我的規範。從上面幾個

〔註13〕【清】陳確《陳確集》，（北京：中華書局，1979年），〈地脈論下〉，頁496。
〔註14〕王充著、黃暉撰《論衡校釋·明雩》，北京：中華書局，1990年2月，頁680。
〔註15〕王充著、黃暉撰《論衡校釋·明雩》，北京：中華書局，1990年2月，頁680。
〔註16〕王充著、黃暉撰《論衡校釋·順鼓》，北京：中華書局，1990年2月，頁688。

論述得知，王充對於「天」的態度則是「自然之氣」之天，而四時之變化為陰陽之氣相互消長地必然結果的現象，所以王充則是打破董仲舒所言的「人格神」。

陳確則是延續了王充「自然之天」的思想觀念，認為人與天之間本來就有既定的運轉法則，但氣化方面則有多種不同面向則萬物就有多種可能，但凝聚之後其個體本質仍是相同，並不會有所相異否則易形成「異質異層」的物質，陳確才會透過人不受於天道所影響，而會影響到人的是自我的行為本質，人才是在此環境中最大的主宰者，於是則與董仲舒「人格神」大相逕異，其最終原因還是並需透過人的後天修為，於是「人」才是此「天道觀」中重要的腳色。

到了宋代則以程顥（名顥，字伯淳，宋仁宗明道元年（1032B.C），卒於神宗元豐八年（1085 B.C），享年五十歲。）、程頤（名頤，字正叔，生於仁宗明道二年（1033 B.C），卒於徽宗大觀元年（1107 B.C），享壽七十有五。）來探討此時之「天」代表為何。在《遺書》中提到：

> 天理云者，這一個道理，更有甚窮已？不為堯存，不為桀亡。人得
> 之者，故大行不加，窮居不損。這上頭來更怎生說得存亡加減？是
> 它原無少欠，百理俱備。〔註17〕

從上面論述可以稍微得知，二程認為「道理」必須有一個強大的「天理」來支撐，而形上天理又為最高的絕對本體，其云：「天者，理也。」〔註18〕二程把「理」的位階提擢升到與天同高，此時「天理」則不受任何外在環境所影響，亦是人所依循的規範準則。再者，二程利用「理」來闡釋無窮生生之天道，認為「天」不應該具有「人格神」之意味，並不應該具有意志的主宰，而是認為這是一個必然性，其云：「天道至神，故曰神道。觀天之運行，四時無有差忒，則見其神妙。」〔註19〕雖言天道可為神也，但所謂神，亦可能是神的生生之妙用或者創造之動力，然而我們觀天四時之變化，雖有有暫時性的差異，但是天道仍然保持無限的創造性，只是陰陽二氣在運行過程之中，

〔註17〕【宋】程顥、程頤《二程集》，北京：中華書局，1981 年 7 月，《遺書》卷二上，頁 31。

〔註18〕【宋】程顥、程頤《二程集》，北京：中華書局，1981 年 7 月，《遺書》卷十一，頁 132。

〔註19〕【宋】程顥、程頤《二程集》，北京：中華書局，1981 年 7 月，《周易程氏傳·觀》，頁 799。

會有氣化之偏所產生才導致有四時之差異，但在妙凝過程成之中把形上「天理」灌注在於萬事萬物個體中，這並不是代表「天」是有意志的行爲〔註20〕，而是「天道」藉此必然性的創生義來灌注到形下之中，很明顯得知二程不講求漢代董仲舒的「人神格」之天，也不講王充的「自然之氣」之天，而是把「理」的位階提高，並且與「天」相容一貫成爲一個絕對最高本體。

陳確雖然不言形上本體，但並不代表對於天道本體有所不討論，陳確只是從先驗層去加以肯定「天道」的存在，但此「天理」並不能直接影響到人對於後天的實踐準則，其原因就是在氣化運行中「天理」的道德本體以灌注在此個體中，那麼也並沒有所謂遺棄了「理本體」，只是陳確勉人不過度的去追求虛無飄渺的本體，所以陳確對於宋明的「理」還是仍有保存，只是對於「理本體」必須在合理適性之下來發揮，因此，陳確才會把「心」與「氣」拉擢到第一層次來談，不再是走二程所謂的「理本體」。於是，在《遺書》中又提到「理」爲何：

> 只是理，理便是天道也，且如說皇天震怒，終不是有人在上震怒，
>
> 只是理如此。〔註21〕

「理」即爲「天道」，承上述所言二程不講「人格神」，此時「理」本體則爲不受到萬物所影響，這只是「天道」創造運行之時「理」所賦予的規律性與價值性，如此一來人與天則不相關，「天」也不會對人做出災異，只是二程把「理」的位階提的太高，導致後代對於事物容易產生推諉、不踏實。

即至，朱熹（（1130～1200B.C），字元晦，一字仲晦，號晦庵，晚稱晦翁，又稱紫陽先生、考亭先生、滄州病叟、雲谷老人，諡文，又稱朱文公。）則是集大成者，他承接了張載、二程的「天道」思想，而把兩者合二爲一，對後代的影響非常深刻，也提供了比較完備的「天道系統」。

朱熹云：

> 若論正理，則似樹上忽生出花葉，此便是造化之跡。又加空中忽然有
> 雷霆風雨，皆是也。但人所常見，故不之怪。忽聞鬼嘯、鬼火之屬，
> 則便以爲怪。不知此亦造化之跡，但不是正理，故爲怪異。〔註22〕

〔註20〕　參見張立文《中國哲學範疇精粹叢書——天》，臺北：七略出版社，1966年，頁218。

〔註21〕　【宋】程顥、程頤《二程集》，北京：中華書局，1981年7月，《遺書》卷二十二上，頁290。

〔註22〕　【宋】朱熹《朱子語類》，北京：中華書局，1986.3，卷四，頁63。

朱子認為形上之「理」貫穿於形上形下之中〔註 23〕，如有怪現象出現只是氣化之偏，朱子在這指出樹上忽生出樹葉，此為氣化凝結之物，為平常我們所見，這是必然的創造結果；又見到天上忽有打雷、刮風下雨此時陰陽二氣相互消長的結果，陽盛陰衰或為陰盛陽衰的現象，為大眾經常所見，故不覺得奇怪。但只要看到少見的現象，如鬼火、鬼嘯則是認為「天道」所發出的警告，但在朱熹的思想念頭看來，這一切都只是自然的現象為「蒼蒼之天」，其云：「天固是理，然蒼蒼者亦是天，在上面有主宰者亦是天，各隨他所說。」〔註 24〕簡單來說就是「理當如此」，萬事萬物都必須有此「理」作為依靠，而「蒼蒼」與「理」都只是一個本體，只是分析立場不同，但同樣都是歸屬於「天」的範疇。於是，我們從面可以看出朱熹的「天道觀」已經又比二程還要成熟許多。

陳確與朱熹仍有相同之處，對於「天道」都保持著「自然之天」的思想觀念，主張「天道」雖有陰陽變化之不同，但原因也是在於氣化在凝結過程之中受到當下的時空環境影響，但其天所蘊含的本質都還是相同，或者更是可以說為陰陽之氣間的相互消長。但在相異之處則是，既然天為「自然之天」，那麼此「自然之天」是否有不同的層次等級關係。就以「理」來探討分析之下，朱熹仍注重「理本體」來當作一個基本道德依據，從此處也可以明確得知朱熹則是特重形上道德層面，但就以天道的本質來說「理」，「理本體」則已經不帶有任何「人格神」色彩意味。相較之下，陳確雖同為「自然之天」的思想者，但在涉及「理本體」之時，則是慢慢從形上的理本體轉向形下實踐層來落實人生活中，其主要因素在人對於存在面實踐不夠徹底，所以才想要跳脫此有限的形上框架，最後才必須回歸到人倫生活中去體驗形上無窮生生之道，即是有「人道即天道」的意味存在著。

相較之下，朱熹對於「天」又提出自我看法，認為「天」其實不是有意志，實則是「理」的過度影響。

〔註 23〕「宇宙之間，一理而已。天得之而為天，地得之為而地，而凡生於天地之間者，又各得之以為性。」《讀大記》，《朱文公文集》卷七十。朱熹認為天地之間只有一「理」存在，而理就是最高的宇宙本體，所以來說「理」就是在於天地之前，不管萬事萬物最後都消散回歸於天，但是「理」仍然存在於這世界之中。

〔註 24〕【宋】朱熹《朱子語類》，北京：中華書局，1986 年，卷七十九，頁 2039。

　　天莫之爲而爲，他亦何嘗有意？只是理自如此。且如冬寒夏熱，也
　　是常理當如此。若冬熱夏寒，便是失其常理。〔註25〕

在此，朱熹更明確點出「天」不是有意志的，而是「天」只是依循道德方向
所前進，又在一次肯定「天」並不是所謂人格天，主要是受到「理」的影響，
但此時可能在於後天人爲活動的影響，而導致了天道暫時性的失去原有的狀
態，但「理」仍然不失其本來價值、道德，亦或者人對於現實的經驗不足，
而認爲「天道」產生出怪異的現象，但朱熹還是肯定「理」還是支撐著這個
價值次序的眞實世界，以「理本體」爲主。

　　到了明代以氣爲本的學家王廷相（（1474～1544B.C）字子衡，號濬川，
諡肅敏。中國河南考人。）而王廷相也非常注重於經驗層面，不喜愛去探討
那形上無窮之理，於是主張天與人之間的關係是無法相感應，所以「天」仍
然可能爲「自然之天」。

　　王廷相〈愼言〉言：

　　天者，言乎其冒物也。……天道者，言乎運化之自然，四時行，百
　　物生，乾乾而不息者也。〔註26〕

「天」本是無上的主體，不受到任何外在環境所影響，並且也包含了萬事萬
物，然而在這時空之中「天」所演扮演的腳色就非常重要，「天」具有創生義、
無限義，而透過氣化凝結生成爲人，所以「天道」之運行則不受到任何左右，
因爲「天」的運行本來就是有固定的法則與規律，如「春、夏、秋、冬」各
有各當令的變化做該做的事情而不違背當時的道德規範，即爲「春生、夏長、
秋收、冬藏」。再者，在這一氣運行之中，萬物也身受「天」的生生影響，而
使萬物得以各自生長，雖萬物各有不同的氣化方向、速度之不同，但仍保與
「天」的共通性，即爲「各正性命」，其云：「人物之生於造化，一而已矣。
無大小、無蠢靈、無壽夭，各隨氣之所稟而爲生，此天地之化所以無心而爲
公，故曰：「各正性命」」〔註27〕也就是說人物在氣化凝結過程之中，雖然受
到不同的環境所影響，但仍與「天」保有一致性。簡單來說，萬事萬物的氣
化凝結規律與狀態，都是『天道』的自然表現法則，沒有人可以去左右動搖
的。

〔註25〕　【宋】朱熹《朱子語類》，北京：中華書局，1986年，卷七十九，頁2035。
〔註26〕　【明】王廷相《王廷相集》，北京：中華書局，1989年9月，〈愼言〉，頁767。
〔註27〕　【明】王廷相《王廷相集》，北京：中華書局，1989年9月，〈雅述〉，頁853。

王廷相〈愼言〉言：

> 天，一也，天下之國，何啻千百，譬父之於子，雖有才不才，厥愛
> 惟均也。天象之變，皆爲中國之君譴告之，偏矣。〔註28〕

王廷相主張「天」只有一個，而此「天」雖具有生生的創造動力，但仍需要
有「氣」來做支持，才能使「天」能生生不已，其云：「動以氣機，勢之不容
自己也。」〔註29〕世界上有那麼多國家，當「天」發生了災異而只降到中國
國君身上，是否不能成立？此時就產生了幾個問題，其一：其他國家國君在
政治有所過錯「天」卻不降下災異在那國家，爲何只降罪到國君身上呢？其
二：當「天」發出對國君譴告之時，人民也必須受到磨難，是否「天」不再
有仁慈之心呢？其云：「何反出此水旱蟲蝗之災，使百穀不成，民食用絕，流
離轉徙以死，豈非天欲用警人君，先自殺其民耶？」〔註30〕王廷相則對幾個
問題去一一突破，他主張「天」是自然，不會因爲受到國君或者人民的善惡
所影響，而「天」只是運行其本來的規律是無意志的，對於祥瑞或者災異都
只是陰陽二氣的相互消長而已，並不是「天」眞正要對國家有所不利，這與
王充「自然之天」有點相類似，卻與董仲舒所強調的「天人相應」有著不同
的想法與觀念。

　　陳確曾在〈葬論〉中指出萬物藉由「天道」無窮生生創造的力量得以凝
聚成物，但在此氣化凝聚的過程內，人雖與天地之間雖相貫通，但並不代表
天能夠創造萬物而來主宰人類的活動，這也直接說明了「天」只是依照其本
來的運行法則，例如：「春生、夏長、秋收、冬藏」，所以陳確強調「天道」
是無意志的「自然之天」。同樣，王廷相也指出「天」爲「自然之天」則主要
意涵在於破除人對於「天道」的過度依賴，而王廷相所言「天道」與陳確「天
道」的思想觀都是最初的本質，但就「氣」而言則會因氣化之偏而產生偏頗，
換句話說，陳確的「天道」不因「氣」的凝聚而有所改變；王廷相所言「天
道」則會因「氣」受到外在環境的遮蔽，導致最後灌注在人性的本質產生了
變化，但就兩者「天道觀」來說，其所蘊含的「天道」本質都是相同的，只
是在凝聚之前與之後才會有所不同。

〔註28〕【明】王廷相《王廷相集》，北京：中華書局，1989 年 9 月，〈愼言〉，頁 803。
〔註29〕【明】王廷相《王廷相集》，北京：中華書局，1989 年 9 月，〈玄渾考〉，頁
　　　　619。
〔註30〕【明】王廷相《王廷相集》，北京：中華書局，1989 年 9 月，〈答孟望之論八
　　　　首・災變警戒人生〉，頁 664。

王廷相云：

> 天道遠而難知，祥異有無，不足憑也；人事近而易見，治亂之形，
>
> 由政至也。〔註31〕

「天」離我們那麼遠，對於當下的祥瑞或者災異，都不夠足以來支撐「天」
與「人」之間的相應，王廷相要我們把握當下能看到的事物，不再是求於至
高無上的「理」，這與傳統理學的觀念則有不同，因爲「天」只是個創生的動
力，也並非有意志的行爲，只是從形下的經驗層面來說「天」，勉勵我們當下
實踐，從中不斷的學習〔註32〕。

　　陳確之師劉宗周（（1578～1645B.C），初名憲章，字起東，號念臺，後人
稱其爲蕺山先生。山陰（今浙江紹興）人。）爲明後期的一位大學者，他把
「心、理、氣」融入到「天」的範疇裡，而主張「天」是萬物的總稱，這是
屬於圓融之說。其云：「天者，萬物之總名，非與物爲君也。」〔註33〕天所包
含的是整個氣化的宇宙世界，於是「天」也就是有不同的內涵所在，但是「天」
並不是能眞正主宰人，他只是一個總名。

> 道本無一物可言，若有一物可言，便是礙膺之物；學本無一事可著，
>
> 才有一事可著，便是賊心之事。如學仁便非仁，學義便非義，學中
>
> 便非中，學靜便非靜，止有誠敬一門，頗無破綻。然認定誠敬，執
>
> 著不化，則其爲不誠不敬也，亦已多矣。夫道即其人而已矣，學如
>
> 其心而已矣！〔註34〕

劉宗周以「道」爲無一物可言，「道」就是貫穿形上與形下的氣化作用，然而
「道」具有無限義、生生義，如此一來「道」就不能加以限制仕，即爲「無一
物可言」。倘若有一物可言，那只是強加附會之詞，因爲「道」不可能是有限

〔註31〕【明】王廷相《王廷相集》，北京：中華書局，1989 年 9 月，〈祥異非必君政
　　　　所至〉，頁 668。

〔註32〕參見劉又銘《理在氣中——羅欽順、王廷相、顧炎武、戴震》，臺北：五南出
　　　　版社，民 89，頁 66。劉又銘在這指出人可以勝天即是可以透過後天不斷的學
　　　　習與努力就可能成功，亦或者由氣濁變成氣清。「堯、湯在位之時仍難免有水
　　　　災、旱災」這是天定勝人；然而堯勤治水、湯能救荒，使人民免於大害，這
　　　　就是人定義勝天。

〔註33〕【明】劉宗周、戴璉璋、吳光主編《劉宗周全集》，（臺北中央研究院中國文
　　　　哲研究所籌備處，民 86）卷十一，第二冊，頁 480。

〔註34〕【明】劉宗周、戴璉璋、吳光主編《劉宗周全集》，（臺北中央研究院中國文
　　　　哲研究所籌備處，民 86）卷十一，第二冊，頁 434。

的，如果是有限那麼萬物也就不會有無限多可能，因爲在氣化流行的過程之中，「道」亦在其中，雖然我們看不到「道」的眞正形體，但仍透過後天的教化學習與實踐來看到。再者，學習必須藉由人的「心」來判斷是非倫理，這樣一來「心」與「天」則產生共鳴，「心」必須關照當下時空環境，來與萬物、宇宙達成是一，人在此環境之中必然如此也展現出「天道」的意涵，即是透過形下層面來展現形上無窮生生的「天道」，而使「道」在人倫日用之中發用出來。

陳確則借用了劉宗周「道在氣中」的觀念來落實自我的實踐論，其主要原因在於「天道」在氣化凝聚的過程中，已把「形上道體」下貫到個體之中，但礙於人對於形上道德價值是否能夠展現，這才是陳確所要去強調的工夫修養，而不在是去拘泥於形上的道體的限制，因爲陳確知道人會有推諉、怠惰之心，以至於必須透過後天教化修養工夫，來使無窮生生的「天道」在人倫日中之中得以展現其價值性。那麼，我們必須去探討如何才能讓「天道」得以在吾人個體中開展出來，首先「心」必須有對外的價值判斷，對內則有收攝內聚外在的價值，此時「心」則與形上「天道」相融合一；對此，「氣」又能在「心」之間來回穿梭，主要原因在於「氣」本身就蘊含活動義，導致「心」不在是枯萎、乾燥而是富涵活動的本質，那麼我們可以發現到「道」就包涵在「氣」中，而「氣」又在「心」中，於是陳確的「天道觀」則是藉由「心氣是一」的角度去詮釋說明，因爲陳確必須去克服人性的過度憑恃「天道」，而遺忘了眞正的「實踐」工夫，所以我們從上述所言可以去得知陳確雖然繼承了劉宗周的思想觀念，但又必須跳脫宋明本有的思想架構，進而去開展出自我一套「天道觀」。最後，其主要因素也在於他要人知道「天道」就在「人道」中，不必在去刻意追求所謂的本體。

劉宗周利用「陰陽五行」運轉來闡述「天道」之運行。

> 日、月者，五行之精也。五行者，質具於地而氣行於天，皆地也，故右旋；而總圍於玄默一氣之中，故地道即天道也。盈天地之間，凡屬可見、可聞者，皆地道也。其不可見，不可聞者，則天道也。天道一氣流周，任運而動，猶不無氣盈六日之病，而終能過而不過，成造化之功者，實以地道一逆，分布之爲七政，而行之以漸。時時有節宣之妙，天道所以生生不已也，左右互旋，順逆相生，陽得陰

遇，乃成歲功。故曰：「易，逆數也。」於人心何獨不然。〔註35〕
日、月即是天道的另一種狀態，透過陰陽五行之運轉，來使天道具有無窮的
動力，而天道不易顯見，爲形上虛無之道；然而天道藉由陰陽五行來凝結化
生萬物，即爲從無形之氣凝結爲有形之氣，此時所生成之物爲「形質」也就
是地道，但追朔其根源，都來自於「玄默一氣」，如此一來形上之中蘊含有形
下使上下相互貫通，即是「地道即天道」。盈天地之間凡屬可見之物、可聞之
物皆是地道表現；不可見者、不可聞者皆是天道的無窮生生展現，以至於天
道必須透過地道來顯露出最高的道德規範。所以具體的創造之物，實則爲地
道一逆，由陰來完成此具體事物，而「天道」之所以生生不息其爲左右互旋，
陰陽相互消長的結果。再者，「心」在先天之時則順此「天道」的規律；而後
天則是把「天道」表現出在人倫日用之中〔註36〕。

　　此處所言，類似於陳確所言「天道即人道」的思想觀念，則言：

　　　蓋人道不脩，而天道亦幾乎息矣。〔註37〕

陳確其主要思想仍是透過「氣」的活動義來牽繫形上與形下，並藉由形下的
實踐功能來顯露形上的無窮天道意涵，因「天道」道德無窮之理難以展現，
故陳確才強調後天人對於工夫的迫急性，於是當人在實踐層面不間斷作工夫
的當下，「天道」也在此無形之中從「人道」逐漸展現出形上價值規範，其實
也不難看出陳確雖然繼承了其師劉宗周的思想，但劉宗周還是尚未突破「理」
給他的限制，但陳確已經藉由「人道」來展現「天道」，直接從形下面來貫穿
形上。

第二節　陳確「天道觀」氣學之特色

　　我們知道陳確對於「天道」不願多談，但不並代表他不重視，因爲「天
道」本來就是最高的道德標準，所以才從形上道德本體轉而向形下的實踐意
義，以至於陳確批評宋明的佛老本體不夠踏實，其云：「學者高談性命，吾只
與同志言素位之學，則無論我遭之幸與不幸，皆自有切實工夫，此學者時受

〔註35〕【明】劉宗周、戴璉璋、吳光主編《劉宗周全集》，（臺北中央研究院中國文
　　　　哲研究所籌備處，民86）卷十一，第二冊，頁152。
〔註36〕參見柯正誠《劉蕺山「盈天地間一氣」思想研究》，臺北：中國文化大學中國
　　　　文學研究所，民93年，頁151。
〔註37〕【清】陳確《陳確集》，（北京：中華書局，1979年），下〈性解〉，頁450。

用處。苟吾素位之學盡，而吾性亦無不盡矣。」〔註38〕從上述可得知陳確對於當時的學者提出一些弊病，認為只求那本體，卻遺忘掉人最根本處「實踐」二字，然而陳確雖言形下意味較重，但他也扣緊了「天道」，使形上的道德本體透過形下「實踐」來展現出形上最完美的一面，再者後天「實踐」之展現就是最佳能證明「氣」的存在。陳確則言「天道」並不是全面著重在於單一方向，而是融入了漢代的「自然義」、宋明的「本體義」與明末清初的「實踐義」，我們從這三面來論述陳確，並且與上述前言所談的人物來做思想異同比較，來凸顯出陳確在於明末清初的地位與重要。

一、陳確「天無私覆，無能禍福」對王充繼承

陳確對於「自然之天」則有所獨特見解，並且在〈地脈論〉中云：

> 地之氣，本於天而演於水者也。本於天，故有升降，此地之變於寒暑者然也。本於天，故異陰陽，此地氣之限於南朔者然也。演於水，故亦有盛旺，故旱竭而枯，淫溢而災，近山而剛，近水而柔，近海而鹹，近河而淡。大抵疏達者肥美，壅滯者瘠鹵，則民居之利疾，草木之荓枯應之。〔註39〕

天地之間藉由「氣」來相互串連溝通，形上者我們可稱為「無形之氣」即為「天道」；形下者為「有形之氣」。如此一來「地之氣」透過陰陽二氣的凝結而可以化生成水，然而回歸到本源仍是由「天道」所創生而成，「天道」之所以會有升降起伏，是來自於陰陽二氣之間多寡、強弱來決定，並不是人為有意志所造成的，於是陰陽之間的變化成為了四時「春、夏、秋、冬」，四時之間則依循著「天道」的規律而有所不同「春生、夏長、秋收、冬藏」的結果，不外乎都是由陰陽之氣所造成的，並不是由「天道」有意志的行為，這都是陳確比較從客觀面來說，主要是破除人對於「天道」崇拜與迷信，這與漢代王充所講的「自然義」有點相關，其云：「為水旱者，陰陽之氣也。」〔註40〕、「天之賜雨，自有時也。」〔註41〕都是認為「天道」是無意志的，因為人對於「天道」只是一個依循的法則，但是仍必須透過人後天的修養與教化才能

〔註38〕【清】陳確《陳確集》，(北京：中華書局，1979年)，下〈進言集〉，頁429。

〔註39〕【清】陳確《陳確集》，(北京：中華書局，1979年)，下〈地脈論〉，頁496。

〔註40〕王充著、黃暉撰《論衡校釋・明雩》，北京：中華書局，1990年2月，頁680。

〔註41〕王充著、黃暉撰《論衡校釋・明雩》，北京：中華書局，1990年2月，頁680。

回歸到道德的路上，所以王充也認為四時之變化其實也就是「天道」自我運行氣化的顯露而已，這與陳確的觀點有相為類似之處，都是主張天為「自然之天」沒有神的意志存在著。

陳確在〈葬論〉中提到「天」為無意志的觀念。

> 天無私覆，故雨露之施不擇物。物之材不材，自為枯榮焉，非天有意枯榮之也。地承天施，亦猶是耳。人之善不善，自為禍福焉，非天與地能禍福之也。〔註42〕

我們得知陳確在〈葬論〉之中提到許多破除迷信之事，認為人就應該做應當之事，不用去崇拜鬼神，在此我們不多做〈葬論〉內容探討〔註43〕。筆者則以陳確「天道」來做說明，陳確主張「天道」即是無私的，也就是沒有意志的人格神，必須透過人後天的努力學習、禍福來決定。「天道」對於事物是不會加以選擇，因萬物皆由「天道」所創生而成，因在氣化過程之中，「天道」的價值義也附加於萬事萬物之中，都帶有形上的道德本體，也就是說明「天道」必然如此會這樣運行。陳確又再舉例說明「物之材不材」、「人之善不善」，萬物之所以能得以生長而有功用，在於萬物本身自我的修練，「天道」雖賦予給你道德本性，但仍必須藉由工夫修養來展現「天道」無限價值；「人之善不善」人的禍與福，也是在於人對於自己肯不肯負責，我們熟知陳確非常重視後天的教化實踐義，對於人的種種惰性都加以斥責，認為人都憑恃著「天道」所賦予給你的價值，進而缺失略掉重要的本質即為「實踐」二字，然而「天道」運轉是本然之狀態，而人才是人倫日用之中最重要的一環。

從上面看來，陳確再一次的認為「天道」是沒有人格神意志，這與漢代董仲舒「天人相應」、「人格神」相牴觸，董仲舒則認為「天者，百神之大君也」〔註44〕這裡直接點出「天道」是最到的主宰者，人受到「天道」所控制帶有濃厚天的意志，又云：「國家之失乃始萌芽，而天出災害以譴告之；譴告

〔註42〕 【清】陳確《陳確集》，（北京：中華書局，1979年），下〈葬論〉，頁477。
〔註43〕 參見李宜庭《陳確思想探析：以「欲」、「私」、「氣」為核心的討論》，國立臺灣師範大學國文學系碩士論文，民97，頁21。陳確認為迷信思想有礙於社會進步與發展，他認為葬師愚弄百姓，導至眾人為了厚葬而家財散盡、為了埋葬死者而佔用廣大的良田、為了選擇福地而造成傷害，因此可以發現陳確並非純粹以理論駁斥迷信說，而是站在避免社會受到危害。
〔註44〕 【漢】董仲舒《春秋繁露 卷十五·郊義》臺北：臺灣商務印書館《四部叢刊》影上海商務印書館縮印武英殿聚珍本，1975年，頁78。

之而不知變，乃見怪異以驚駭之，驚駭之尚不知恐，其殃咎乃至。」〔註45〕
國家有政治不清明之時，「天道」自然而然發出譴告，如果當譴告發生之時而
不加以修正，則「天道」就會降下此災異。明顯看出董仲舒主張「天道」是
有意志的，但是我們也不能直接否定董仲舒的「人格神」是迷信之說，他只
是要人民、國君懂得改過之心，並不是認為「天道」就是一切的依歸。陳確
則是對於「人格神」批評，認為這只是迷信，人不應該對於天的崇拜，但是
陳確主張利用「自然之天」來破除傳統窠臼的「人格神」，主要是陳確要人民
知道，必須從自我本身做起來突顯出「天道」的真正內涵，如此一來我們可
以看出陳確的「天道」確實是往前跨了一大步，從而肯定人在於人倫日用之
中的價值性。

二、陳確「道體本無窮盡，本無方所」對劉宗周的發揮

從宋代之後許多學家則把「天道」的地位更加提升，使得形上的道德本
體與形下的氣質層型成斷裂二分。朱熹則是把「理」本體與「心」、「氣」二
分，認為「形上之理」是絕對的、先驗的為無上的道德主宰但是只是存有，
而「心」、「氣」則是形下，但是朱熹雖言形上的存在面卻不說形下存有面，
簡單來說已經是落入只談本性之中了，而「天道」不再有機會顯露出來。

到了明代已慢慢脫離以「理」本為主的天道觀，而慢慢加入了氣學的意
味，「天道」不再是不活動的，間接影響到與形下關係的變動，然而明代「天
道」在尚未真正完全擺脫宋代的思想之前，我們且看陳確如何從這之中去取
捨，來實現他的本體就在工夫之中。另在，陳確〈道俗論下〉言。

> 離日用言道者，辟之則廢食而求飽也，終不可得飽矣。泥日用是道
> 者，辟之四體具而為人，而遂謂土木偶之果無以異乎人也。果無以
> 異乎人哉！〔註46〕

陳確認為「道體」離開不開人倫日用之中，必須透過人倫日用來展現「道體」
的真實可貴，換句話說就是把「道體」鍥入到平常的生活之中，如此一來「道
體」就與「人倫日用」兩者就能相互的緊扣在一起。陳確舉例說明，認為人
如果不吃飯怎麼可能會獲得飽足感呢？最終還是必須親自動手吃飯，才不會

〔註45〕 【漢】董仲舒《春秋繁露 卷八・必仁且智》臺北：臺灣商務印書館《四部叢
　　　　刊》影上海商務印書館縮印武英殿聚珍本，1975 年，頁 318～319。
〔註46〕 【清】陳確《陳確集》，（北京：中華書局，1979 年），上〈道俗論下〉，頁 171。

受到挨餓；再者，「日用」不代表就是「道體」，因必須透過兩者的結合，為同一個進行的狀態、行為，以至於陳確又舉例來說明一個由木材所雕刻出來的木偶把它當成為一個真正形體的真人，其實是一個非常大的錯誤，雖然木偶外在的形體非常像人，但是它缺少人的精神內涵即為「天道」的價值道德規範，如此一來不能說是它與人同樣，從這裡邊看來，陳確仍然主張「道體」就在我們生活之中無所不在，很明顯知道陳確要勸人走向「實踐」一途。

　　對此，陳確對於當時提出批判，認為人只求形上本體卻遺忘形下實踐議，在〈進言集〉中提到。

> 學者高談性命，吾只與同志言素位之學，則無論我遭之幸與不幸，
> 皆自有切實工夫，此學者時受用處。苟吾素位之學盡，而吾性亦無
> 不盡矣。〔註47〕

陳確明確批判宋儒、佛老的「本體」，他認為各家學家只講究形上的道德規範來高談心性，卻遺忘了形下的實踐意義，其云：「吾輩今日學問，斷不外家庭日用，舍此更言格致，正是禪和子蒲團上工夫，了無用處也」〔註48〕一般人只會在「本體」之中打轉，亦或者佛家在蒲團之上靜默打坐，都是不切實際的工夫，因為「道體」本身就是遍在與永恆不已，而「天道」的內容不外乎就是要我們本身自我的朗現，又云：「道無定體，隨時而在也。」〔註49〕、「道體本無窮盡，本無方所。」〔註50〕所以「道體」無所不在，而「道體」也無窮盡，因人活在這氣化宇宙世界之中，受到「天道」生生不已影響，但「天道」雖貴為道德規範，但人又易於受到外界世俗所干擾，於是陳確認為「天道」要能清暢展現，就必須靠人在於後天的實踐來完成此「天道」重要的意涵，使人在這氣化的過程之中更具為清暢不受到阻礙，即為「道在氣中」。其實這時承襲了劉宗周的思想觀念，其云：「日、月者，五行之精也。五行者，質具於地而氣行於天，皆地也，故右旋；而總圍於玄默一氣之中，故地道即天道也。」〔註51〕劉宗周在這明顯點出「地道即天道」，也就說明「地道」雖

〔註47〕　【清】陳確《陳確集》，（北京：中華書局，1979年），下〈進言集〉，頁429。

〔註48〕　【清】陳確《陳確集》，（北京：中華書局，1979年），上〈柬同志〉，頁375。

〔註49〕　【清】陳確《陳確集》，（北京：中華書局，1979年），上〈與祝開美書〉，頁135。

〔註50〕　【清】陳確《陳確集》，（北京：中華書局，1979年），下〈與劉伯繩書〉，頁576。

〔註51〕　【明】劉宗周、戴璉璋、吳光主編《劉宗周全集》，（臺北中央研究院中國文哲研究所籌備處，民86）卷十一，第二冊，頁152。

能展現出「天道」本質，但同樣都是出自於「氣」所凝結化生而成，那麼我們可以說人在於天地之間是相互貫通的，因人也是陰陽所生，如此一來「天道」即「人道」、「地道」，於是陳確與劉宗周所言的天道觀是相近的。

朱熹雖認為「理」就是天道的最高典範，但是他還是與陳確還是有相同的觀念就是，「天」不是有意志的，朱熹把「天」轉換成道德的規範、人依循的道德方向，於是乎朱熹所言之「天理」不再是有漢代董仲舒所言「人格神」，陳確雖然認同朱熹這點，但仍是對朱熹把「理本體」拉拔太高認為有所不妥，其云：「惟中庸言天命，仍不離乎日用倫常之間，故隨繼之以率性之道；尤不可忘戒懼慎獨之功」〔註52〕因為這會失去形下的實踐義，而本體也無法與工夫相融合，那麼使人落入到只求本體卻不親自去實現「天道」的內容。

三、陳確「略於天道，詳於踐履」之人倫實踐

從上面得知，不管是漢代的「自然義」、宋明「本體義」，都不難發現陳確都有吸收，但是都扣緊著「實踐」二字，簡單來說陳確就是要我們透過「體證」來了解、展現「天道」無窮的意涵，因為「天道」對陳確來說實在是太遙遠，並不是不重要，而是主張必須從形下之中來體會形上的道德規範，其云：「凡經文言忍性、養性、盡性、成性，皆責重人道，以復天道。蓋人道不脩，而天道亦幾乎息矣。」〔註53〕所以陳確在於實踐下了很大的工夫，以下我們就來了解陳確對於「人倫日用」的重視。〈答朱康流書〉云：

> 又云弟詳於人倫，略於天道，詳於踐履，略於討論，則弟何能詳於
> 人倫而詳于踐履乎！若夫略于天道，非略之也，不敢妄言天道也。
> 略于討論者，非略之也，不敢泛然討論也。〔註54〕

陳確對於「天道」的態度不是那麼重視，他認為人必須在於日常生活中去了解「天道」賦予了我們什麼東西，於是乎「實踐」則是陳確所為重的，但並不是「天道」是遙不可及，剛上面有述說過了，「道體」本身沒有一定的方向，它就在我們日常之中，之所以人會有推諉之心不外乎是世俗的誘惑、天道所賦予的憑恃，造成了人的種種不好樣態，以至於陳確不愛談「天道」的原因，

〔註52〕【清】陳確《陳確集》，（北京：中華書局，1979年），下〈答朱康流書〉，頁472。

〔註53〕【清】陳確《陳確集》，（北京：中華書局，1979年），下〈性解下〉，頁450。

〔註54〕【清】陳確《陳確集》，（北京：中華書局，1979年），下〈答朱康流書〉，頁474。

是怕是人落入「禪學」，所以他才說「略於天道」、「不敢言天道」，並不是他不敢說而是要用「體證」的方法來去感受。再者，也不是把「天道」貶低，因「天道」本身就是最高道德規範，它有它的價值、永恆普遍性存在，然而我們必須把「天道」融入到人倫日用中。

> 如兄欲至京師，必先自越城發足，烏有先見京師而后發程之理？若只據圖披索，一覽斯盡，何煩推勘，要豈得爲眞見耶？推之凡事，莫不皆然，而復何疑於斯道乎？天命精微，今學者之所熟講，雖弟之愚，亦得竊聞一二。正如「京師」二字，人人知之，只未嘗一至之耳。孔子五十而知天命，似不如是，其得力正在下學也。〔註55〕

人對於現實環境之中仍是充滿了墮性，這也代表著人成聖的道路如此漫長與艱苦，如此一來更重視道德的「實踐」。舉例來說，想要到京城去，就必須親自動身前往也就是「越城發足」，並不是認爲看到京城才開始動，這裡難免看出對於純「心學」帶有些爲批判的意味，因爲「心學」只是心到了，純粹講求形上本體，而陳確也看到明末後期的流弊，於是他主張融入「實踐」與「心學」做搭配，而不置於再度落入求心性本體，爲有通過實踐的意義才能眞正明瞭「天道」。

然而透過前人的言論、經典、講學，來尋找京師的相關訊息，這或許是不錯的方法之一，但「天道」是無窮生生，並不是只有單單透過前人所遺留下來的訊息就能得知，因陳確認爲「天道」不外乎就是自我的「逆覺體證」，讓自己去感受「天道」本身的內涵，單憑一張地圖彷彿有一種隔閡存在，從這裡看出陳確以「知行合一」的論點來做討論，倘若只有知道事物、生活如何以哪種方式存在，卻不知道用行動來表現，或者是達成最後的目標，易淪落爲「知而不行」，其實陳確的觀念就是要我們以「行」爲重，「知」則爲一般人都有具備，所以不用再去窮理，唯有把「天道」鍥入到「人道」達成相互融合，才是「體證」人倫日用的方法之一。

例如孔子曾經說過「吾十有五而志於學，三十而立，四十而不惑」〔註56〕，因在孔子在尚未了解到「天道」的眞正內容之前都是下學，陳確其云：「以上

〔註55〕【清】陳確《陳確集》，（北京：中華書局，1979 年），下〈與劉伯繩書〉，頁471。

〔註56〕參見《論語注疏》（魏）何晏注、（宋）邢昺疏（臺北：藝文印書館《十三經注疏》影印嘉慶二十年江西南昌府學開雕本，2001 年），頁 16。

達一截，推與禪學，不可」上達豈禪學哉？無下學而上達者，乃所以為禪學也。」〔註57〕在這陳確指出只會上學而不下達者，容易陷入到禪學之中，然而必須兼貫「下學上達」的觀念，而孔子在五十歲之時，也經過許多踐仁盡性的思想陶冶，最後才「上達」與天相貫通，了解「天道」的重要意涵，我們可以看到陳確並不是把「天道」放的很低，而是透過「實踐」來完成人生。陳確〈答朱康流書〉言：

> 惟《中庸》言天命，仍不離乎日用倫常之間，故隨繼之以率性之道；
> 尤不可忘戒懼慎獨之功，故又終之以脩道之教。三語一直貫下，非
> 若樂記分天與人而二之也。〔註58〕

《中庸》也言天命，仍然扣緊著人倫日用，以至於到「率性之道」，但仍不忘「戒懼」、「慎獨」之工夫，因為「天道」只有透過人身的自我修養與實踐才能表現出「天道」的具體內容，故最終仍是以「脩道」為準則，從而由人的內在道德實踐來發用到外在的實踐活動力。明顯看出天與人是一，然而《禮記》則是講求天人是二〔註59〕，而講求形上與形下相貫通的陳確當然則不這們認為，這會使天與人產生隔閡，而導致「天道」無法正常的顯露，而人會因此與天產生斷裂。最後從上面論述中可以推論出，陳確的「天道觀」仍是進步的思想，並不把「天道」拉拔到最高也不看的很低，其實就是要我們透過「實踐」也就是「體證」的工夫，來維持「天道」無限生生的道德義、價值義，他也肯定了「天道」的功用，實際上仍是保留了宋明的道德本體，只是藉由形下來回推到形上的本體。

〔註57〕【清】陳確《陳確集》，（北京：中華書局，1979 年），下〈答朱康流書〉，頁 474。

〔註58〕【清】陳確《陳確集》，（北京：中華書局，1979 年），下〈答朱康流書〉，頁 472。

〔註59〕參見李宜庭《陳確思想探析：以「欲」、「私」、「氣」為核心的討論》，國立臺灣師範大學國文學系碩士論文，民 97，頁 24。陳確反對〈樂記〉分天、人為二，陳確認為天人一貫，依照本然的善性實踐即為道的呈顯，因此實不必二分，且前文提過〈樂記〉一文是最早將天理、人欲對舉，而後宋明諸儒才進一步延伸發揮，因此陳確批判否定〈樂記〉，也就是跳過了宋明儒而更直接否定了天理人欲的二分法。也是在這樣的基礎上，陳確而後才能進一步提出人欲出於天理，人欲天理為一的概念。

第四章　陳確「氣性論」

第一節　陳確「氣性爲善」

　　陳確明確主張性只有善沒有惡，認爲天命本屬於善，藉由形上氣化流行下貫到形下氣質人身上，並且透過陰陽二氣五行不同比例所構成，然而氣化凝結的稟氣有所不同，例如：清濁、厚薄、方向、速度之不同，但這一氣流行凝結過程之中必蘊含其一致性，而這一致性也就是天命所賦予人的性即爲善。再者，陳確不直接說性之本體，實怕落入宋儒禪障之說，所以必須藉氣、情、才由外在表現與內在從形上氣化流行所下貫的性是善，使性更具有氣化生生義、創造義，則有古清美與王瑞昌兩位學者也主張陳確藉由形下氣質層展現形上層的道德規範，使性爲善〔註1〕。

　　陳確云：

> 一性也，推本言之曰天命，推廣言之曰氣、情、才，豈有二哉！由性之流露而言謂之情，由性之運用而言謂之才，由性之充周而言謂之氣，一而已矣。〔註2〕

〔註1〕　參見古清美《明代理學論文集》，臺北：大安出版，1990 年 5 月，頁 305～306。既知氣、情、才皆可以爲善，性善之亦自然彰明。他認爲要講性善，必得由氣、情、才知善來證明之。參見王瑞昌《陳確評傳》南京：南京大學出版社，2005 年 5，頁 289。則認爲，乾初實際上是把氣、情、才當成孟子思想中舉足輕重的概念，特別把性黏附在氣、情、才上面，以氣、情、才來界定性，這樣一來就是就是在堅持孟子的性善與告子有別。

〔註2〕　【清】陳確《陳確集》，（北京：中華書局，1979 年），下〈氣情才辨〉，頁 451。

> 天命有善而無惡，故人性亦有善而無惡；人性有善而無惡，故氣、
> 情、才亦有善而無惡〔註3〕

由上述所言，陳確本著形上「氣化」〔註4〕的生生義，使性仍可與形下氣質層一氣貫通行不已，如此一來使形上的道德倫理規範則可直接透過形下氣、情、才的展露，使性展現出最真誠的一面，讓人性更具臻善的可能，再者陳確深受孟子的影響，認為孟子所說的「才」，是在強調人皆有為善的能力，所以把才解說成性，牟宗三也有極為相似說法〔註5〕；而情如「乃若其情，則可以為善」實則是把情落實在性上，藉由情、才來說性，另外孟子又注重道德規範認為惡是來自於後天所造成的，而肯定人本身是善，但是陳確認為只有說性是善是不夠的而必須是擴充盡性才能說是真正的性，下章節會做深入探討，此處不多做論述。

陳確對於在〈氣稟清濁說〉所言的「先天稟氣」又有不同看法：

> 氣之清濁，誠有不同，則何乖性善之義乎？氣清者無不善，氣濁者
> 亦無不善。有不善，乃是習耳。若以清濁分善惡，不通甚矣。斯固
> 宋人之蔽也。氣清者，非聰明才智之謂乎？氣濁者，非遲鈍拙吶之
> 謂乎？夷考其歸：聰明材辨者，或多輕險之流；遲鈍拙吶者，反多
> 重厚之器。何善何惡，而可以此誣性哉！觀于聖門，參魯柴愚，當
> 由氣濁，游、夏多文，端木屢中，當由氣清，可謂游、夏性善，參、
> 柴性惡耶？〔註6〕

> 清者恃慧而外馳，故常習于浮；濁者安陋而守約，故常習于樸。習
> 于樸者日厚，習于浮者日薄。善惡之分，習使然也，於性何有哉！

〔註3〕【清】陳確《陳確集》，（北京：中華書局，1979 年），下〈聖學〉，頁442。
〔註4〕參見蒙培元《中國心性論》，臺北：臺灣學生書局，頁448。天命是指自然界的「氣化」流行，所謂的良知，則是指人的自我發展、自我實現的內在潛能。要真正成為善，則靠後天的經驗累積即所謂學，這正是人與萬物所以不同之處。筆者的觀點與蒙培元說法有些為相似，都認為藉由氣化流行不已，使形下的良知良能不斷的發用，使人能自我超越且重視後天學習之重要性。
〔註5〕參見牟宗三《心體與性體》，臺北：正中書局，1969 年，頁507。「性體之知即孟子所謂良知，性體之能即孟子所謂良能。亦即「非才之罪」、「不能盡其才」、「非天之降才爾殊」諸語中之才，此才非普通才能之才，乃性體良能之才，是道德意義的，而且是普遍的，是單指實現良知之所覺發者而言。」
〔註6〕【清】陳確《陳確集》，（北京：中華書局，1979 年），下〈氣稟清濁說〉，頁455。

故無論氣清氣濁，習于善則善，習于惡則惡矣。故習不可不慎也。「習
相遠」一語，子只欲人慎習，慎習則可以復性矣，斯立言之旨也。
〔註7〕

雖然陳確主張氣質沒有惡本屬為善，但又承認了氣質會有清濁之殊，因萬物
雖由氣化所生，然而在凝結過程之中必然會造方向、速度或者陰陽二氣五行
比例不同而造成清濁，所以他承認雖有先天氣稟清濁之分，但氣質清濁卻與
道德性善無關，因此他認為性有不善即是為後天「習」所影響。對此，陳確
指出所謂的清濁即是「聰明才智」與「遲鈍拙吶」兩者。陳確舉例來說，其
一：「聰明才智」為氣清，常常依靠著自己的聰明才智而不可學。其二：「遲
鈍拙吶」為氣濁，認為自己有所不足能自以為戒而能有所進步，而不能這樣
說先天的氣清氣濁為惡，要說習於善則善，習於惡則惡，學者詹海雲對此也
有相同觀念，認為性善與先天氣稟清濁無關〔註8〕，這為陳確非常重視的「性
不為惡」與「習」的觀念。簡而言之，陳確又可進一步又把形下氣質層推上
更高的地位。

孔子言「性相近」，亦正為善不善之相遠者而言，即孟子道性善之意。
孟子之意，以為善人之善固善，雖惡人之性，亦無不善。不為，非
不能也。謂己不能則自賊，謂人不能則賊人。使皆盡心為善，雖人
人堯、舜可矣，此孟子之旨也。〔註9〕

陳確這裡也認同孔子所謂「性相近，習相遠也」，孔子認為我們的性是與習相
對的，不以善惡講性，認為人的天性都是一樣的只是在於後天的習所以影響，
即為要我們時時慎習。至於孟子則是主張人本來就是性善，再加上氣質清暢
不受到阻礙所以為善，反之惡人只是氣化流行之時受到阻礙但仍是屬於善，
只是需要透過工夫修養去化掉形氣的阻礙，而這工夫為孟子所說的「盡心知
性」，其實不外乎陳確與孔、孟於性善這方面有相同的思想，認為惡為後天所
形成，而性善為人本身具有，然而性善之體需要被發用出來，才能不受到後
天時空環境影響，這也造成陳確對於重視的後天實踐學習非常重視。另外陳
確承襲孟子、孔子的思想並且加以的修正之後，他也主張人性本來就是善並

〔註7〕【清】陳確《陳確集》，（北京：中華書局，1979年），下〈氣稟清濁說〉，頁
455。
〔註8〕參見詹海雲《清代學術論叢——陳確人性論發微》，臺北：文津出版社出版社，
頁298。
〔註9〕【清】陳確《陳確集》，（北京：中華書局，1979年），下〈性解下〉，頁451。

沒有所謂的不善，如有不善也就是受到習影響，並且主張人性善之體並須擴
而充之使性全善。

第二節　與魏校「性即太極」相比較

魏校（1483～1543 B.C，字子才，蘇州府昆山縣人，字號莊渠）以「理氣
是一」的思想角度來切入，對於性主張性善，倘若有惡也是氣化流行所產生
的過與不及處來說，並不是針對先天性善有所否定。

魏校言：

> 性即太極，氣質出於陰陽、五行；合下稟得，便有清濁厚薄不齊處，
> 氣濁則遮蔽不通，質薄則承載不起。血肉之軀，物欲易至限溺壞了
> 那良知良能，故性雖本善，而不能免於氣質物欲之不善，此性元是
> 降衷秉彝；人因氣秉物欲有不善處，終亦不能滅其性之善也！〔註10〕

魏校認為「太極」就是性，由於陰陽五行組成的比例會有所不同，而產生了
清濁、厚薄，氣質比較濁薄的容易受到影響，無法正常的氣化運行而導致良
知良能受到形氣遮蔽，雖然魏校認為「性雖本善」但難免還是受到物欲之影
響，使良知無法真正發用出來，於是魏校又認為性是天生「降衷秉彝」主張
必須把形氣提升到形上太極的位階，進而使形氣凝結有形的性成為善，但還
是會受到限制與遮蔽而有了惡，實則魏校用「理氣是一」中的「理」的詮釋
方法來化解此限制。王俊彥先生用「理氣是一」來詮釋說明：

> 「理氣合一」為人生命的本質則是性，因此氣會如此，而理亦當如
> 此變化者，即為吾人之本性。所以違反性善，不能將「氣如此變化，
> 理亦如此變化」的「理氣合一」狀態表現出來，就是惡。此說在確
> 立理氣為最高實有後，即以此實體為絕對善，相對世界之惡，亦因
> 返於此實體而為惡。若不反此實體，則只一理氣流行，亦無所謂惡
> 了。〔註11〕

由上述得知，站在魏校的「理氣是一」立場角度去分析，必須把氣的地為拉
高與理成為同一位階，使二五之氣合於正常運行而不有所偏。簡而言之，形

〔註10〕【明】魏校《莊渠遺書》卷十三〈性說〉，臺北：臺灣商務印書館，1983年，
頁 5。

〔註11〕參見王俊彥《王廷相與明代氣學》，臺北：秀威出版，民 94 年，頁 328。

上的化生之理順其氣的氣聚生成萬物，並且在化生之中必須避免生產過與不及而造成氣質被遮蔽無法清暢流行，然而這時必須依靠著自我的道德要求，使性回復到最原始的善也就是「太極」。

陳確本身主張把形上之理直接從透過形下氣質層面來實踐，他認為氣化流行之時氣貫通於上下之間，並且在流行之時不知不覺已把形上的蘊涵之理給帶到形下來使形下之中有其形上之理，使性先天為善沒有所為的性惡，在於陳確已從先驗層加以去肯定形上天理，如此一來也就沒有氣質之偏或過與不及，而導致人性對於真實世界有所推諉、苟且。但陳確認為魏校沒那麼重視後天的實踐義，他認為人的善先天就已經決定而成的，而後大的個人學習或者環境因素才是造成人性有所偏，如陶清先生也那麼認為，主張必須透過後天的教養成就而形成臻善〔註12〕。實則魏校仍然認為必須依照著形上的道德規範來說性其云：「是直指當人氣質內各具此理」〔註13〕，也就是在氣化流行是否有「氣內具此理」、「氣的過與不及」處做討論，並沒有真正把性完全落實到形下的實踐義仍保有形上道德本體的意味較重，也因此受到形上的道德支撐之下，才能使性仍保有最初的本質也就是善的一面。

第三節　與「氣本論」相比較

純粹氣本論的思想家王廷相（1474～1544 B.C，字子衡，號浚川，別號平崖，世稱浚川先生。）與吳廷翰（1491～1559 B.C，字嵩伯，號蘇原。）主張性有善惡，雖與陳確的思想觀點大不相同，但仍可就對「性」的看法做一些相似比較。

一、王廷相「天之氣有善惡」

王廷相在〈雅述〉篇說：

〔註12〕陶清《明遺九大家哲學》，臺北：紅葉文化，1997年，頁547。他認為人性的善惡，並非先天獨存故人生固有的性善本體所預成前定的，而是通過後天教養成就而形成的。他認為人的主觀努力和習有關，也必然受到當時環境、習俗和教育的影響和制約；人與環境的交互作用結果，才得以培養和成就人的本然之性。

〔註13〕【明】魏校《莊渠遺書》卷十三〈性說〉，臺北：臺灣商務印書館，1983年，〈性說〉卷十六，頁6。

天之氣有善有惡，觀四時風雨、霾霧、霜雹之會，與夫寒暑、毒癘、瘴疫之偏，可睹矣。況人之生，本於父母精血之湊，與天地之氣又隔一層。世儒曰：「人稟天氣，故有善而無惡」。近於不知本始。〔註14〕

性之善者，莫有過於聖人，而其性亦惟具於氣質之中，但其氣之所稟清明淳粹，與眾人異，故其性之所成，純善而無惡耳，又何有所超出也哉？聖人之性，既不離乎氣質，眾人可知矣。氣有清濁粹駁，則性安得無善惡之染？故曰：「惟上智與下愚不移」。〔註15〕

在王廷相的思想理路中他主張無所謂的形氣之外的本性，簡單來說他是以「氣」來說性，因而就會產生一個問題也就是性會有「有善有惡」之分，如此一來王廷相也就主張性有「有善有惡」，如王俊彥與劉又銘〔註16〕兩位學者也認為王廷相所言之「氣」為有善有惡。王廷相認為「天之氣有善有惡」又與天地之氣又相隔一層，所以人稟天之氣而生，則認為性有善有惡，從這觀念去延伸出兩點，其一：王廷相認為人稟天之氣所生，從無形之氣透過凝結而凝結成有形氣，然而問題在於王廷相認為「天之氣本身帶有善惡」所以在這凝結的過程之中，必然如此會加注在於人性身上，此時不外乎就產生了性「有善有惡」的存在。

然而，陳確與王廷相顯然有出入，雖然都認為氣具有無限的生生義、創造義，但陳確肯定天命為善。

〔註14〕 【明】王廷相《王廷相集》，北京：中華書局，1989年9月，《雅述》上篇，頁840。

〔註15〕 【明】王廷相《王廷相集》，北京：中華書局，1989年9月，《雅述》下篇，頁518。

〔註16〕 參見王俊彥《王廷相與明代氣學》，臺北：秀威出版，民94年，頁105。人物氣質凝結各有不同，故人物之性種各異，且此種氣性不是無所不在，而為有非常具體內涵之性，此乃順元氣之氣種落實於形氣之中而成固定之性，如此不強調普遍性，而強調萬物陰陽偏勝不同比例，遂有人物靈明不齊、智思之差別之現象，故人之氣質內涵各有不同。也就是說氣清為善，氣濁為惡。又參見劉又銘《理在氣中——羅欽順、王廷相、顧炎武、戴震氣本論研究》，臺北：五南出版，民89年11月，頁65。他強調天地之化是「無心而為公」的，這就進一步指向氣有善有惡的觀點。他認為，在造化生人生物之後，隨著物之勢的自然與不得不然，每每許多強凌弱、眾暴寡、志戕愚、物殘人、人殺物等等非天道之當的事情發生。

天命有善無惡，故人性亦有善無惡，人性有善而無惡，故氣、情、
才亦有善而無惡。〔註17〕

可看出其實陳確與王廷相所主張的「天」亦有不同之處，他也對孟子的性單
一原論有所不同。其二：在王廷相的觀念之中仍採用的程朱以氣稟說性如「氣
之所稟清明淳粹，與眾人異，故其性之所成」〔註18〕王廷相用氣之清濁來解
釋人的善惡，正因為如此而使性有上智下愚之分，仍然又與陳確理論相悖，
陳確認為不管氣清或者氣濁都不能說性為惡，如果有惡那只是「習」的影響。
再者，王廷相所謂的上智下愚的分別是以清濁、薄厚來分，實則與陳確也大
相逕異。陳確所認為的上智下與其實也就是肯與不肯的問題。

　　陳確在〈子曰性相近也二章〉云：

蓋移之，則智者亦愚，愚者亦智；不移，則智者益智，愚者益愚。唯
其習善而不移，故上智稱焉；唯其習不善而不移，故下愚歸焉。〔註19〕

並不是以氣質來分，因此陳確從先天層面肯定氣質屬性為善又重是後天環境
的影響，所以在這部分比王廷相更為進一步，不在只是停留氣質之上而是實
用於人倫日用之上也就是實踐。最後，王廷相主張「性」的清濁、善惡，仍
是拘限於「氣化」之偏所影響，間接導致性有兩層意涵即為「善」、「惡」；除
此之外王廷相並沒有從先天之氣去肯定「氣」善。相較之下，陳確從「天」
到「人」一路的肯定「氣」，並且賦予「性」加諸於人身上的形上價值義，而
「氣」、「性」兩者是相環扣，並同樣是善的表現。

二、吳廷翰「氣有清濁美惡」

及夫人物化生，形交氣感，染糅紛紜，則氣之所稟萬有不齊，而陰
陽善惡於是乎分焉。但其初生未感之前，其時善惡不萌，亦如二氣
絪縕之始，故亦無可言。及性有感動，而情欲出焉，則各得本生氣
稟，而善惡皆性。〔註20〕

〔註17〕【清】陳確《陳確集》，（北京：中華書局，1979年），下〈氣情才辯〉，頁452。
〔註18〕【明】王廷相《王廷相集》北京：中華書局，1989年9月，《雅述》下，頁
　　　　518。
〔註19〕【清】陳確《陳確集》，（北京：中華書局，1979年），下〈子曰性相近也二章〉，
　　　　頁458。
〔註20〕【明】吳廷翰《吉齋漫錄》，北京：中華書局，1984年2月，《吳廷翰集》卷
　　　　上，頁26。

許多人可能認爲吳廷翰是屬於性善論者，其云：「天地靈秀之氣」〔註21〕，他認爲人稟「天地靈秀之氣」而與說性爲善。實爲相反，吳廷翰則是認爲那只是分別人與禽獸不同罷了，雖然萬物都是由氣所生但所稟的比例確有不同，因禽獸並沒所謂的「仁義禮智」。在此，吳廷翰認爲「天地靈秀之氣」是仁義禮智也就是良知良能，其云：「仁義禮智即天之陰陽二氣，仁禮爲氣之陽，義知爲氣之陰」〔註22〕所以不能因此說吳廷翰性只有善。吳廷翰指出當形氣在運化流行之時，陰陽相雜之時又因有不同氣化凝結的可能，於是當凝結成爲有形之氣之時當然就也會有善、惡的產生。再者，又肯定氣稟先天具有但是清濁比例又不一樣。

> 仁義，皆氣之善名，氣有清濁美惡，即仁義之多寡厚薄。仁義之多
> 而厚，即性之善；薄而少有欠處，未免有不善。〔註23〕

從這可以直接了解吳廷翰所說性，他認爲仁義雖然是善，但是氣的確有清濁之分，也就是在氣化流行之所人稟賦多少仁義，多者爲善而少者爲惡，但還是都是性。王俊彥也認爲所謂吳廷翰有善惡之別〔註24〕，另外又有劉又銘教授則認爲吳廷翰所言之性可以從兩面去討論〔註25〕，其實這與王廷相的性的理論模式有些微相同。雖然吳廷翰雖爲氣本論學家以氣爲首出，在氣化之時雖有清濁之分，但筆者認爲不應該以清濁來分爲性善或惡，不就等於是把責任推給了天，使人有了選擇的權力。

〔註21〕【明】吳廷翰《吉齋漫錄》，北京：中華書局，1984 年 2 月，《吳廷翰集》卷上，頁 27。

〔註22〕【明】吳廷翰《吉齋漫錄》，北京：中華書局，1984 年 2 月，《吳廷翰集》卷上，頁 30。

〔註23〕【明】吳廷翰《吉齋漫錄》，北京：中華書局，1984 年 2 月，《吳廷翰集》卷上，頁 25。

〔註24〕參見王俊彥《吳廷翰「以氣即理，以性即氣」的思想》，華岡文科學報第二十一期，民 86 年 11 月。仁義之厚薄多寡的狀況，則與氣息息相關。氣清，則仁義多而性善；氣濁，則仁義寡而不善，氣稟不齊，所以性也有善與不善之別。

〔註25〕參見劉又銘《吳廷翰的自然氣本論》，成大宗教與文化學報第五期，2005 年12 月，頁 39～41。其一：從人性的自然義與價值義兩方面來看，吳廷翰所謂的人性就應該是善的。既然人性（即人所稟受的天地靈秀之氣）是人生命的本原，它生成、興發了人生命中的種種存在和種種活動，並且這種種存在和種種活動又總是自然地傾向於仁義禮智等善的價值，因而人性就理當是善了。其二：人性中的確有著來自純全元氣的善，使人「情之所發皆可爲善」；但這樣的善，其成份多寡不一；因此整體來說，除了聖人、大賢以外，一般人的人性都是有善有惡，不能只就善的部份來說性善。

　　然則，陳確與吳廷翰在思想觀點上稍有出入，對此提出自我的看法，主張萬物在氣化凝結都在此相同時空環境位階之中完成，而在凝結之時雖有氣化比例不同，但不可以把這問題回推怪罪到形上本質，應該是要回歸到形下去面對如何去把形下氣質層去實踐，因為天命本身就是善為先驗層，那麼凝聚過後的有形之物也蘊含著形上的本質，也因為這樣陳確非常認同藉由「素位之行」來讓形上的價值規範，降下在人的個體之上，並且藉由個人「擴充」來把人性本身的內在意涵給真正展現，如此一來人也就能在人倫日用生活中來顯露天道，即是要告訴我們後天實踐的重要性，而不是拘泥於談論「性」是否為性為惡的議題。

第四節　與「心理氣是一」相比較

　　劉宗周（1578～1645B.C），初名憲章，字起東，號念臺，後人稱其為蕺山先生。山陰（今浙江紹興）人。因講學於山陰縣城北的蕺山，學者稱之為蕺山先生。為陳確之師，然而陳確受到劉宗周影響，但對於性善論又比劉宗周說的更具體直接。

　　黃宗羲（1610～1695 B.C，字太冲，號南雷，學者稱梨洲先生，浙江余姚黃竹浦人。）與陳確師事同門，則是提出兩個思想理論為「氣之本然」、「氣之雜揉」，黃宗羲認為人有失其本然之氣，但又承認這只是暫時的一種人性狀態，最終還是主張人性為善。

一、劉宗周「氣立理寓」

> 萬性，一性也。性，一至善也。至善，本無善也。無善之真，分為二五，散為萬善。上際為乾，下蟠為坤。乾知大始，吾易知也；坤作成物，吾簡能也。〔註26〕

劉宗周認為天地之間都是由陰陽二氣所凝結組成的事物，無非把氣提高到與性的同高，並透過氣化各種的變化使氣與性相通，但在這過程之中雖然會有方向、速度、多寡而有所不同但都還是性，而此「無善之真」的善也必定會依照著此氣化流行的生化最後成為萬散，另外又藉由工夫修養去化掉這個有

〔註26〕【明】劉宗周撰，戴璉璋、吳光主編，臺北：中央研究院中國文哲研究所籌備處，民86《劉宗周全集》二冊，頁4。

限的形氣框架，使氣化流形之中不受到任何的拘束〔註27〕。然而，劉宗周的
思想主張中並不是有理之後有氣，其云：「非有理而後有氣，乃氣立而理因之
寓也。」〔註28〕而是氣立而理在其中，順著此理論架構之下，我們可以知道
劉宗周認爲氣之中仍須要「氣之條理」來做個規範，如此一來所謂氣質就並
非屬惡，並且在一氣流行之中的氣就蘊含有形上之理，而形上之理又必須與
形下之氣作相互的融合，順此思想理路之下才說形氣之內富涵形上的價值次
序義，使形氣不受到遮蔽、偏頗，對此我們才能說性就是善。另外，又可從
另一思路來解析氣質是善的可能，劉宗周說：「一性也，自理而言，則曰仁義
理智；自氣而言，則曰喜怒哀樂」〔註29〕由上述所言，可從兩方面來論述。
其一：從理來說「仁義禮智」即爲形上的道德規範也就是說我們做事情之時，
必須依照禮節去做不可做出違背天的事情；其二：從「喜怒哀樂」即爲氣化
流行所展現出來的，然而在氣流形之中又必包含著形上之理，所這喜怒哀樂
也必然會有其道德規範，推理來說仁義禮智爲形上之義理，而喜怒哀樂爲形
下之氣質但這之中又有形上義理，氣質就可能是善的問題可解決，但劉宗周
還是沒有明白把氣等於是性的問題給解決。

　　對此，陳確也再度指出劉宗周仍然是無法擺脫形上的道德本體，而認爲
劉宗周把後天的向善動力歸結到性善本體，但這樣容易產生一個問題，也就
是當性善本體被遮蔽或未發之時，人會產生對性有選擇的權利，導致人對於
性沒有動力而失去「爲善去惡」的能力。顯然，陳確與劉宗周仍有差別之處，
在於陳確能夠從形下層面做個基礎點，進而把形上的道德價下拉灌注在日常
之中，也因此不必受到有限框架的束縛，於是性善之體也就能夠時時展露。
相較之下，劉宗周依然把「氣中之理」當作一個非常重要的支柱，善也就無
法在當下就能夠發動，而受到有限的形氣框架拘束著，必須先經由形上本體
的判斷，並且還要透過後天人爲的工夫修養，才能使性善之體得以展現出來。

〔註27〕 參見王俊彦《陳確的性善論與明清氣學》，臺北：中國文化大學中國文學系，
　　　　〈發皇華語‧涵詠文學——中國文化暨華語文教學學術研討會論文〉，頁9。「二
　　　　五、萬善」既有超越義，亦有氣化義，著實說二五、萬善是氣化體的鋼維，
　　　　超越說二五、萬善是性體創生的原則。如此既化掉氣化自然的有限框架，又
　　　　強化超越性體的具體實存義。
〔註28〕 【明】劉宗周撰，戴璉璋、吳光主編，臺北：中央研究院中國文哲研究所籌
　　　　備處，民86《劉宗周全集》二冊，頁268。
〔註29〕 【明】劉宗周撰，戴璉璋、吳光主編，臺北：中央研究院中國文哲研究所籌
　　　　備處，民86《劉宗周全集》二冊，頁460。

因此，我們可以得知陳確雖繼承了其師劉宗周的氣學思想之外，更是把劉宗周的形下不徹底性也再度修正，能夠讓性善之體更能夠使人掌握，而不再是虛無飄渺的形上本體，這也就是陳確特別重視形下實踐的原因，也就是要消除善惡可以自我選擇的權利，時時勉人慎習。

二、黃宗羲「氣之本然」

黃宗羲在〈北方王門學案〉言：

> 夫不皆善者，是氣之雜揉，而非氣之本然，其本然者，可指之爲性，其雜揉者，不可以言性也。天地之氣，寒往暑來，寒必於冬，暑必於夏，其本然也。有時冬而暑，夏而寒，是爲愆陽伏陰，失其本然之理矣。失其本然，便不可名之爲理也。然天地不能無之寒暑，而萬古此冬寒夏暑之常道，則一定之理也。人生之雜揉偏勝，即愆陽伏陰也。而人皆有不忍人之心，所謂厥有恆性，豈可以雜揉偏勝者當之？雜揉偏勝，不恆者也。是故氣質之外無性，氣質即性也。第氣質之本然是性，失其本然者非性，此毫釐之辨，而孟子之言性善，即不可易也。〔註30〕

黃宗羲很明顯承襲了劉宗周的思想，認爲「天地之間只有一氣」，而這氣實爲善，其云：「人之氣本善，故加以性以之名耳，如人有惻隱之心，亦只是氣，因其善也，而謂之性」〔註31〕黃宗羲指出當性有出現其不善，則是認爲受到「氣之雜揉」的干擾並不是原有的「本然之氣」，當這時候就成爲「非氣之本然」，例如：天地之氣有四時的變化，該冷就冷、該熱就熱就是天的運行眞正變化，如果冬天是熱的；夏天是寒冷的，就不就失去本然所應該的運行方式，如此一來，如失去本然就不能稱之爲理，但黃宗羲又認爲天不可能沒有「愆陽伏陰」的現象，所以他認爲人所受的氣之雜揉即爲「愆陽伏陰」，所以在這邊可以分爲兩個層面來探討「氣之本然」、「氣之雜揉」當性在「氣之本然」也就是順陰陽二氣的正常運行與凝結不失其順序之理，也就是性是善的無現展露；當性受到「氣之雜揉」之時雖然沒有依序著陰陽二氣運行而有所偏導

〔註30〕【明】黃宗羲《明儒學案》，卷二十九，杭州：浙江古籍出版社，2005 年 9 月，〈北方王門學案〉，「侍郎楊晉菴先生東明」，冊七，頁 765。

〔註31〕【明】黃宗羲《明儒學案》，卷五十，杭州：浙江古籍出版社，2005 年 9 月，〈諸儒學案中四〉，「肅敏王浚川先生廷相」，冊八，頁 487。

致凝結的過程中導致氣得不清暢，但是黃宗羲以「理氣」的觀念來解釋這「氣之雜揉」，他認爲當氣質受到影響而不清暢並不是永久恆常的，而形上之理本來就是善只是在氣在流行之中失其偏，而導致有了「氣之雜揉」但是在氣之雜揉之中又蘊含有「氣之條理」使性的本身之中帶有理的道德規範，所以黃宗羲認爲這只是氣有所偏短暫的現象，所以他認爲性還是會回復到原本的氣質通暢，所以性善本然本來就是人本生具有，只是那時受到遮蔽所影響，然而黃宗羲認爲氣仍是會受到遮蔽，會有短時間失去原本的善進而產生惡的可能，雖說爲短時間的一種狀態但還是保有原來的性善本質。

　　陳確與黃宗羲所言之性都是善，但如果深入去分析了解的話，陳確與黃宗羲所說氣性有些爲差異，其原因如下：其一：陳確明白提出不管氣之清濁、厚薄都不跟性有關，但黃宗羲又指出陳確的性善論有缺失之處，也就是陳確把「惡」歸於習與本然之性無關，從這樣的理論看來黃宗羲確實有比較站得住腳去說性善，但是如果屏除先驗的性善論來看，相較之下後天實踐比先天性善更加重要，然而我們也不能說黃宗羲所說的是錯誤的。其二：黃宗羲只是受囿於其師劉宗周思想與老師的結構理論比較相近，都認爲氣之中都必須有個「氣之理」來當作一個主體架構。相比之下，陳確只是進一步跳脫出既有的限制之中，主張重新詮釋人對於後天所學或者環境影響的重要性。簡而言之，陳確是一個非常重視後天實踐的人其云：「孟子道性善，是欲人爲善，若但知性善而不能爲善雖知性善何益？」〔註32〕陳確要人每天不斷學習與擴充盡性使人有可能成爲聖人，這觀念有如王船山所說的「日生日成」，於是從氣化流行不息之中成性之善過程與這陳確思想確實有相似的觀念，但並不是一次就完成，而是必須靠後天的工夫去實踐而達成，學者張立文先生也主張該是如此〔註33〕。從這以上的這幾點可以看出陳確與黃宗羲觀念仍有不同，在於出發點立足點的不同，但實則思想上仍是有相同之處。最後，陳確可以說是在明清之際的轉換期擁有自己的一套新理論或者說是對前人的思想加以修正的結果。

〔註32〕 【清】陳確《陳確集》，（北京：中華書局，1979 年），〈原教〉，頁 558。
〔註33〕 參見張立文《正學與開新──王船山哲學思想》，北京：人民出版，2001 年 12 月，頁 152。他認爲分爲兩個層次：人們可以體驗到船山所說「命降性受」的關係，實是陰陽五行之氣絪縕聚織生生不息的過程，是自然而生、自然而受的。其二：對於具體的個個來說，生命存在的過程，也即是「降命受性」的過程，並不是人一出生「降命受性」便一次完成。

第五節　與孫應鰲「性之本然，善而已矣」之異同

孫應鰲（1527～1586 B.C，字山甫，號淮海，貴州清平人。）雖主張性有
分「本然之性」與「氣質斑駁」但仍然都是善的表現，只是在於孫應鰲所說
的思想觀念，容易讓人陷入到無法回復本性的可能。

> 性之本然，善而已矣。然性非懸空在天的，必具於人氣質之中。而
> 氣質之稟，則不能無清濁純駁之殊。雖有清濁純駁殊，然本然之善
> 未嘗離也，故曰「相近」。〔註34〕

孫應鰲明白指出「性之本然，善而已矣」，認為性中的本然之性才是性而為
善，這有如宋明所偏重的「天地之性」，對此孫應鰲認為性並不是所謂的形
上的最高本體，因世界萬物皆透過陰陽二氣流行從無形之氣凝結為有形之
氣的真實事物，此時我們也是藉由二氣五行不同比列組合所凝結而成，如
此一來氣稟此時必會造成比例不同，而使氣化過程之中必然產生清濁、斑
駁之分，但孫應鰲主張氣質雖然有清濁駁殊之分，實則本然之性仍未嘗離
開過氣質之中，我們大概可明瞭孫應鰲所謂的性是善的是「本然之性未嘗
離也」。從這我們從兩個層面去探討，其一：孫應鰲認為性不是直接懸空在
天的，必須下降灌注於「氣質之性」之中，很明顯的知道義理就在氣質之
性之中，而肯定說明氣質之性才是性。其二：氣質之性之中的「本然之性」
與「氣質斑駁」，孫應鰲認為氣質之中，雖蘊含有形上的本然之性但是不得
不討論在氣化流行之時並定會產生氣之斑駁、清濁之分。首先我們知道本
然之性就是善而氣質之中含有此性；另一則是氣質斑駁也就是受到氣化流
行之時的影響，換句話說就是氣質清暢不受遮蔽之時就是氣清；反之氣質
不清暢而受到遮蔽之時為氣濁。

陳確雖肯定在氣化凝結之時有不同的速度、比例、方向，但是他認為
這應該不是影響人為善的依據，因無形之氣在妙凝過程之中，形上的價值
規範已在此氣化之中，也因此在生成萬物的當下，我們個體之中以存有性
善本體，也就是陳確已經從形上先驗層先去肯定，而把焦點放在人對於當
下外在環境與修養的關係，所以陳確沒有所謂的「氣清」為善、「氣濁」為
惡的觀念，此為與孫應鰲的相異之處。但是，對於性是善的觀念兩人則是

〔註34〕【明】孫應鰲著，劉宗碧、龍連榮、王雄夫點校《孫應鰲文集・四書近語》，
　　　　貴州：貴州教育出版社，1996年，卷五，頁283。

抱持著相同態度。只是，孫應鰲主張「本然之性」仍是灌注在性中，但性也有可能是未發而孕育在性體之中，那麼性體依然是善的；陳確已經不再談「本然之性」的本體了，而是直接從經驗層面去落實性，來讓性中之善隨時都在發用，陳確也因此著實在後天的學養之上，對於實踐肯與不肯來多做解釋。

> 性善自是實理，毫無可疑。今人只是不肯爲善，未有爲善而不能者。惟其爲善而無不能，此以知其性之無不善也。夫徐行者，豈人所不能哉，所不爲也。〔註35〕

陳確最主要讓人不要有藉口來對於性善之體的實踐有所怠惰，這就有如孫應鰲容易讓人有清的就愈清，濁的愈濁最後讓人無法回復到人性的本處，都是要勉勵人不要對於性善之體有了推卸的責任。

第六節 「不以氣質爲惡」——對傳統程子、朱子批判

明道云：

> 人生稟氣，理有善惡，然不是性中原有此兩物相對而生。有自幼而善，有自幼而惡，是氣稟有然也。善固性也，然惡亦不可不謂之性也。〔註36〕

明道認爲人稟受氣有所不同，而有善惡分之分，然而在此之「理」實爲第二義之理爲虛說，並不是說性中有兩個物體，而應該說氣受到理的支配影響，而依據理的來作爲變化，則氣蘊含在各事物之中但氣有清濁之分，如此看來性就有清者爲善，濁者爲惡之分了。有人自幼而善，自幼而惡爲氣稟過與不及所造成的不同表現，另外氣稟是受到天命所支配，不是我們能所改變的。

陳確對此提出，天本來就是最高的主宰且爲純善，在氣化凝結過程中不會受到形上道德的影響，並且下貫到人身上使人具有善的可能，人性何來的惡？直接對明道把惡歸結於氣使氣質有善惡提出抨擊。明道又云：「善惡皆天理，謂之惡者，或過或不及」〔註37〕他認爲善與惡都是天理，而所謂的惡只

〔註35〕 【清】陳確《陳確集》，（北京：中華書局，1979 年），下《原教》，頁 456。
〔註36〕 【宋】程頤、程顥《二程集》，（北京：中華，1981 年），卷一，頁 10。
〔註37〕 【宋】程頤、程顥《二程集》，（北京：中華，1981），卷二，頁 14。

是氣質的過與不及處來說，杜保瑞先生也認爲那也只是過與不及的現象〔註38〕，另外伊川也提出自己看法：

> 性無不善，而有不善者，才也。性即是理，理，則自堯舜至於途人，一也。才稟於氣，氣有清濁，稟其清者爲賢，稟其濁者爲愚〔註39〕
>
> 氣清則才清，氣濁則才濁。譬猶木焉，可以爲棟樑，可以爲榱角者，才也。才則有善有不善，性則無不善。〔註40〕

伊川認爲所謂的性沒有不善，而有不善者的是形下之才，而受到「才稟於氣」使氣有了清濁之分，產生了一個現象就是稟其清者爲賢人，稟其惡者爲愚人，牟宗三先生有在此有其不同見解〔註41〕。而伊川所說之「才」並不是眞正的指性言，不像孟子所說的「才」爲性。

　　陳確也有引用孟子的觀點其云：「若夫爲不善，非才之罪也。」曰：「非天之降罪才爾殊也」〔註42〕，所以陳確主張「才」應該是善也是性的展現，與伊川有所不同，但在相同處即認爲性都是善的，蔡仁厚先生也指出所謂的「才」可以分爲二來說性爲善的可能〔註43〕。陳確認爲既然形上與形下貫通，那氣質也就沒有所謂的惡，因爲氣本屬流行不已然而可在這形上與形下之中不斷的生成或消散，如此一來陳確更是比明道、伊川更進一步把形下之氣提到第一義了。簡而言之，透過一氣流行使上下無隔絕說氣質是善。

　　朱子說：

〔註38〕參見杜保瑞《北宋儒學》，臺北：臺灣商務，2005年4月，頁213。他認爲：「在天理的高度中看待天下現象諸事時，現象中相對的善惡之諸事件依然是天地萬物的範圍内之事，因此仍是天理的範疇對待下的事件。個別現象中的事件有善有惡，但是所謂的惡不是本體上的根本惡，而只是過或不及的現象。」簡而易之，認爲其實所謂的「惡」只是氣質在流行之中受到阻礙，使之不清暢而造成了氣質之偏，如果氣質流行順暢也就不會產生此種影響，也就決定在於氣的過與不及處談。

〔註39〕【宋】程頤、程顥《二程集》，（北京：中華，1981）卷十八，頁204。

〔註40〕【宋】程頤、程顥《二程集》，（北京：中華，1981）卷十九，頁252。

〔註41〕參見牟宗三《心體與性體二》，臺北：正中書局，民82年2月，頁317～318。他認爲伊川所說的話應改爲：「譬猶木焉，曲直可以爲棟樑、可以爲榱角者才也，（才出於氣，故有曲直）。所以爲曲直之超越之理則是性也，（性出於天，只是一理）。」

〔註42〕【清】陳確《陳確集》，（北京：中華書局，1979年），下〈氣情才辯〉，頁452。

〔註43〕參見蔡仁厚《宋明理學北宋篇》，臺灣：學生書局，民66年10月，頁391。其一：它是普遍的，人人皆有。其二：是道德的，亦無不善。這覺不是以氣言的清濁、厚薄、智愚、賢不肖之類的才值、才能。

人物性本同，只是氣稟異。如水無有不清，傾放白碗中是一般色；
即放在黑碗中又是一般色；放在青碗中又是一般色。〔註44〕

朱子也認為人與萬物本來就是由氣所生，只是氣稟的不同比例組成而有了分別，朱子所謂的「氣質」分析來講說為其二。其一：「氣」實為陰陽五行之氣。其二：「質」為氣積聚而成，其云：「氣積為質；而性具焉」〔註45〕，而朱子在這把水在不同的白碗、黑碗、青碗之中所反映出來的顏色不同，比喻成「善」、「惡」的分別氣質之性。因氣有清濁之分別，必然造成隔閡關係導致形下氣質時而善，時而為不善。簡單來說朱子把形上的「天地之性」設為最高的道德規範是完善的，進而說形下「氣質之性」會有遮蔽、拘限則會產生惡的出現。又說：

氣是那初稟的，質是成這模樣了底。如金之鑛、木之萌芽相似。又
云，只是一個陰陽五行氣，滾在天地中，菁英者為人，渣滓者為物，
菁英之中又菁英者為聖為賢，菁英之中粗渣者為愚為不肖。〔註46〕

氣為陰陽五行之氣透過積聚而凝結為質，就像所有萬事萬物一樣，都是從最小的形氣慢慢的凝為有形之氣，又說天地之間只有一個陰陽之氣流行不已，而其氣之清暢為人不清暢為物，如果人之中又有精英之氣較多者為聖人、賢人；渣滓之氣則為愚人。前者為氣質清暢不受阻礙可以為善；後者在氣化流行之時受到阻礙而導致氣質的不清暢，而有可能產生惡出來，而必須透過變化氣質改過。

最後，陳確雖然抨擊程子、朱子「氣質為惡」之說，其原因在於他們過度強調「理」，而導致對於形下「氣」有所遺漏，那麼他們所面臨到的重點也就在於後天修養，目的在於如何讓「氣」不受到遮蔽，致使讓氣濁回復到氣清的狀態，在此我們也可以發現到，他們對於後天的實踐義仍是必須要面對，因為還要去對形下之氣有所負責，於是不管是存有面或者存在面都要有所重視，倘若沒有自我的道德修養，那麼人就不會有成聖的那一天，於是驅使人的實踐關鍵也就在於「氣」，因為「氣」才是最接近實踐功能，相較之下，陳

〔註44〕 【宋】黎靖德《朱子語類》，（臺北：文津出版社，1986年12月），卷四，頁58。

〔註45〕 【宋】黎靖德《朱子語類》，（臺北：文津出版社，1986年12月），卷一，頁2。

〔註46〕 【宋】黎靖德《朱子語類》，（臺北：文津出版社，1986年12月），卷十四，頁159。

確之所以會怪罪於宋儒不外乎就是他們實踐義不夠顯露，但對於「氣」來說確實是不會影響到人性的善惡，因為都只是氣化、創生的功用，那麼「氣質」也不會有所謂之惡，如果要強說人性有「惡」，就有如黃宗羲所言只是短暫的失去「氣之本然」，但不能說「氣質」是會因為「氣」有所影響成為惡。因此，陳確才說改變的不是「氣質」而是「習氣」，直截了當說明後天實踐的重要性，而形成一個獨特思想「變化習氣」。

第七節　變化習氣

何謂「變化氣質」？在此有杜維明先生對此對「氣質變化」〔註47〕做了個說明。那麼陳確的是否為「變化氣質」或是「變化習氣」，筆者則對陳確做了個分析。陳確認為天道有善而無惡而性也就是有善無惡，但是在陰陽二氣五行凝結之時，雖有氣清、氣濁之分，但是都不能直接說明性就是有惡，因天道為最高的道的主體，並且道就在氣化流行之中灌注於人性之上，此時人性之上也就蘊含道德倫理規範。然而陳確認為有不善為後天「習」使然，簡單來說陳確就是重視人對於後天的學習，也強調說明「習」的重要性其云：「有不善，乃是習耳」、「故習不可不慎也。」〔註48〕可以得知陳確主張「氣稟」不是真正影響氣質為善或者是為惡的因素，他所謂的惡是來自於人對於後天「習」所影響。

陳確說：

> 清者恃慧而外馳，故常習于浮；濁者安陋而守約，故常習于樸。習于樸者日厚，習于浮者日薄。善惡之分，習使然也，於性何有哉！故無論氣清氣濁，習于善則善，習于惡則惡矣。故習不可不慎也。「習

〔註47〕參見杜維明《人性與自我修養》，〈內在經驗：宋明儒學思想中的創造基礎〉，臺北：聯經，1992年，頁149。因為古人的思想永遠不能被再現出來，那麼就其真實意義而言，傳承的活動就暗示了一種創造性的活動——當然不是從無中生有，而是要深化個人的自我覺識，達到它的性質可與古人性質比擬的程度就此而論，每一次傳承的本身即成為一個獨特的事件，可以在特殊時空順序中找出其位置。就是這些事件的累積成果，才構成了所謂的大傳統。要作為這樣傳統的一個構成部分，需要創造性的適應和精神上的變化。這種創造性的適應和精神上的變化，用宋明儒學的話說，就是一般所謂的「變化氣質」。

〔註48〕【清】陳確《陳確集》，（北京：中華書局，1979年），下〈氣稟清濁說〉，頁455。

相遠」一語，子只欲人慎習，慎習則可以復性矣，斯立言之旨也。

〔註49〕

陳確認為常常依靠著自己的聰明才智而不學習，所以容易導致日薄趨於惡，然而駑鈍之人常因為自己能力不足而有所努力而使日厚而趨於善，所以陳確認為不應該以氣清、氣濁來分，因為氣清氣濁都是有善而無惡，而是後天的習所影響與性沒有關係，如孔子所說「性相近，習相遠」認為人本來就應該要慎習而不能有所怠惰，如此一來就能使性回復到善了。另外張載所主張的「變化氣質」理論就是要令人性返回「天地之性」，因「天地之性」為形上做高道德本體為善，如此一來張載才認為性與氣質之天有關。對此，明清之際思想也產生了一個大轉折正屬於氣學的興盛的階段，然而都認為並不是「變化氣質」就能解決一切性惡的可能，於是產生了兩大派別但是兩者都有同的目標，都主張要提升自我的的道德品質〔註50〕。由上述所言，都認為氣質本是性有善而無惡，必須順透過氣的生生義、創造義而來，並且使氣化流行之時天的道德倫理規範貫注凝結在氣化之中使氣質賦予形上之氣，此時所謂的氣質就屬於有善而無惡。

陳確對於「變化氣質」有所不滿，並且認為人應是「變化習氣」。

　　雖張子謂「學先變化氣質」，亦不是。但可曰：「變化習氣」，不可曰：

　　「變化氣質」。變化氣質，是變化吾姓也，是杞柳之說也。〔註51〕

陳確為性一元論者認為張載所謂「變化氣質」之說是有誤而提出不同見解，認為既然天地之間只有「氣質之性」而「義理之性」亦在氣質之中，那麼何須再藉由「變化氣質」來改變性，順此思想理論架構之下，陳確認為「變化氣質」不就把原本的本性給變化了如此便造成「性」不是原始之性，而使此性受到各種氣化遮蔽導致必須變化此性，因性本身具有形上道德規範不可能

〔註49〕【清】陳確《陳確集》，（北京：中華書局，1979年），下〈氣稟清濁說〉，頁455。

〔註50〕參見何佑森《儒學與思想》，臺北：台大出版，2009年4月，頁93。何佑森先生也在此認為，宋儒說惡是來自氣稟，要使「義理」的善性呈現出來，就必須要「變化氣質」；清儒說惡是來自後天的習氣、或是習染，氣質或情才是天賦的，是善而非不善。氣質既是善的，所以就不需變化。提升人的道德品質是宋清兩代學者共同的願望，宋儒教人「變化氣質」，清儒則教人「變化習氣」。也就是變化氣質包含了變化習氣，變化習氣卻不包含變化氣質。

〔註51〕【清】陳確《陳確集》，（北京：中華書局，1979年），下〈氣情才辨〉，頁454。

為惡，其云：「是變化吾姓也，是杞柳之說也。」〔註52〕但陳確所要表達出要我們變化的是「習氣」而非「氣質」，如果是變化「氣質」不就與他的理論相違背，因為他認為所謂「性」是不假外求，然而陳確所要闡述的思想不僅要我們重視對於後天學習的重要，更勉勵我們常「慎習」與「實踐」不因氣質清或濁來推諉各種為善的可能。

一、慎習──實踐與否

> 夫子若曰：人之性，一而已，本相近也，皆善者也。烏有善不善之相遠者乎？其所以有善有不善之相遠者，習也，非性也，故習不可不慎也。習相遠矣，雖然，猶可移也。書稱「聖罔念作狂，狂克念作聖」，是也。善固可自矜，而不善固可自棄乎？若夫習成而不變者，唯上智下愚耳。上智習於善，必不移於不善，下愚習於不善，必不移於善。蓋移之，則智者亦愚，愚者亦智；不移，則智者益智，愚者益愚。唯其習善而不移，故上智稱焉；唯其習不善而不移，故下愚歸焉。習之相遠，又有若斯之甚者。故習不可不慎也，而性則未有不相近者也。〔註53〕

陳確認為人的本性本來就是善屬於先驗，那麼惡就要歸於後天的現實現象的影響，所以陳確指出要「凜凜慎習」，不要使後天的發展之中受到怠惰影響，簡單來說「習」與「性」是不相同的，但「習」是相對於性的，因此陳確非常重視人的後天學習並要人藉以改變習氣來改過，因此做了〈性習圖〉來詳細說明習分善惡的觀念，其圖如下：

〔註52〕【清】陳確《陳確集》，（北京：中華書局，1979 年），下〈氣情才辨〉，頁 454。

〔註53〕【清】陳確《陳確集》，（北京：中華書局，1979 年），下〈子曰性相近也二章〉，頁 458。

【最上】

【上智】　性　【最下】

【下愚】

（圖中文字環繞「性」字排列，四端分別標為「最上」、「最下」、「上智」、「下愚」）

　　陳確藉由〈性習圖〉來之間的轉化關係來決定善與惡，我們可以分析其下幾個涵意。其一：「性」位於圖之中，而「上智」、「下愚」分別在於上下兩處，說明兩者與「性」都沒有所直接關係，因為氣清、氣濁才是「上智」、「下愚」的分別，何來產生上下兩端的「上智」、「下愚」？其二：決定在於「習」，陳確其云：「習善為智，習不善為愚；習善不移為上智，習惡不移為下愚」〔註54〕，所以由此看來「習」產生了「上智」、「下愚」的善惡分別，最後可以得知並不是位置是有所固定，其之間如相互的變化也就是透過習的移與不移來做為善惡的判斷。另外上述的幾個思想觀念詹海雲先生也把陳確的「習」歸

〔註54〕【清】陳確《陳確集》，（北京：中華書局，1979年），下〈氣稟清濁說〉，頁455。

納成六種有，其一：「善惡」的道德不是先天具有的』而是後天的「習」所造成的；其二：「聖凡」、「智愚」之分也非天定，而是在後天的習；其三：以「習」強調「行」的重要性，要人孳孳爲善，以「扶性」；其四：從習能移人，說明「爲善」是「願不願」而非「能不能」的問題，完全在於個人的心志上；其五：從「習相遠」上要人「愼習」；其六：以「習」說明性善是一發展完成的過程〔註55〕。簡單來說陳確不斷的要人從後天的「習」去學習並且認爲後天比先天重要，這也就是陳確一個非常新的觀念也是使性完成的一大重點。

二、與魏校「渣滓多寡」相比較

> 各隨其所得，渣滓之多寡，以爲等差，而有智愚賢不肖之別，畢竟
> 性無不同，但精英中帶了些渣滓，故學以變化氣質，則查滓渾化，
> 可以復性之本體矣。〔註56〕

魏校認爲性本身雖爲善，但陰陽二氣凝結之時又受到不同的比例組成，而使氣稟有不同造成了「渣滓之多寡」，簡單來說也就是氣質清暢容易展現出道德倫理規範此時又可能爲聖人，反之氣質受到阻礙容易受到物欲之影響，而去遮蔽了菁英之氣而使性有不善。順著「理氣是一」的魏校思想，他認爲「性惟本善」〔註57〕那麼所謂的變化氣質也就是在變化其陰陽二氣所凝結後的查滓，並不是眞正的去變化其性。然而魏校又說：「性惟本善，故除卻氣質不善，便純是善性；爲不能自善，故變化氣質以歸於善，然後能充其良知良能也。」〔註58〕其實他所謂的氣質的不善即是氣質之中的查滓比例問題，順著「理一」的觀念來看在氣化之時形下已受到形上之理的貫注，此時形下之中有蘊含形上之理，即是天地之理附於在性之中，使氣質之性此時無限的展露，而並不是眞正說氣質爲惡，王俊彥先生也如此認爲〔註59〕，最後透過「變化氣質」

〔註55〕 參見詹海雲《清代學術論叢——陳確人性論發微》臺北：文津出版社出版，民90年，頁307。

〔註56〕 【明】魏校《莊渠遺書》，臺北：臺灣商務印書館，1983年，卷十三〈性說〉，頁15。

〔註57〕 【明】魏校《莊渠遺書》，臺北：臺灣商務印書館，1983年，卷十三〈性說〉，頁5。

〔註58〕 【明】魏校《莊渠遺書》，臺北：臺灣商務印書館，1983年，卷十三〈性說〉，頁5。

〔註59〕 參見王俊彥《王廷相與明代氣學》，臺北：秀威出版，民94年，頁332。「魏校是質量並重的，亦即菁英之氣本質是至善全善的，即落入形氣中因清濁不

來把這比例不同的組成給化掉也就是除去查滓之氣，使其回歸到原本之性。
雖然陳確不同意「變化氣質」此論述，但是魏校的「變化氣質」即是變化氣
質之中的清濁之氣，並不使真正改變原本的性，而魏校也認同於後天的學習。

　　陳確與魏校兩人也同樣主張以性一元論的角度來去詮釋此觀點。陳確指
出性本屬於有善無惡，只是在氣化運行之時雖有「氣清」、「氣濁」之分，但
順著此氣化流行的過程之中，天道的價值義、生生義依舊在其中運轉，而天
道又貴爲最高的本體，在此凝結之中氣質層與形上層兩者其實是相環扣，如
果是分成兩者則產生了相互割裂的情況，那麼「性」也因此有了兩個本體，
亦可能產生出善與惡，所以陳確從一元論的角度去詮釋「性」，而認爲性本身
就是不可以在增減，所以才說：「是變化吾姓也，是杞柳之説也。」〔註60〕實
則是怕破壞了本身既有的本質架構。再者，陳確雖然不言「變化氣質」但魏
校所言的「變化氣質」其實是與「變化習氣」是相同的。原因在於，陳確所
說的「習」主要是後天的實踐工夫修養，來讓個體之中性善之體能常駐與展
現，所以改變「習」主要在於改變吾人的「氣」，而讓此「氣」得以充沛飽滿；
相較之下，魏校主要是改變的是氣質之中「查滓」，而所謂的「查滓」亦可爲
人的偏差行爲，而是要來改變後天人對於性的重要性，如此看來陳確與魏校
所走的理論仍是相同的。

　　魏校對於學習的工夫，且云：

> 道體浩浩無窮，無輩既爲氣質拘注，若欲止據己見持守，固亦自好，
> 終恐規模窄狹，枯燥孤單，豈能展拓得去。古人所以親師取友，汲
> 汲於講學者，非故汎濫於外也，止欲廣求天下義理，而返之於身，
> 合天下之長，以爲一己之長，集天下之善，以爲一己之善，庶幾規
> 模閭大，氣質不得而限之。〔註61〕

此時魏校認爲必須透過「廣求天下義理」的學習方法，來去學習道德義理進
而就能完成變化氣質的工夫修養，例如：「古人親師取友」與「汲汲講學」都
是屬於「變化氣質」的學習方法之一。如此一來，魏校認爲不要受到氣質的
拘束影響，必須對於後天的吸取各種道德倫理規範，來使氣質不受到影響或

　　　　同才有量之多寡，但仍不礙其質全善。查滓之氣也不可全無，否則無法凝成
　　　　形體，故只有多寡問題，無質善與否問題。」
〔註60〕【清】陳確《陳確集》，(北京：中華書局，1979 年)，下〈氣情才辨〉，頁 454。
〔註61〕【明】黃宗羲《明儒學案》，臺北：中華書局，1984 年四版，《四部備要》，卷
　　　　三，頁 9。

者使一氣流形更爲順暢，使自己的性更加完臻。陳確對此也頗爲認同，對於人後天的學習環境視爲重要課題之一，因後天的學習才是會使人無所推諉，不然人都只會憑恃著既有的本性是善的本質，卻遲遲不肯爲善的藉口。

三、與王廷相「修道立教」相比較

　　王廷相認爲「氣」有善有惡，於是必須透過「修道立教」來達到人性臻善之處，則言：

> 性果出於氣質，其得濁駁而生者，自稟夫爲惡之具，非天與之而何哉？故曰：「天命之謂性」。然緣教而修，亦可變化其氣質而爲善，苟習於惡，方與善遠已。〔註62〕

在先前我們有提到王廷相所謂的性也就是經由氣化流行之中不同二五比列所組成，他指出天之氣有善惡那麼在氣化流行之中必然如此會產生氣質有善惡，筆者則把陳確與王廷相有不同之處作些分析比較。其一：王廷相指出氣稟有善有惡，透過陰陽二氣五行不同比例氣化凝結成爲有善有惡之體，也因此王廷相所言氣稟是有清濁之分。相比之下，陳確卻指出天爲純善無惡，在氣化流行之時形下的氣質也深受影響，此時氣、情、才也亦受影響，如此一來形上形下貫通也就無所謂的惡的可能。其二：既然王廷相認爲有性有善有惡那麼必然會有氣清爲善、氣濁爲惡之分；陳確對此提出不同看法，他認爲所謂的氣清、氣濁都是善沒有所謂的惡，那麼他的惡也就歸咎於後天「習」所影響，仍然保持著他一貫的想法。

　　王廷相也因此必須去處理此棘手問題，也就是如何把人導回眞正的聖人之路，於是開始注重後天學習、聖人教化的重要，透過「變化氣質」來導正性中的氣質不通暢之處使「習善爲善、習惡爲惡」。對此王廷相認爲必須要透過內外工夫修養才成眞正的使性慢慢爲善，誠如王俊彥先生所說的

> 善性即因久而成習，被凸顯爲行爲之善。使性由氣化之偶善，轉爲現實教化層之有必然性的行爲之善。〔註63〕

經過長時間的習善日子一久就可能爲善，因爲在這之中氣質不斷凝結的過程之中受到道德倫理所影響導致善慢慢的被凸顯出來，然而在我們的現實世界

〔註62〕【明】王廷相《王廷相集》北京：中華書局，1989 年 9 月，頁 519。
〔註63〕參見王俊彥〈王廷相的「性者、氣之生理」論〉《中國文化大學中文學報》（第九期，2004 年），頁 55。

層面裡我們也在無形之中被教化而成使有成善的可能。簡單來說他批評性善論，還是基於強調後天的「修道立教」，這與陳確所重視的後天實踐有著相同範疇，都認為後天實踐義的重要性。

四、與「心理氣是一」相比較

（一）劉宗周「氣質無待於變化」

性只有「氣質之性」而「義理之性」就在氣質之中無限的展現使性有善而無惡。劉宗周更認為所謂的惡即為不學所造成的現象，即為劉宗周所提出來的「氣質無待變化論」。

> 所謂氣質無待於變化者，以氣質之本然，即人之恆性，無可變化。
>
> 若氣質之雜揉偏勝者，非氣質之本然矣。〔註64〕

劉宗周認為「氣之本然」即為人的本性如同孟子所說的「性善論」，另外更說明氣質之本然並不是他所說的單純氣質，而是人的恆性也就是本性是不必變化的。假如當氣質有所雜揉就不是所謂的本性了，實則是把氣質一分為二並不是一體，則會造成原有的性有兩種狀態處於性中，一為氣質之本然；二為氣之雜揉。對此陶清對劉宗周「性」的有的相同看法〔註65〕，簡單來說劉宗周還是必須有一個氣中之理來支撐著性，而對於形上本體仍是扣緊不放，也因此無法跨越此有形的限制中，如此一來劉宗周並不是像陳確對於性習那樣的透徹，其實他仍舊停留在體會形上的天理罷了。

> 人生而有習矣，一語言焉習，一嗜欲焉習，一起居焉習，一酬酢焉習。有習境，因有習聞；有習聞，因有習見；有習見，因有習心；有習心，因有習性。故曰：「少成若性」並其性而為習焉，習可不慎乎？習於善則善，習於惡則惡，猶生長於齊、楚，不能不齊、楚也，習可不慎乎？〔註66〕

〔註64〕【明】劉宗周撰，戴璉璋、吳光主編，臺北：中央研究院中國文哲研究所籌備處，民86《劉宗周全集》第二冊，〈習說〉卷八，頁366。

〔註65〕參見陶清《明遺民九大哲學家》，第七章，〈黃宗羲哲學思想研究〉，臺北：洪葉文化事業，1997年6月，頁407。所謂「性」，乃是關於氣之本然、恆常之道的理論抽象和概括；因此，「性」本來而且只能是「善」的。如不善即惡，那也只能是失其本然的暫時的、偶然的現象而已。

〔註66〕【明】劉宗周撰，戴璉璋、吳光主編，臺北：中央研究院中國文哲研究所籌備處，民86《劉宗周全集》第二冊，〈習說〉卷八，頁364～365。

劉宗周指出人必須在這現實環境之中不斷的學習，如語言、嗜欲、起居、酬酢都是有其學習的環境，然而都必須要用心的道德倫理判斷去學習，所以他認爲是必須靠後天自己學習來使自己更加完善所以習不可不重視，他指出「習於善則善，習於惡則惡」。

　　如上所述，陳確則是繼承其師劉宗周的思想加以開展與發揮，則言：「故無論氣清氣濁，習于善則善，習于惡則惡矣。故習不可不慎也。「習相遠」一語，子只欲人慎習，慎習則可以復性矣，斯立言之旨也。」〔註67〕相對之下，陳確只是比劉宗周更加進一步發展的來說「習」的實踐重要性〔註68〕，並且把人生的實踐當作一個生活基礎價值，因劉宗周認爲性體是絕對爲善，但是人在活動之中確實是有善有惡，而所謂的善也是道德意義相對的善，並不是眞正純形上的善，因此劉宗周則說：「習於善則善，習於惡則惡，斯日遠於性矣，無論習於惡者非性，即習於善者，亦豈性善之善乎？故曰：「性相近，習相遠」〔註69〕無論習於惡是否爲能爲善，倘若都不學人性始終是惡，然而肯學習那麼性就會慢慢趨於善，這也如何陳確所言，對於透過「習」的工夫修養把人從本體下拉到實踐層面，爲的是讓人不再有任何推諉的藉口，更能使性在人倫日中得以展現出人性最眞誠的一面，這也就是孔子所說的「性相近，習相遠」。

（二）黃宗羲「氣之本然、雜揉」

　　同門黃宗羲，也是深受其師劉宗周的影響，其云：

> 夫耳目口體質也，視聽言動氣也。視聽言動流行，而不失其則者，性也。流行而不能無過不及，則氣質之偏也，非但不可言性，並不可言氣質也。蓋氣質之偏，大略從習來，非氣質之本然矣。〔註70〕

黃宗羲認爲耳目口鼻是無形之氣所凝結的，而視聽言動也就是耳目口鼻的外在運行，然而黃宗羲指出只要在流行之時不要失去其偏就是可以爲性，從這

〔註67〕【清】陳確《陳確集》，（北京：中華書局，1979 年），下〈氣稟清濁說〉，頁455。

〔註68〕參見陶清《明遺九大家哲學》，臺北：紅葉文化，1997 年，頁 224。陳確認爲人本來具有向善意向，並不能確保人們在現實生活和活動中所行必善。因爲，人的行爲和活動的善惡，並非取決於良好的動機和善良的意願，而是取決於人的後天習行。

〔註69〕【明】劉宗周撰，戴璉璋、吳光主編，臺北：中央研究院中國文哲研究所籌備處，民 86《劉宗周全集》第二冊，〈習說〉卷八，頁 364～365。

〔註70〕【明】黃宗羲《明儒學案》卷四十一，〈甘泉學案五〉，「恭定馮少墟先生從吾」，冊八，頁 266。

邊我們可以得知黃宗羲的氣質為二，各是「氣之本然」、「氣之雜揉」之分，所以認為在氣化流行之時不要過與不及就可，否則容易暫時出現「氣質之雜揉」，不但不能說是性這也就是所謂的惡，但黃宗羲確是認為把這所謂的氣質之偏歸於氣質以外的習所影響，認為這不是氣質原來的樣貌，而我們知道黃宗羲思想是把「氣之雜揉」引導成為「氣之本然」其實在這之間也就是所謂的變化我們可以稱之為「變化習氣」，其云：「氣質之善，無待於變化」〔註71〕他認為人的性雖然都有善惡都是氣化流行而來的，只是會有一時短暫的被遮蔽導至不清暢而使性無法完全展露出來，但是人性還是終究是善，所以氣質仍是善是不需要變化的，因為只是一時之偏所影響，所以只要透過工夫修養就可以去化掉這層無形的阻礙使氣化流行清暢。

　　雖然與陳確的觀念相似，但是在於氣質這部分卻是有不同之處，其一：陳確認為氣質無所謂惡，另外氣清、氣濁也不是所謂的善或者是惡，這其實都是來自「習」所以影響，而黃宗羲認為「氣之本然」、「氣之雜揉」之分實則是以分析的角度來談論，但歸究起來兩者還是「氣質之性」，而「氣質之性」也就無所謂的惡，那麼所談的「變化習氣」還是走實踐這條道路，於是陳確與黃宗羲有著相類似思想，只是出發分析的角度不同罷了。其二：陳確的善惡完全在於氣質之中，而把人對於外在環境中的善惡引導到後天的習〔註72〕。儘管說陳確仍主張利用習來分善惡，更重要的是如何從人倫日用之中去實踐？甚至陳確也指出人是否在於習上的肯與不肯，可以看出他已經突破了劉宗周與黃宗羲的「習」說，在筆者看來他們仍然停留在本體之上對於落實人倫日常比較沒有陳確那麼重視。

五、與孫應鰲「慎習能復性」之異同

　　　　但有習善而善者，有習惡而惡勢，有善惡一定不由於習者，乃氣質
　　　　昏明強弱之不齊而性亦因之，非性之本然者不齊也。〔註73〕

〔註71〕【明】黃宗羲《明儒學案》，杭州：浙江古籍出版社，2005 年 9 月，卷五十，〈諸儒學案四〉，「肅敏王浚川先生廷相」，冊八，頁 487。

〔註72〕參見口雄三著／林又崇翻譯《中國前近代思想的演變》臺北：國立編譯館，民 83 年 12 月，頁 406。他認為氣質之清濁變成無關善惡的聰明遲鈍，於是陳確不僅超越了氣質變化論，甚至超越氣質整正論，而歸於習氣變化論──即善惡完全在氣質中得到解放，而歸於後天為一後天的習。

〔註73〕【明】孫應鰲著，劉宗碧、龍連榮、王雄夫點校《孫應鰲文集‧四書近語》，貴州：貴州教育出版社，1996 年，卷五，頁 284。

孫應鰲主張「習爲善爲善者、習爲惡爲惡者」所產生的善惡思想並不是習所影響，上面有提到他不具有判斷道德的功能只有實踐義，他認爲還是氣質層面所影響，因爲我們人都是依照陰陽二氣五行比例不同所造成的，此時必然會有氣的強弱、顯隱、多寡不同，於是孫應鰲認爲性的氣質可以分爲清濁，然而所謂的「非性之本然者不齊也」是在說明有清濁是氣質影響，但本然之性還是善的，這或許與黃宗羲相類似分爲「氣之本然」、「氣之雜揉」。於是，更近一步對「習」解釋而言。

> 至於習，則性體本然之善都變化了，不爲善者習於惡、惡者習於惡
> 相去之遠，雖善者習於惡、惡者習於善亦相去之遠，故曰「相遠」。
> 曰「相近」，見人不可不復所性；曰「相遠」，見人不可不愼所習。
> 愼習，便能復性也。〔註74〕

對此孫應鰲談到習有他獨到之處，他認爲不管在化氣流行之時所產生的氣清爲善、氣濁爲惡，只要善者習於惡、惡者習於善都是可以說是「相遠」或「相近」，但是孫應鰲認爲每個人都有恢復到本然之性的可能，所以認爲人不得不「愼習」，然而「習」只是一個實踐的意義，並不代表他具有判斷善惡的可能，其云：「美惡一定不由於習者。」〔註75〕這也說明了善與惡並不是由習來作爲一個判斷人的價值。

陳確也有相似之處，陳確所謂的「習」只是一個行動的依據也就是肯移與不肯移的觀點在〈性習圖〉可以看出來，其云：

> 上智習於善，必不移於不善，下愚習於不善，必不移於善。蓋移之，
> 則智者亦愚，愚者亦智；不移，則智者益智，愚者益愚。唯其習善
> 而不移，故上智稱焉；唯其習不善而不移，故下愚歸焉。習之相遠，
> 又有若斯之甚者。〔註76〕

陳確認爲人在於肯不肯學而不是在意形上的道德本體是否存在，而又認爲氣清、氣濁其實與性無關只是在氣化流行之時受到遮蔽，又可以從這了解陳確是多麼重視實踐層面。陳確對此也指出說明了「肯「與「不肯」的重要性。

〔註74〕 【明】孫應鰲著，劉宗碧、龍連榮、王雄夫點校《孫應鰲文集・四書近語》，
　　　　 貴州：貴州教育出版社，1996年，卷五，頁283。
〔註75〕 【明】孫應鰲著，劉宗碧、龍連榮、王雄夫點校《孫應鰲文集・四書近語》，
　　　　 貴州：貴州教育出版社，1996年，卷五，頁283。
〔註76〕 【清】陳確《陳確集》，（北京：中華書局，1979年），下〈子曰性相近也二章〉，
　　　　 頁458。

嚴格來說，陳確把人對於向善的動力歸咎於「肯」與「不肯」，只要在於當人滿意於現狀而不肯再加以實踐與學習，那麼終究有一天還是會走向道德敗壞；相對之下，人在當下環境時空中能時刻自我的學習與實踐，更能使人性發揮到臻善之處，而此「習」也只是代表著學習與實踐的動力，並不代表著它能決定善與惡的能力。如同孫應鰲所言「美惡一定不由於習者。」〔註 77〕因為他也是向陳確一樣重視人的實踐活動力，原因在於人容易過於安逸而遺忘了重要的修養工夫。

〔註77〕 【明】孫應鰲著，劉宗碧、龍連榮、王雄夫點校《孫應鰲文集・四書近語》，貴州：貴州教育出版社，1996 年，卷五，頁 283。

第五章　氣質之性與擴充盡才

　　在宋明理學始發展上「人性」這議題始終爲論述的主軸並具多元發展，本論文以宋明理學爲討論方向，北宋張載云：「形而後有氣質之性，善反之，則天地之性存焉。故氣質之性，君子有弗性者焉。」〔註1〕張載上述這句話得知把「人性」分成「天地之性」與「氣質之性」做一個起頭，認爲「天地之性」爲純善無惡道德最高本體並具有超越義、價值義，是人成聖的道德基本條件，另把「氣質之性」當作形下氣化不通暢來說惡。牟宗三對此論題引了康德之說：

> 康德所說之性脾、性好、性向、人性之特殊構造、人之特殊的自然
> 特徵等，亦是指的這種性。但這種性實在是形而下的，實只是心理、
> 生理、生物三串現象之結聚，總之，亦只是「生之謂性」，「性者生
> 也」兩語之所示。〔註2〕

可知牟宗三對此則認爲康德所說的「氣質之性」也就是人的自然之性，但又認爲此性爲形而下的，不具眞正的道德規範，於是乎無法去顯現形而上的道德創造本體，因只是心理、生理、生物三種現象的聚合，如此看來牟宗三仍然認爲形上的「天地之性」才是支撐人所表現出來的道德行爲。

　　蔡仁厚則指出張載「氣質之性」既是「限制原則」也是「表現原則」其說：

> 儒家講性，是就道德的創造而言，故以天地之性爲本、爲體，爲絕

〔註1〕 【宋】張載《張載集》，（臺北：漢京書局，2004年），〈正蒙・誠明篇第六〉，
　　　　頁23。
〔註2〕 參見牟宗三《心體與性體一》，（臺北：正中書局，民85年），頁508。

對之標準。而氣質之性則是道德實踐中的「限制原則」。不但一般人
因氣質之偏雜而形成種種限制與層層限定；縱然是聖人氣質粹然，
具有中和之資，而其契合天道亦仍然有限制與限定〔註3〕。

既然氣質之性是道德實踐的「限制原則」，又以天地之性為最高本體與絕對的
標準，但人所稟陰陽二氣確實有清濁、厚薄、速度、方向之分，而在一氣流
行過程之中必然如此會造成氣質遮蔽或不通暢，如此一來就形成所謂的限
制，而此限制使道德實踐無法展現，必須透過內在修養工夫化掉氣質之濁惡
使氣質在氣化流行中能順暢流行不已，使氣質之性回復到氣之本然處，如此
所謂的「限制原則」、「表現原則」即是以分解角度來論述，實則兩者為「體
用一元」之說。

即至明道已不再走張載所謂的「氣質之性」，而是以「生之謂性」來論述
其云：

生之謂性。性即氣，氣即性，生之謂也。人生氣稟、理有善惡。然
不是性中元有此兩物相對而生也……人生而靜以上不容說，纔說
性，便已不是性也。〔註4〕

明道既然指出「天地之性」必須不離氣質，那麼「天地之性」則必須藉由「氣
質之性」來展現，又因「天地之性」為道德本體又蘊含其生生義、價值義，
然而在氣化運行之時氣質必然受此影響，但人在一氣運行之時所凝結稟氣卻
有不同，明道對此認為氣質則會有善惡，至此明道認為性仍須透過氣質才能
使性完全展露，否則離開「氣質」也就無所謂性，使形上形下交融互滲為一
體，如此一來則是明道所謂的「圓頓一體」之說。

王俊彥先生指出：

不只是可由分解說形上性體落於形下氣質中的表現，於是形下氣質
便以形上性理為體。亦可圓融地說道德創造之性體即是氣質為其體
而展現的，性體有無限道德義，此無限義即由氣稟之不同而有氣質、
才能等不同向度或強度的表現中體現出來。〔註5〕

如上王俊彥先生所述其可分為兩條主軸來做討論，其一：單從分解面說氣質

〔註3〕 參見蔡仁厚《宋明理學北宋篇》，（臺北：學生書局，民68年9月），頁163。
〔註4〕 【宋】程顥、程頤《二程集》，（北京：中華書局，1981年）第二冊，頁10。
〔註5〕 參見王俊彥《論張載的「氣質之性」及其譜系的開展》，宋學研究期刊第二輯，
頁109。

之性容易造成形上形下斷裂二分，因當性體落入氣質之中而氣質仍把形上性體當作依據，使形下氣質受到形上性體所主宰，此時可能產生出性體與氣質異質異層，很明顯這不是明道所要闡述的思想。其二：若從圓融一體來論述，因氣化流行有無限多種可能，而氣質才能有不同多種的展現，所以道德創造才具有無限義、生生義，得以說氣以性爲體、性因氣而眞實，說性體與氣質同質同層，這才是明道所眞正要表達的「圓頓一體」之說。蒙培元則有另外不同看法〔註6〕。

伊川論「氣質之性」則以「分解」說與明道「圓融」立場不相同，其云：

性一也，何以言相近？曰：此只是言氣質之性。如俗言性急性緩之類。性安有緩急？此言性者，生之謂性也。〔註7〕

他認爲理就是性，其云：「天命之謂性，此言性之理也」〔註8〕爲形上宇宙本體亦是道德本體，但不具有創造的可能；氣就是形下氣化的形質但又沒有形上的道德義，簡單來說就是形上把具有的生生創造的作用交給了形下氣化層面，即造成了形上本體只是存在，而形下之氣只有活動卻不具有道德本體，即爲「只存有不活動」的本體須依藉著形下之氣來發動，明顯與明道「即存有即活動」的觀念大相逕異，即爲伊川所謂的分解說。

到了朱子進而把「天地之性」改成「義理之性」並站在理和氣的二分對立角度說「理氣二分」。則言：

理未嘗離乎氣。然理，形而上者；氣，形而下者。自形而上下言，豈無先後！〔註9〕

雖然朱子認爲理還是離不開氣，但還是明顯分了形上之理與形下之氣的差別，就理而言，則是認爲理爲道德的最高本體不具有創造義、生生義；而氣則是形下的活動之氣，這必然如此會造成形上形下「理氣二分」，理就是理、氣就是氣的異質異層。雖然如此，但在這眞實無限的世界之中，氣化凝結則

〔註6〕 參見蒙培元《理學範疇系統》，（北京：人民書局，1997年），頁234。「論性不論氣，不備；論氣不論性，不明」，蒙則認爲明道所謂的性仍然是理，即道德理性，但是離開感性存在，道德人性也說不清楚，所以他認爲明道也必須引進「氣質之性」。

〔註7〕 【宋】程頤、程顥《二程集》第二冊（北京：中華，1981年），《河南程氏遺書》，頁207。

〔註8〕 【宋】程頤、程顥《二程集》第二冊（北京：中華，1981年），《河南程氏遺書》，頁313。

〔註9〕 【宋】黎靖德《朱子語類》，（臺北：文津出版社，1986年12月），頁3。

有無限多種可能，所以在這無限的生命宇宙之中仍必須保持理與氣之間相互作用，王俊彥則提出其看法〔註10〕。可知朱子所謂之理只是「只存有不活動」不具有道德創造可能，又說生生作用爲氣化，使得形上與形下、體與用的截然二分，自然認爲人性二分爲性二元論者。從以上看來宋代人性論，仍然停留在人性二分的對論點上做討論。

明代中期陽明「心學」興起，陽明實則把理與氣都收攝於「心」。其云：

> 理也者，心之條理也。是理也，發之於親則爲孝，發之於君則爲忠，發之於朋友則爲信。千變萬化，至不可窮竭，而莫非發於吾一心。

〔註11〕

如上述所言，王陽明以心爲氣的作用、心爲本體之理，把理的位階降低變成心之條理，試圖打破朱子所謂的「理氣二分」，進而把性與氣串連起來，重新回到以「即存有即活動」的道德實體。

王陽明言：

> 氣即是性，人生而靜之上不容說，才說「氣即是性」，即已落在一邊，不是性之本源矣。孟子性善從本源說，然性善之端須在氣上始見得，若無氣亦無可見矣。惻隱、羞惡、辭讓、是非即是氣……若見得自性明白時，氣即性，性即是氣，原無性氣之可分也。〔註12〕

王陽明雖然承認「人生而靜之上不容說」的本源之性，但此本源之性卻與朱子有所不同，陽明所謂本然之性即是心中潛在的本體，以至於他認爲性須在氣上見，因此陽明指出「性即氣」，認爲本源之性需從氣上見，因性體本身無法自我展現只能藉由氣上來顯露，陽明對此也認同孟子性善說雖從本源上說，但仍必須藉由「惻隱、羞惡、辭讓、是非」此四端之心來顯現，而此四端之心也就是氣的表現，如此看來性與氣之間關係如體與用。蒙培元則認爲：

> 這裡所謂氣即性，性即氣，並不是說氣等於性，只是說本源之性須在氣上見。如果以氣爲性，就不是性之本源，已落在一邊。如果認

〔註10〕 參見王俊彥《論張載的「氣質之性」及其譜系的開展》，宋學研究期刊第二輯，頁113。將道德創造所以爲道德創造的所以然，視爲性理，於是性理只是道德的所以如此之理，是超越的、定然的所以然，是「淨潔空闊底世界」但理本身不會造作。

〔註11〕 【明】王陽明《王楊明全集·書諸陽伯卷》，上海：古籍出版社，1992年12月，頁227。

〔註12〕 【明】王陽明《王楊明全集·啓問道通書》，上海：古籍出版社，1992年12月，頁57。

　　爲本源之性可以離開氣，就會落在一邊。可見性與氣是既不離而又
　　不能混同的。〔註13〕

蒙培元則是認爲「性與氣」之間是不即不離，如果以氣爲性則會產生形上道
德與形下之氣二分，然而性之本體也必須要在氣上見，反之「仁、義、禮、
智」亦是藉由四端之心來展現，至此了解陽明並不是以氣爲性〔註14〕，而是
氣上見本然之性，簡而言之「天地之性」即在氣質之中，氣質之外無性。

　　王陽明言：

　　生之謂性，然確要有過差。若曉得頭腦，依無良知上說出來，行將
　　去，便自是停當。然良知亦只是還口說、還身行，豈能外得氣，別
　　有個去行去說。故曰：「論性不論氣不備，論氣不論性不明」氣亦性
　　也，性亦氣也，但須認得頭腦是當。〔註15〕

陽明認爲天理無法自我的展現，必須藉由「良知」即爲天理所賦予後的道德
創造實體，而「良知」必然如此會有蘊含著形上天理的道德規範，此時「良
知」本體具有爲善去惡的動力，順此理路來說「生之謂性」，但此「生之謂性」
並不是告子所言，他對此提出批判認爲告子「生之謂性」是「認得一邊去了，
不曉得頭腦」。王俊彥則提出認爲「生之謂性」有氣質層之意味。

　　氣質以爲良知天理所貫注而飽含道德義，氣質已不是乾枯的氣質，而
　　是富涵道德亦且以之爲體的氣質，亦即氣質所支撐與形構的言行，以
　　全是良知天理的流行與潤澤，已無良知天理外的氣質了。〔註16〕

因天理本著一氣流行不已，而在氣化生生流行之中「氣質」必然會深受到形
上天理所賦予的道德義，亦是由無形之氣凝結成有形之氣，而有形之氣經過
了良知天理的貫注使個體內外是一，在這陽明已經顯露出性即是「氣質之性」
的發展期，因此對明代中後期有深大影響。

　　明代中後期則有「氣本論」王廷相、「心理氣是一」劉宗周等幾個以氣學
一脈爲主的學家都認爲天地之間只有「氣質之性」沒有所謂的「義理之性」。

〔註13〕參見蒙培元《理學的演變──從朱熹到王夫之戴震》，臺北：文津出版社出版
　　　　社，79 年 1 月，頁 357。
〔註14〕參見蒙培元《理學範疇系統》，北京：人民出版社，1997 年 5 月，頁 240。
〔註15〕【明】王陽明《王陽明全集·啓問道通書》，上海：古籍出版社，1992 年 12
　　　　月，頁 384。
〔註16〕參見王俊彥《論張載的「氣質之性」及其譜系的開展》，宋學研究期刊第二輯，
　　　　頁 116。

王廷相云：

　　性果出於氣質，其得濁駁而生者，自稟夫爲惡之具，非天與之而何
　　哉？〔註17〕

王廷相明確指出性就是「氣質」來自於元氣中任何可能的二五比例，又說：「余
以爲人物之性無非氣質所爲者，離氣言性，則性無處所，與虛同歸；離性言
氣，則氣非生動，與死同途；是性與氣相資，而有不得相離者也。」〔註18〕
王廷相則以氣爲本體的思想架構下來做論述，其一：認爲萬事萬物皆由氣所
凝結而成，若是「離氣言性」則使性失去眞實的依據便陷入到空談本性，此
爲朱學的形上本體之性；其二：若「離性言氣」只有形氣所構成的形質但這
之中卻不蘊含有形上的生生義、道德義與死相同，因此凡言論人物之性都必
須扣緊著「氣質」，否則將會與「離氣言性」相違背，顯然王廷相認爲天地之
間只有此「氣質之性」。

　　陳確其師劉宗周云：「盈天地間只有氣質之性，更無義理之性。」〔註19〕，
劉宗周則是認爲天地之間只是一氣流行，而義理之性實則落在氣質之性之
中，沒有所謂的性二元論，然而陳確也繼承其師對氣性一元論的看法，陳確
云：「既以氣質屬性」〔註20〕，所以也主張天地之間只有「氣質之性」。

　　到了明清之際除去朱學、王學之外，尚有氣學的思潮影響之下，仍有許
多以氣學一脈的學家都認爲性只有「氣質之性」，因此對於人性一元更有強烈
的關注，而又加入了「氣學」使人性論受到一定的衝擊，從此進入到另一種
新的開端。陳確走在一個明末清初動盪的潮流之中，深受到當時國破家亡氛
圍的影響，認爲從形下實踐義才能把人性引導回善的一面，且認爲「人性」
只有氣質之性，更無「天地之性」的性一元論者。

第一節 「氣質之性」

　　明清之際的氣質人性論不再是只有出現在一個思想家或是一個王學、朱
學獨大的家派，而是具有共通性與普遍性，在這時代中各學家都紛紛不約而

〔註17〕【明】王廷相《王廷相集》，北京：中華書局，1989年9月，頁519。
〔註18〕【明】王廷相《王廷相集》，北京：中華書局，1989年9月，頁519。
〔註19〕【明】劉宗周、戴璉璋、吳光主編《劉宗周全集》，（臺北中央研究院中國文
　　　　哲研究所籌備處，民86）《劉宗周全集·學言中》，卷十一，第二冊，頁493。
〔註20〕【清】陳確《陳確集》，（北京：中華書局，1979年），〈與劉伯繩書〉，頁466。

同提出只有「氣質之性」的主張，成爲明清人性論的主要潮流。而以下就以陳確提出性只有「氣質之性」，且「天地之性」收攝在「氣質之性」之中，然而「氣質之性」又賦予有形上道德規範，並透過氣化流行使形上層與形下層交融互滲。因此，更有許多以氣學一脈的學家提出只有「氣質之性」，在分別與「理氣是一」魏校、羅欽順、「純粹氣本論」王廷相、吳廷翰、「心理氣是一」劉宗周、黃宗羲、「心氣是一」：「王學」孫應鰲、「非王學」湛甘泉〔註21〕，之間做一個比較來凸顯出陳確其思想特色。

一、性一元論——「氣質之性」

> 一性也，推本言之曰天命，推廣言之曰氣、情、才，豈有二哉！由性之流露而言謂之情，由性之運用而言謂之才，由性之充周而言謂之氣，一而已矣。〔註22〕

陳確認爲性的流露展現是根據，氣、情、才的外在表現與內在從形上氣化流行所下貫的性是善，又說：「性即是體，善即是性體」〔註23〕，陳確肯定人內在之性，是受到天命氣化流行所影響，而化生下達到人性上，在藉由性之流露、運用、充周之展現，也就是人倫日用表現時所展露出來「人性」。對此鄧立光亦有所言：

> 陳確以「性」爲中心，推本而言則稱天命，推廣而言則稱氣、情、才，言有不同而皆是性也。性之流露，運用，充周皆非學習而得，乃人之本有者，所以說「性之良能」。〔註24〕

如上所言，鄧立光所說之「性」爲不假外求本身有之，因天具有創造義、生生義，然而在氣化凝結的同時，天的價值義也賦予在人身上，於是必須藉由流露、運用、充周來展現無窮生生的天道，所以陳確認爲天命與性是上下相互貫通屬於同質同層，亦即是道存在於日用之中，自然會顯現出現工夫及本體相互的契合處。

方東美也對陳確所說之「性」提出看法：

〔註21〕 參見王俊彥《王廷相與明代氣學》，（臺北：威秀出版社，民94）。

〔註22〕 【清】陳確《陳確集》，（北京：中華書局，1979年），下〈氣情才辨〉，頁451～452。

〔註23〕 【清】陳確《陳確集》，（北京：中華書局，1979年），下〈答劉伯繩書〉，頁466。

〔註24〕 參見鄧立光《陳乾初研究》，臺北：文津出版社出版社，民81，頁80～81。

「性」的義意成爲先天的，是由「於穆不已」、「無聲無臭」的天命、
天道而來，故人人具足無缺。也就是説，「性」雖然在人身上，而與
「天命」、「天理」、「天道」同一層次，故是純然至善，由此定本體，
以證人之性善。〔註25〕

方東美認爲「性」是屬先天義本身有之，雖然如此還是必須藉由形下實踐來
展現形上天道，如此一來形上的道德倫理就能在形下如理展現，這也就是陳
確所強調的後天學習。形上天道與形下氣、情、才關係如下：

氣：性之充周

天命 ⟹ 性 ⟹ 情：性之流露

才：性之運用

王俊彥先生則是認爲陳確此「性」爲「性中之氣」：

應是指氣質之性的生生流行中，自有應然之善貞定此氣性流行。但
若氣質屬形下有限者，很難説性所發是善。但若氣質以一氣流行之
價值義爲體，則氣質的框架雖有限，但仍不礙其不已地流露氣性之
善。〔註26〕

認爲天命透過氣化凝結之後成爲形下有限本體，但是此本體會受到形下所限
縮，但本著一氣化流行的生生義、創造義，使本來受到限的本體無限的開展
跳脱出此有形之框架，重新回復到性根本處使天賦予給人道德性格。陳確其
師劉宗周則認爲「性」就是「氣質之性」。

凡言性者，皆指氣質而言。或曰：「有氣質之性，有義理之性。」亦
非也。盈天地間只有氣質之性，更無義理之性。如曰氣質之理即是，
豈可義理之理乎？〔註27〕

在劉宗周「盈天地間一氣流行」的觀念前提之下，其云：「天地之間，一氣
而已」〔註28〕，指出所謂「性」爲氣質之性，而萬物生成過程之中必藉由

〔註25〕參見方東美《明代理學論文集》，臺北：大安出版社，1990 年 5 月，頁 304～
305。

〔註26〕參見王俊彥《陳確的性善論與明清氣學》，臺北：中國文化大學中國文學系，
2009 年 3 月，頁 9。

〔註27〕【明】劉宗周、戴璉璋、吳光主編《劉宗周全集》，（臺北中央研究院中國文
哲研究所籌備處，民 86），二冊，頁 493。

〔註28〕【明】劉宗周、戴璉璋、吳光主編《劉宗周全集》，（臺北中央研究院中國文
哲研究所籌備處，民 86），二冊，頁 268。

氣的生生義使無形之氣凝結成有形之氣，認為宇宙本體應是以氣為主並非形上天道，然而在氣化流行之中道德原則即加注於氣質之中，不是超然於氣質之外，且言「氣質之理」是指氣質中的本然之性即為「仁、義、禮、智」，云：「自理而言，則曰仁義禮智；自氣而言，則曰喜怒哀樂。」〔註29〕，簡而言之，形氣之中所蘊含的形上的本質「仁、義、禮、智」，再藉由氣化流行有無限多的可能並把本質收攝在氣質之中，使氣質得以完全展露，此時，所表現出的「喜、怒、哀、樂」即是與形上的本質相通，也就氣化本體凝結過程之中，則有方向、速度、薄厚必然有所偏頗，此時必須藉由氣之理來規範形下之氣，以至於能如理展現，但在一氣流行之下劉宗周仍然認為只有「氣質之性」。

　　但李明輝則認為劉宗周「氣質之性」是橫渠、伊川、朱子所說的「天地之性」。云：

　　　　在蕺山的系統中，「氣質之性」與「氣質」的關係才是理與氣的關係。

　　　　因此，就主張「氣質之性即義理之性」這一點而言，蕺山與朱子的

　　　　觀點其實並無太大的不同，其不同只是用語上的不同。〔註30〕

指出劉宗周所謂的「氣質之性」即是透過氣化流行所下貫到形下之理但理還是離不開氣；所謂「氣質」也就形下之氣，此「氣質」因凝結時空環境不同必然如此造成清濁、方向、速度有所不同，因此他認為劉宗周順此觀念認為所謂「氣質之性」仍保有形上本體意味即是形上「義理之性」，這與朱子所說「氣質」、「義理」無所不同，只是在於用語上不同。

　　陳確言：

　　　　性之善不可見，分見于氣、情、才。〔註31〕

　　　　知所謂天命之性，即不越才、情、氣質而是，而無俟深求之玄穆之

　　　　鄉矣。〔註32〕

性透過形下的氣、情、才的無限展露來說性是善，又云：「天命有善而無惡，

〔註29〕　【明】劉宗周、戴璉璋、吳光主編《劉宗周全集》，（臺北中央研究院中國文
　　　　哲研究所籌備處，民86），二冊，頁460。

〔註30〕　參見李明輝《劉蕺山對朱子理氣論的批判》，漢學研究第19卷第2期（民國
　　　　90年12月），頁30～31。

〔註31〕　【清】陳確《陳確集》，（北京：中華書局，1979年），〈氣情才辨〉，頁451～
　　　　452。

〔註32〕　【清】陳確《陳確集》，（北京：中華書局，1979年），〈答朱康流〉，頁472。

故人性亦有善而無惡；人性有善而無惡，故氣、情、才亦有善而無惡」〔註33〕。從這可以肯定陳確肯定從天→性→氣、情、才是相互一氣流行爲同質同層來說氣、情、才是善。又說：「既以氣質屬性，何得又以不善誣之？」〔註34〕，所以推論出，既然陳確所言氣質就是性那麼氣質也就有依據可以爲善，然而陳確更直接肯定了形上之天命與形下氣、情、才的流暢相通，必須藉由氣的活動義使上下是一，因此在陳確的思想中可說明只有「氣質之性」無「天地之性」，無非是把形下氣的地位提高到第一義與天相同使上下無分別，這與詹海雲想法有類似之處。

> 陳確這樣解釋性和氣、情、才的關係，是把人論性建立在形而下的個體身上與現實生活之中，而非在形而上的本體上。並且認爲「天命」是溯本之義，氣質之性也是源於天，所以，天命既是有善無惡，則氣質之性自是有善無惡。〔註35〕

他認爲陳確人性論是建立在後天的實踐義上，認爲如何在人倫日常之中把工夫鍥入到個體之中，而不是在本體之上求工夫，進而藉由天命一氣流行不已使形上形下相貫通，於是乎氣質之性也就本源於天而說本體是純善無惡，此時氣質深受到天命的生生的影響也凝結爲有善無惡的個體。但王瑞昌則是指出陳確「氣質之性」之名不能成立，說「氣、情、才」才是性〔註36〕。

二、性之本體——反佛老、程朱

陳確對於佛老與程朱亦有所批評，則言：

> 宋儒又強分個、氣質之性，謂氣情才皆非本性，皆有不善，另有性善之本體，在「人生而靜」以上，奚啻西來幻指！一唱百和，學者

〔註33〕【清】陳確《陳確集》，（北京：中華書局，1979年），〈氣情才辨〉，頁451～452。

〔註34〕【清】陳確《陳確集》，（北京：中華書局，1979年），〈與劉伯繩書〉，頁466。

〔註35〕參見詹海雲《清代學術論叢——陳確人性論發微》，臺北：文津出版社出版社，2001年，頁298～299。

〔註36〕參見王瑞昌《陳確評傳》，（南京：南京大學出版社），頁289。「氣質之性」是就氣質自身之種種特殊性而說一種性。人之稟賦本有此萬有不齊之特性，基於此而設立「氣質之性」之名言，順理成章。人除其特殊性之外，儒者認爲人也有其絕對的普遍性，即仁性。基於此而設立「義理之性」之名言也順理成章。他認爲氣質是天賦的自然屬性，不是人自身有意的造作者，在主觀上無責任可負，因此認爲在道德上無所謂的善或者是惡，他認爲性並須藉由氣、情、才的展現來說氣、情、才是性，「氣質之性」之名無法成立。

靡然宗之，如通國皆醉，共說醉話，使醒人何處置喙其間？噫！可
痛也。〔註37〕

陳確不滿宋儒把「性」強分爲二即「天地之性」、「義理之性」，認爲形下「氣、
情、才」並不是本性而是形下氣質之惡，如此一來必造成形上形下割裂二分。
朱子云：

理未嘗離乎氣。然理，形而上者；氣，形而下者。自形而上下言，
豈無先後！理無形，氣便粗，有渣滓。〔註38〕

論天地之性，則專指理言；論，則以理與氣雜而言之。

朱子指出理雖離不開氣，但理仍屬於無形質的形上本體「義理之性」，氣爲有
形質的形下之氣即是「氣質之性」，實則朱子認爲只有形上至善的本然之性，
是道德成聖的唯一道路，不再認爲有「氣質之性」〔註39〕。朱子所謂的「形
質」，不外乎就是透過氣的凝結而成爲有限的質，而凝結後的形質受到不同時
空環境、方向、速度影響之下即產生了渣滓，朱子認爲每個人氣稟有所不一，
所化生的氣質才性也不一樣，以至於有粗、渣滓之分，直接否定「氣質之性」
爲善的可能，云：「所謂惡者，氣也。」〔註40〕然則朱子是以「本然之性墜落
於氣質之中」爲結構基礎，但理又與形下之氣不貫通，當形下之氣受到遮蔽
影響，理就與氣不相有連結，因爲理就是理，氣就是氣〔註41〕，形成性二元
的對立模式。

　　陳確認爲宋儒論本體之意即爲「超越」與「內在」的意義，但陳確只肯
接受「內在」的一面，而排斥本體的超越義〔註42〕，因宋儒把性善說成形上

〔註37〕　【清】陳確《陳確集》，（北京：中華書局，1979年），〈性解下〉，頁451。

〔註38〕　【宋】黎靖德《朱子語類》，（臺北：文津出版社，1986年12月），卷一，〈理
氣上〉，頁3。

〔註39〕　參見王俊彥《宋學研究期刊第二輯──論張載的「氣質之性」及其譜系的開
展》，頁114。因氣化有各種可能，故亦因凝固結聚的向度、強度等不同而有
不同的氣質，如昏明、開塞等。即此本然之性落在昏明不同的氣質之中，即
此狀態勉可說爲「氣質之性」。明顯看來朱子仍以形上本體爲依據，以形下之
氣爲惡，而言性墮在氣質中而爲「氣質之性」，導至後人的認爲有二性。

〔註40〕　【宋】黎靖德《朱子語類》，（臺北：文津出版社，1986年12月），《朱子語類・
卷四，性理一》，頁65。

〔註41〕　參見張立文《中國哲學范疇精粹叢書：氣》，（臺北：漢興，1994年），頁177。
其云：「爲了維護天理渾然無雜，至高至善的地位，當氣處於昏明駁雜之時，
理語氣不相連繫了，氣的駁雜是氣自身的原因，而與理無關。」

〔註42〕　參見方東美《明代理學論文集》，臺北：大安出版社，1990年5月，頁310。

的本體而不落實在形下的氣質層面而導致「性、氣」成為異質異層，如此看來陳確不完全否認宋儒學者，確是對宋儒學者觀念加以修正使形下工夫更爲落實，又云：「宋儒既不敢謂性有不善，奈何轉卸罪氣質，益分咎才情」〔註43〕，然而宋儒所論氣質，即是古人所謂「才」也。「才」即「材」人之氣質之異，猶如材料質地，有不同種的可能，然孟子曰：「若夫爲不善，非才之罪也」〔註44〕，即是人之才無分善惡都可以爲善，孟子則是認爲爲善有其難易而才會有所差，而宋儒不但把形上與形下二元對立，又把氣質之惡怪罪在「氣質之性」上，說「天地之性」才是本性，使形上最高的主宰的「天地之性」與形氣下的「氣質之性」切割爲二相互不相關聯，如此看來陳確仍不違背孔孟之道，進而對宋儒空談本然之性提出見解與批判。

　　牟宗三對此認爲「天地之性」與「氣質之性」亦有分別。

> 天地之性爲本體，但人亦是有形體的現實存在，故環繞其自然生命，又不能不有其自然生命一面種種特徵與姿態，此即人的自然之性，所謂氣性、才性、氣質之性是也。天地之性是人的當然之性，是道德創造之性，是成聖之性，簡明曰聖性，亦由佛家之言性，此是兩種性必分別建立之故。〔註45〕

牟宗三仍認爲「氣質之性」與「天地之性」無法切割二分，然而在這個眞實無限的氣化運行世界之中，萬事萬物皆由氣所成，人也必然如此受到影響，但又不能沒有道德教條來規範使人有成聖的可能，因此牟宗三則認爲不得不把此兩種做分割的原因，但這只是從分解面來說，實則牟宗三還是認爲性必須從圓融來說，否則易落入到二分局面。

　　陳確不太言形上本體，但不是避諱不言，對此他認爲必須從形下實踐層面來言之，從一氣流行不已立論上把形上本體降到形下人倫日常生活之中。其云：

> 性即是體，善即是性體。既云：「道性善」，又云：「不言行善之本」，豈非騎驢覓驢乎！「本體」二字，不見經傳，此宋儒從佛氏脫胎來者。兄謂《商書》「維皇降衷」、《中庸》「天命之性」，皆指本體言，此誣之甚也。皇降、天命，特推本之詞，猶言人身則必本之親生云

〔註43〕 【清】陳確《陳確集》，（北京：中華書局，1979 年），〈氣情才辨〉，頁 452。
〔註44〕 《孟子注疏》（漢）趙岐注、（宋）孫奭疏（臺北：藝文印書館《十三經注疏》影印嘉慶二十年江西南昌府學開雕本，2001 年），《孟子‧告子上》，頁 192。
〔註45〕 參見牟宗三《心體與性體一》，（臺北：正中書局，1969 年），頁 508～509。

耳。其實孕時，此親生之身，而少而壯而老，亦莫非親生之深，何
嘗指此爲本體，而過此以往，即屬氣質，非本體乎？〔註46〕

宋儒所言「本體」追溯其本源即是天道或天地之性（義理之性、本心、良知），
陳確認爲「本體」二字本從佛老的「空」、「無」轉換而來，云：「本體二字，
不見經傳，此宋儒從佛氏脫胎來者」〔註47〕，在佛家認爲本體即爲一種絕對
的超越本體，都只有在談形上的一切，而忽略到形下之氣的運行，陳確認爲
「本體」應隨時展露不因時空位階不同而有所異〔註48〕，又認爲在無形之氣
尚未凝結成有形之氣之時，其實天道已賦予我們道德本體，性的道德義已藉
由天的無限生生義凝結在人身之上，此時使有限形體帶有形上本體並跳脫出
有限此框架中，然本體之發用必然由形下實踐層來展露，如此一來陳確才說
形下「氣質之性」也屬本體。

　　陳確在此又對於過度強調「本體」又有所言：

　　　宋儒分本體、氣質以言性，何得不支離決裂乎？性即是本體，又欲
　　　於性中覓本體，那得不禪！其曰「氣質之性」者，是爲荀、告下註
　　　腳也；曰「本體之性」者，是爲老、佛傳衣鉢也。〔註49〕

性在陳確的思想之中，即是所謂的本體，云：「性即是體，善即是性體」〔註
50〕，但本體本身帶有氣化流行不已的活動本質，並不是只有宋儒、佛老所談
「人生而靜」的本體〔註51〕，不具有氣化流行宇宙觀。因宋儒所說形上道德
本體規範爲最高的主宰，而本體本身內含的性是有善無惡，如果有惡，也就
是歸咎到形下的「氣質之性」之偏的氣質之惡來說，與形上本體無關，如此
一來又落入到性二分局面。

〔註46〕【清】陳確《陳確集》，（北京：中華書局，1979 年），〈與劉伯繩書〉，頁 466。

〔註47〕【清】陳確《陳確集》，（北京：中華書局，1979 年），〈與劉伯繩書〉，頁 466。

〔註48〕參見方東美《明代理學論文集》，臺北：大安出版社，1990 年 5 月，頁 309。
　　　　認爲宋儒講本體，只人一生出便已落氣質，而謂「人生而靜以上」方是性體，
　　　　乾初認爲「本體」應如同人本雙親所生的特質一樣是隨時隨處而在的。

〔註49〕【清】陳確《陳確集》，（北京：中華書局，1979 年），〈與劉伯繩書〉，頁 620。

〔註50〕【清】陳確《陳確集》，（北京：中華書局，1979 年），〈與劉伯繩書〉，頁 466。

〔註51〕參見牟宗三《心體與性體二》，（臺北：正中書局，1969 年），頁 166。蓋性之
　　　　名與實是斷自有生以後說，有生以前即無性之可言，只是一本體宇宙論的說
　　　　「天命生德之於穆不已」而已。故云：「人生而靜以上不容說」。此處牟宗三
　　　　仍以本體宇宙論來說明天道具有生生活動義，但形質未具之前並不是說沒有
　　　　道德，只是在氣化流行之中已貫注在其中，不能說在無之前就說沒有性，只
　　　　是尚未凝結成有形個體。

綜合以上論述，得以確立陳確在一氣流行之中只承認「氣質之性」並無所謂「天地之性」，並可從兩方向論證形下氣質是善和肯定天地間只有「氣質之性」，其一：天道為最高主宰並蘊含超越義、生生義前提之下認為天是純善無惡，並且透過氣化流行使形上道體在形下真實世界之中無限的展露，其云：「一性也，推本言之曰天命，推廣言之曰氣、情、才，豈有二哉」〔註52〕，進而把形上道德規範下貫到的人身上使人性純善無惡，讓形上形下一氣流行相通不已，因此「性」必須透過形下「氣、情、才」來發用，如此一來形下「氣質之性」收攝著形上「天地之性」；其二說：「既以氣質屬性，何得又以不善誣之？」〔註53〕，陳確既然明說「氣質屬性」那麼「氣質」也就是「性」，並且只有「氣質之性」無「天地之性」，又說：「夫性之為善，合下如是，到底如是，擴充盡才而非有所增也」〔註54〕，陳確所說之「性」是與「天」相貫通屬於同位階並認為只有「氣質之性」，然而陳確非常重視形下的實踐層面，在此陳確認為「氣質」並須擴充使性更為臻善使人無所推諉，如此一來為明清之際開啟了新的局面。

第二節　與「理氣是一」相比較

「理氣是一」的羅欽順與魏校兩人雖都認為性只有「氣質之性」，但所切入的角度卻與陳確有所不同，羅欽順以「理一分殊」的觀念，認為「天地之性」與「氣質之性」都本源於氣之理，使氣之理內具於其中，使形而上與形而下達成是一。又魏校主張「氣質之性」內具理前提之下才能說是性，這與羅欽順的想法有些為類似，都認為必須借用理與氣之間的關係來達到是一。

一、羅欽順「理一分殊」

主張「理氣是一」羅欽順（1465～1547B.C），表字允昇，號整庵，諡文莊。明朝江西泰和（今屬江西）人。弘治六年進士科探花，官至南京吏部尚書。明代「氣學」的代表人物之一，知名哲學家、儒家學者，時稱為「江右大儒」。

〔註52〕 【清】陳確《陳確集》，（北京：中華書局，1979 年）下〈氣情才辨〉，頁 451。
〔註53〕 【清】 陳確《陳確集》，（北京：中華書局，1979 年） 下〈與劉伯繩書〉，頁 466。
〔註54〕 【明】黃宗羲（《黃宗羲全集》增訂版）冊十），杭州：浙江古籍出版社，2005 年 9 月，〈與陳乾初論學書〉，頁 152～153。

羅欽順云：

> 「性善」，理之一也，而其言未及乎分殊；「有性善，有性不善」，分
> 之殊也，而其言未及乎理一。程張本思孟以性言，既專主乎理，復
> 推氣質之說，則分支殊者，誠亦盡之。但曰：「天命之性」，固已就
> 氣質而言之矣；曰：「氣質之性」，性非天命之謂乎？一性而兩名，
> 且以氣質與天命對言，語終未瑩。朱子猶恐人之視爲二物也，乃曰：
> 「氣質之性即太極全體墮在氣質之中」，夫既以墮言，理氣不容無罅
> 縫矣。惟以理一分殊喻之，則無往而不通。〔註55〕

可從兩方面來得知欽順的思想之中主張只有「氣質之性」，其一：羅欽順指出
若是「性善」則爲理一，則無氣質之分殊，反之若「性」有善與不善，則有
分殊無理一，對此以「理氣是一」的羅欽順認爲必須透一氣流行使性中收攝
著天地之性與氣質之性，如此一來「天命之性」則落到氣質之中使氣質蘊含
有形上「天命之性」使兩者相互交融，則稱「理一」〔註56〕爲天地之性、「分
殊」爲氣質之性爲一性不可分，云：「理一便是天地之性，分殊便是氣質之性」
〔註57〕，然則形氣萬有不齊，如氣化凝結方向、速度、厚薄不同之分使人各
具主體性，但主體之中卻蘊含其共同本質即爲形上之理，並認爲人爲上天所
創生，而在一氣流形之中必賦予給人價值意義存在，即爲「人猶物也，我猶
人也」我就是物、物即我，云：「乾道變化，各正性命，人猶物也，我猶人也，
其理容有二哉？」〔註58〕，如此一來「理氣是一」的羅欽順以「理一分殊」〔註
59〕的詮釋觀點之下用氣化生生來化解了形氣的框架限制，使理爲氣之條理，

〔註55〕　【明】羅欽順《困知記》，（明嘉靖十六年吳郡陸粲刊本），卷上，頁 10 上。
〔註56〕　參見鄧克銘《明儒羅欽順研究》，臺北：理仁出版，2010.03，頁 170。鄧克銘
　　　　指出羅欽順所謂之「理」並非超絕之理體或精神實體，而只是氣之變化的當
　　　　然法則。王俊彥《宋學研究期刊第二輯——論張載的「氣質之性」及其譜系
　　　　的開展》，頁 123。這與王俊彥有些似看法，認爲羅欽順之「理」爲創造流行
　　　　所以眞實成晝的條理次序，而一氣流行的條理秩序就是理。
〔註57〕　【明】羅欽順《困知記》，（明嘉靖十六年吳郡陸粲刊本），〈附錄·答陸黃門
　　　　浚明〉，頁 136。
〔註58〕　【明】羅欽順《困知記》，（明嘉靖十六年吳郡陸粲刊本），卷上，頁 3 上。
〔註59〕　參見侯外廬、邱漢生、張豈之《宋明理學史下》，（北京：人民出版社 1997 年
　　　　10 月），頁 481。所謂「理一分殊」這名詞原爲洛學傳統名詞，是受到華嚴宗
　　　　影響，認爲世界萬物都是「天理」的反應，天理之照物，猶如「月印萬川」，
　　　　來解釋認爲人和物都來源於陰陽二氣，此謂爲「理一」；世界上人和物各各不
　　　　同，謂之「分殊」。

而本然之性受氣化影響，使氣之理分殊於各形體之中，此時「天地之性」也就在「氣質之性」之中自然流暢顯出來，於是羅欽順所言之「性」即爲「氣質之性」〔註60〕。

陳確所闡述「氣質之性」與羅欽順仍有相異之處。陳確則說：「諸儒言氣質之性，既本荀、告，論本體之性……性豈有本體、氣質之殊耶？」〔註61〕陳確不直接談至上的形上本體，轉而透過人對於形下實踐層面來展露「氣質之性」，並且不受到形上有限的框架束縛，如此一來也跳出此有形的框架之中，並不再受到任何的束縛。相較之下，羅欽順雖以「理一分殊」作爲思想的依據，但「氣質之性」仍然停留在受到形上價值次序之理所影響，當有所謂「氣散之理」之時，「氣質之性」就必須消散在這當下時空之中並且必須回歸到氣化無形狀態之中，但「理」仍是不滅且依附在氣化無形之中，如此一來欽順並未眞正擺脫此形上之理的規範，簡而言之，羅欽順所謂「氣質之性」不像陳確那麼具有形下氣化生生的意味，亦或者「實踐」意味沒有陳確那麼濃厚。

其二，羅欽順對於程朱把人性作爲形上與形下二元對立，認爲「天命之性」是純善的，形而下「氣質之性」是惡的，必須透過「變化氣質」來導正人爲善的依據，從羅欽順「理氣是一」的角度去探討的話，「天地之性」與「氣質之性」都本源於氣之理，也就是萬物經過理一分殊之後，氣之理都內具在其中，所以沒有所謂的二性，只有「氣質之性」存在。因爲，透過「氣」的創生凝結從而生成人，但這過程之中，每個人都因氣化的方向、厚度不同，但又各具其主體性，如此一來氣之理無不融入「氣質之性」來當作一性。所以，從羅欽順的思想之中不難發現只有「氣質之性」，其云：「曰：「天命之性」，固已就氣質而言之矣；曰：「氣質之性」，性非天聽之謂乎」〔註62〕。

〔註60〕 參見鄧克銘《明儒羅欽順研究》，臺北：理仁出版，2010 年，頁 170。「喜怒哀樂之發時，屬於一氣之運行變化，則有中節、不中節之別，此相當於「氣質之性」。綜合以觀，天命之性與氣質之性只是受氣而生以後不同階段的名稱而已，故羅氏有上引「持此（理一分殊）以論性，自不須立天命、氣質之兩名。」的說法。」指出所謂「喜、怒、哀、樂」實則爲形上「仁、義、禮、智」透過一氣流行所展現出來的樣貌即爲「氣質之性」，但氣化運行之時必然如此受到遮蔽無法眞實展現即爲過與不及處，如此一來即產生了善與惡，然而他所認爲的「天地之性」、「氣質之性」只是受到「氣」所影響之後名稱上的不同。

〔註61〕 【清】陳確《陳確集》，（北京：中華書局，1979 年）下〈聖學〉，頁 442。

〔註62〕 【明】羅欽順《困知記》，（明嘉靖十六年吳郡陸粲刊本），卷上，頁 10 下。

此爲兩人相同之處，陳確與羅欽順兩人都承認只有「氣質之性」，主要原因在於當一性如果一分爲二，此實則會造成兩個本體存在，這也代表著形上與形下兩者相互割裂成爲異質異層的相對立關係，而形上「本體」仍是會被視爲最高的主宰，形下「氣質」則會視爲第二義。對此，陳確與羅欽順才會提出「氣質之性」才是眞正的性，而「義理之性」早就在氣化過程之中，灌注在「氣質之性」之內也透過人來展現出無窮的天道，這也代表著「氣質之性」逐漸在被重視中。

二、魏校「氣質之中內具此理」

魏校（1483～1543 B.C，字子才，蘇州府昆山縣人，字號莊渠）對此也有相同看法認爲只有「氣質之性」：

> 皆是直指當人氣質內各具此理，而命名不離那氣質來說，亦何嘗懸空說向天地上去；性，形而上者也，氣質；形而下者也，若兼理與氣質滾說作性，則無形而上下之分矣！〔註63〕

由上得知，魏校所言之「性」是人天生本而有之不是後天所賦予，再藉由天的氣化運行與無限生生創造的可能，最終由無形之氣凝結成有形個體後，使個體之中的氣質又蘊含了形上的秩序之理，云：「性字從生，人之氣，稟出於天生，故借生字爲義」〔註64〕對此魏校則主張認爲人會有氣質的過與不及的時候，所以認爲氣質之性不得當性，必須在氣質之性內具理前提之下才能說是性。此外，魏校確認爲氣質內必須透過氣之條理來做爲「氣質之性」的依靠，實則是怕當氣有過與不及則易使人產生惡的一面，才認爲氣質必須依靠著「理」的價值義、次序義來與氣質相互規範使氣質之中內具此理。

陳確與魏校同樣肯定只有「氣質之性」，但從魏校的「理氣是一」觀點切入，「氣質之性」之中必須有一個規律之理，也就是「氣之條理」來支撐性，才能說是「氣質之性」方可爲性。然而，陳確比魏校更直截了當的指出「氣質之性」本身就是性，不必在加上「理」方可稱爲性，其主要原因

〔註63〕 【明】魏校《莊渠遺書》卷十六，文淵閣四庫全書本，臺北：臺灣商務印書館，1983 年，頁 7。

〔註64〕 【明】魏校《莊渠遺書》卷十六，文淵閣四庫全書本，臺北：臺灣商務印書館，1983 年，頁 12。

在於陳確已經認爲形上道德在氣化凝結過程中以加諸於「氣質之性」之中，不必再過度去強調形上本體，主要把形下層面氣質層拉高到與形上同位階，在於使上下不產生斷裂局面，那麼性也就直達於天而相互貫通，其云：「一性也，推本言之曰天命」〔註65〕陳確也主張所謂「氣質之性」本源於天，然在一氣流行創生過程之中，形上之理必然會受到氣化影響進而凝結或下降到形下氣質之中，此時氣質之中則收攝著形上應有的價值義即爲「義理之性」。

第三節　與「純粹氣本論」相比較

　　王廷相與吳廷翰思想觀念架構之下藉由以「氣」爲本的角度，對性進行分析了解。王廷相則是藉由「氣」的一氣流行不已，讓「天地之性」直接在形下氣質層面展現；吳廷翰則以「性氣一物」的觀點角度來闡述對性的看法，但兩人皆主張「天地之性」、「氣質之性」爲一性。

一、王廷相「氣即是性」

　　純粹氣本論的思想家王廷相（1474～1544 B.C，字子衡，號浚川，別號平崖，世稱浚川先生。），也主張認爲性只有「氣質之性」無所謂「天地之性」。其云：

> 性生於氣，萬物皆然。宋儒只爲強成孟子性善之說，故離氣而論性，使性之實不明於後世。明道曰：「性即氣，氣即性，生之謂也。」又曰：「論性不論氣不備，論氣不論性不明，二之便不是。」……，於性極爲明盡，後之學者，梏於朱子「本然氣質」二性之說，而不至思，悲哉！〔註66〕

首先王廷相先肯定「氣」爲萬物之本源，即爲太虛之氣藉由氣化生生義、創造義來化生成萬物，然而在萬物凝結過程之中必然產生各種氣化生成的可能，其云：「有太虛之氣而後有天地，有天地而後有氣化」〔註67〕，從上述可知在王廷相以「氣」爲本的理論架構之下實則不能沒有「氣」的存在，它承

〔註65〕 【清】陳確《陳確集》，（北京：中華書局，1979年），下〈氣情才辨〉，頁451。
〔註66〕 【明】王廷相《王氏家藏集》，〈雅述〉上卷五十五，頁2455。
〔註67〕 【明】王廷相《王氏家藏集》，〈性辯〉卷二十八，頁1245。

載了天地萬物的創造可能，有氣就有性，無氣則無性矣，即是「氣即是性」、「性從氣出」。簡而言之，「氣」即是「性」之本源，是本屬同質〔註68〕，於是從王廷相以氣爲本的思想理路去追尋，不難發現其實是把「氣」的位階擢升到最高層面，在藉由形上之氣化生成各種可能並凝結在於形而下的氣質之中，如此一來「天地之性」就在氣質之中無限的展露。然而這並不是明道所說性即氣，氣即性，從思想角度去了解，明道這只是在講明氣性不離而已，並不是闡述氣就是性，先前已有說明在此不作多論述。因此王廷相引明道之語來做解釋：「論性不論氣不備，論氣不論性不明，二之便不是。」〔註69〕，王廷相認爲透過「氣」的一氣流行不已，讓「天地之性」直接在形下氣質層面展現，使「氣質之性」不再是乾枯的形下之氣，然而是受到形上道德的滋潤，如此一來「氣質之性」也飽含著形上所賦的價值，此時「天地之性」與「氣質之性」也就相同。所以在王廷相以「氣」爲首出的觀念之下，並須把「氣質之性」當作一種性，而「天地之性」也是由氣所生，以「氣」爲本體，如此一來「天地之性」則在氣質之中明朗展露出來，其云「氣質之性，本然之性，何不同若是乎？」〔註70〕

王廷相言：

> 氣質之性，本然之性，何不同若是乎？曰：此儒者之大惑也，吾惡能辯之？雖然識論之矣。人有生，斯有性可言；無生則性滅矣，惡乎取而言之？故離氣言性，則性無處所，與虛同歸；離性言氣，則氣非生動，與死同塗。是性之與氣，可以相有而不可相離之道也。
> 〔註71〕

在王廷相的「氣本論」思想之中，擺脫了形上之氣有限的框架，進而說明「天地之性」即是「氣質之性」本是一性，然而氣具有各種凝結創造生人，於是在這創造過程之中就產生了以「氣」爲最高本體爲「太虛之氣」。再者，說明氣性不離與是一，避免造成形而上與形而下造成斷裂，說明離性說氣，氣不

〔註68〕　參見侯外廬、邱漢生、張豈之《宋明理學史下》，（北京：人民出版社，1997年10月），頁507～508。王廷相根據「氣本論」，認爲人體由「氣」構成的，是「氣」的一種特殊形態。人性依賴於人體，也就是依賴於「氣」；「氣」是世界的本源，人性也就是「氣」在人身方面的表現，決不能離氣言性。
〔註69〕　【明】王廷相《王氏家藏集》〈雅述〉上卷五十五，頁2455。
〔註70〕　【明】王廷相《王氏家藏集》〈答薛君采論性書〉卷二十八，頁1258。
〔註71〕　【明】王廷相《王氏家藏集》〈答薛君采論性書〉卷二十八，頁1258。

具有生生義，有如人性之中缺少活動的表現，於是說明了性與氣不能相離。但學者張學智對王廷相人性論的解釋提出了他的看法與批判〔註72〕，在我們看來其實也不免落入了唯物主義論。

　　陳確則不認為「氣」可以當作性的本源，如果主張性就是氣，王廷相所談論的性就有可能落入為惡的可能，不再是陳確思想觀念裡性是純善無惡。於是，陳確主張借用「氣」無限流行的生生義來使形上形下同質同層，並且不認為性會直接受到氣的影響，陳確其云：「性中之氣，更何有不善耶」〔註73〕顯然看出氣只是用於萬物創生與發用層面，不涉及到善與惡的價值判斷。簡單來說，陳確與王廷相以「氣」當本體來言性大相逕異，這可能使性受到「氣」所左右影響，王廷相又云：「是故天下之性，莫不於氣焉載之」〔註74〕再次強調「氣」支配性的重要性，所以可以看出王廷相主張以「氣」來創生萬物並且性受到氣的影響和陳確所言之「氣」是具有無限作用，並且性又不直接受到氣支配而有所影響，而王廷相所謂的「性」是受氣的環境、程度上的影響，但是兩者所說之「性」仍是「氣質之性」。

二、吳廷翰「性即是氣」

　　另有氣本論學家吳廷翰（1491～1559 B.C，字嵩伯，號蘇原。）也明確指出，只有「氣質之性」而沒有「天地之性」，並且以「性即是氣」的觀點來闡述。

> 蓋性即是氣，性之名生於人之有生。人之未生，性不可名。既名為性，即已是氣，又焉有「氣質」之名乎？既無「氣質之性」，又焉有「天地之性」乎？……性一而已，而有二乎？……耳目之類，雖曰氣質，而皆天地，而皆天地所生；仁義之類，雖曰天命，而皆氣質所成。故凡言性也者，即是「氣質」。若說有「氣質之性」，則性有不是「氣質」者乎？〔註75〕

〔註72〕　參見張學智《明代哲學史》，（北京：北大出版社，民2000年6月），「王廷相對人性的解釋，由於忽略了人的社會性和人類文化長期發展塑造成的人的特質，完全以自然物質去解釋人性，結果走入一篇之論」

〔註73〕　【清】陳確：《陳確集》，（北京：中華書局，1979年）下〈與劉伯繩書〉，頁466。

〔註74〕　【明】王廷相《王氏家藏集》〈性辯〉卷三十三，頁1673。

〔註75〕　【明】吳廷翰《吳廷翰集‧吉齋漫錄》，（北京中華書局，1984年），頁29。

吳廷翰與王廷相同樣主張以「氣」為首出，其云：「氣即道，道即氣。天地之初，一氣而已矣，非有所謂道者別為一物，以並出乎其間也。」〔註76〕，認為天地之始只有一氣運行於其中，「氣」為無物太虛之本體，由無形之氣凝結為有形之氣為宇宙化生的依據〔註77〕，於是吳廷翰則藉由陰陽化生之作用將氣陽之仁、氣陰之義導入性中，其云：「仁義禮智即天之陰陽二氣，仁禮為氣之陽，義為氣之陰〔註78〕」，於是人在尚未降生之前則無所謂之「性」而是在氣化凝結創生之後才有性。

另外，吳廷翰又本著一氣化流行不已來說「耳目口鼻」雖是氣質但仍是天地之氣，因仁義本為氣之陰陽且陰陽同為一氣不可分，如此一來仁義即是氣之性，順此理論架構之下仁義與氣性非為二物，於是藉由「耳目口鼻」皆是氣質活動表現，並且「仁義禮智」是氣質完成的展露即為「天地之性」。最後才能說性只有「氣質之性」，而「天地之性」之作用以在「氣質之性」〔註79〕之中，於是「氣質之性」、「天地之性」實為一體不可二分。

然則，陳確則是主張「性」不管在有形、無形都是一直存在著，陳確其云：「其實孕育時，此親生之身，而少而壯而老，亦莫非親生之身。」〔註80〕陳確認為「性」在氣化流行過程之中以收攝凝結在形質之內，但在尚未透過工夫修養之前，「性」只是處於尚未臻善的狀態，而「性」也因此必須透過後天的實踐工夫來展現，並不是說「性」是因為經由氣化凝結過後才是「性」，應該說不管在任何的環境時空位階之中，「性」都一直存在著並且蘊含在形上

〔註76〕【明】吳廷翰《吳廷翰集・吉齋漫錄》，（北京中華書局，1984年），頁5。

〔註77〕參見張立文《中國哲學範疇精選叢書——氣》，臺北：漢興出版社，民83年，頁215。天地萬物形成之前只有氣的存在。因此，天地萬物只能由氣產生，氣化流行而生成天地人物，成為天地萬物的「始祖」。在此可以得知學者張立文也認為在吳廷翰「氣本論」的架構理論之下，仍然認為只有一氣充塞於天地之間，且這一氣為陰陽。

〔註78〕【明】吳廷翰《吳廷翰集・吉齋漫錄》，（北京中華書局，1984年），頁28。

〔註79〕參見劉又銘《吳廷翰的自然氣本論》，成大宗教與文化學報第五期，2005年12月，頁37。在此劉又明則是認為吳廷翰直接取消了「天地之性」、「氣質之性」，並且劉又銘運用了當代學者牟宗三的「順氣而言」、「逆氣而言」思想來表達。「若比照吳廷翰的觀點，我們也可以說，牟宗三用「氣性」、「才性」、「質性」、「材質之性」等語來標示所謂「順氣而言」的一般人性並不恰當；甚至連「順氣而言」一語也有問題，因為當它搭配著「逆氣而言」提出時，它已經預設了孟學本位立場下帶有貶義的論斷。」

〔註80〕【清】陳確《陳確集》，（北京：中華書局，1979年）下〈與劉伯繩書〉，頁466。

與形下之中，這也突顯出了形上與形下兩者相融互滲，間接可以了解到所謂的氣化凝結，不外乎就是把形上的道德價值貫注在氣質之中，而氣質之中收攝著形上道德規範。雖說如此，吳廷翰還是藉由「耳目口鼻」來表現出形上的價值功能，因為形上不易於展現「氣質之性」仍必須透過後天人為的修養方可顯現，如同陳確也透過「素位」來把形上所賦予給「氣質之性」的內涵價值給展露出來，這也看到兩人不再以形上本體為主，而是把「氣質之性」當做真正落實人性的重要的觀念。

第四節　與「心理氣是一」相比較

「心理氣是一」的劉宗周為陳確之師，他提出以「義理氣質為二」、「重義理輕氣質」、「義理與氣質同重」的論述來說明「義理」與「氣質」之間的相互關係，並直接說明「盈天地間只有氣質之性」〔註 81〕。另有同門黃宗羲雖認為性有「氣質之性」，但氣質之中又分「氣質本然之性」，但仍師承其劉宗周思想認為天地之間只有「氣質之性」。

一、劉宗周「氣質義理只是一性」

談到明代大儒並且主張「心理氣是一」的學家劉宗周（1578～1645 B.C，字起東，號念台，浙江山陰人，因講學於山陰縣城北的蕺山，學者稱之為蕺山先生。），他實為陳確之師，深受劉宗周影響頗多，也提出性只有「氣質之性」更無「天地之性」。劉宗周在《劉宗周全集》言：

　　　萬性，一性也。性，一至善也。至善，本無善也。〔註 82〕

首先劉宗周主張性為純然至善，因性受到形上道德的價值義所影響，然而天地萬物在凝結過程之中其價值義會隨著氣化運行貫注在於性之中，如此得知所凝結之物則必然會因氣化的速度、方向有所不同，但在氣化凝結過程之中卻收攝其相同本質，即為「天地之性」在氣質層之中展現。陳確對此也主張相同觀念。

陳確本著師說，認為所謂「氣質之性」就是無不。

〔註81〕 【明】劉宗周、戴璉璋、吳光主編《劉宗周全集》，（臺北中央研究院中國文哲研究所籌備處，民 86）卷十一，第二冊，頁 493。

〔註82〕 【明】劉宗周、戴璉璋、吳光主編《劉宗周全集》，（臺北中央研究院中國文哲研究所籌備處，民 86），二冊，頁 4。

　　先生所謂「人只有氣質之性」，謂氣質亦無不善者，指性中之氣言。

　　性中之氣，更何有不善耶？〔註83〕

陳確主張人性並沒有惡，因在氣化過程之中，氣做為引導為善的依據，然而陳確不把「氣」來當作判別性是否為善的標準，其云：「氣之清濁，誠有不同，則何乖性善之義乎？」〔註84〕其實在他的思想架構下不難發現，性只有純善無惡，如此一來陳確所言「氣質之性」亦與其師劉宗周相同。

　　劉宗周云：

> 或曰：「有氣質之性，有義理之性。」則性有二與？為之說者，正本之人心道心而誤焉者也。程子曰：「論性不論氣不備，論氣不論性不明，二之則不是。」若既有氣質之性，又有義理之性，將使學者任氣質而遺義理，則「可以為善、可以為不善」之說信矣。又或遺氣質而求義理，則「無善無不善」之說信矣。又或衡氣質義理並重，則「有性善有性不善」之說信矣。三者之說信，而性善之旨復晦，此孟氏之所憂也。須知性只是氣質之性，而義理者氣質之本然，乃所以為性也，心只是人心，而道者人之所當然，乃所以為心也，人心道心只是一心，氣質義理只是一性，識得心一性一則工夫亦一。
>
> 〔註85〕

劉宗周也明確指出，性只有一性，否則會使形上與形上相互產生割裂，如此一來如果有二性之分，會使人任氣質而遺義理，而使性可以為善，也能不為善，那麼人就有所推諉。就這論題我們可以分三層面來說：第一層面：義理氣質為二，會因氣質情慾易於表現，亦忽略必然如此之義理，而產生「可以為善、可以為不善」；其二，重義理輕氣質，便只會純粹去求形上絕對之理，只論形上絕對之善，不論形下之相對善惡，將會產生「無善無不善」；其三，義理與氣質同重，表重形上義理，則性善，若重形下之氣質，則性不善，此乃有表示兩個本體，但應該只有一個絕對、唯一之本體，不能為二。〔註86〕

〔註83〕【清】陳確《陳確集》，（北京：中華書局，1979年）下〈與劉伯繩書〉，頁466。

〔註84〕【清】陳確《陳確集》，（北京：中華書局，1979年）下〈氣稟清濁說〉，頁455。

〔註85〕【明】劉宗周、戴璉璋、吳光主編《劉宗周全集》，（臺北中央研究院中國文哲研究所籌備處，民86），第二冊，頁352。

〔註86〕參見王俊彥《王廷相與明代氣學》，（臺北：威秀出版社，民94），頁395。

所以劉宗周認爲，必須「義理之性」收攝「氣質之性」之中來說性，才有可能爲善，所以性只是「氣質之性」，而性善就是理，義理就是氣質之本然，所以才叫「氣質之性」。

因此，陳確實則承襲其師劉宗周的思想，並且也認爲「義理之性」本身就蘊含在氣質之中，必須透過氣化運行過程中使「義理之性」不斷藉由形下氣質層來無限展露形上道德價值，如此形上道德不斷在形下層發用，使「義理之性」、「氣質之性」相互交融。簡而言之，「義理氣質爲二」、「重義理輕氣質」、「義理與氣質同重」則爲不被陳確與劉宗周所認同。

劉宗周更進一步直接說明天地之間只有「氣質之性」。

> 凡言性者，皆指氣質而言。或曰：「有氣質之性，有義理之性。」亦非也。盈天地間只有氣質之性，更無義理之性。如曰氣質之理即是，豈可義理之理乎？〔註87〕

從「一性也，自理言則曰仁義理智，自氣言則曰喜怒哀樂。一理也，自性而言，則曰仁義禮智；自心而言，則曰喜怒哀樂。」〔註88〕這段話來解析，在劉宗周的思想「理」是仁、義、禮、智還是形上主宰義，而「氣」爲未發之喜、怒、哀、樂，「心」爲已發，不外乎把理、氣、心做一個相串連，理透過氣來展現，而心具有認知義，認知形上之理與形下之氣，但劉宗周仍對形上理比較講求，脫離不了宋明的形上道德本體義，他曾說：「性是就氣質之中指點義理者，非氣質即爲性。」〔註89〕，在這段話中，難免看出劉宗周仍保留宋明朱學意味的存在，他認爲氣質之中必須仍有一個義理來規範著氣質，造成氣質有了等差之分，而必須氣質之中有義理才是眞正的性，像是理中有氣，氣中有理，彷彿有著從「理氣是一」來說性。在劉宗周的系統中，「氣質之性」與「氣質」的關係才是理與氣的關係。因此，就主張「氣質之性即義理之性」這一點而言，劉宗周與朱子的觀點其實並無太大的不同〔註90〕。

此觀點有如先前提到，陳確仍依舊認爲劉宗周脫離不了形上之理，而思

〔註87〕 【明】劉宗周、戴璉璋、吳光主編《劉宗周全集》，（臺北中央研究院中國文哲研究所籌備處，民86）卷十一，第二冊，頁493。

〔註88〕 【明】劉宗周、戴璉璋、吳光主編《劉宗周全集》，（臺北中央研究院中國文哲研究所籌備處，民86），卷十一，第二冊，頁460。

〔註89〕 【明】劉宗周、戴璉璋、吳光主編《劉宗周全集》，（臺北中央研究院中國文哲研究所籌備處，民86），卷三十一，第二冊，頁600。

〔註90〕 參見李明輝《劉蕺山對朱子理氣論的批判》，漢學研究第19卷第2期（民國90年12月），頁30。

想架構中必須有「理」才能去支撐他的架構，這也代表著對於宋明的本體意有所保留。相反的，陳確不從形上本體來談論性，實則是怕本體太過於空泛、無味而使人有種虛無飄渺之感，而是藉由後天氣化流行生生義的的氣質層面來說性，於是當透過氣化流行使形上本體不再枯槁無味，而形下氣質也因氣化流行也賦予了形上的道德本質，而使「義理之性」與「氣質之性」沒有階層之分，其云：「一性也，推本言之曰天命，推廣言之曰氣、情、才，豈有二哉！」〔註91〕如此一來陳確比劉宗周更是直接了當，不再受到形上之理所影響，直接言明「氣、情、才」就是「氣質之性」的表現，只是藉由後天的來回推到形上的本質，但這氣化過程中形上與形下仍保持著是一的關係，陳確也因此修正了劉宗周以形而上論性的不徹底，而自我發展出以形下實踐來作為規範。〔註92〕

二、黃宗羲「氣質之本性」

　　承襲劉宗周的思想並主張「心理氣是一」的黃宗羲（1610〜1695 B.C，字太冲，號南雷，學者稱梨洲先生，浙江余姚黃竹浦人。）也是主張認為性只有「氣質之性」，與同樣為師事劉宗周的學生陳確思想頗為相似，其云：

> 夫盈天地間，止有氣質之性，更無義理之性，謂有義理之性不落於氣質者，臧三耳之說也。師於千古不決之疑，一旦拈出，使人冰融霧釋，而彌近理而大亂眞者，亦旣如粉墨之不可掩矣。〔註93〕

順著其師劉宗周思想認為：「盈天地間只有氣質之性，更無義理之性。」〔註94〕，認為天地之間只有一「氣」，而這「氣」為宇宙最高存在，因為具有生生義，賦有往來、升降、等各種活動，透過氣的陰陽五行的不同比例而化生萬物。所以在這前提之下，黃宗羲認為天地之間只有一性，也就是「氣

〔註91〕【清】陳確《陳確集》，（北京：中華書局，1979 年）下〈氣情才辨〉，頁 451〜452。

〔註92〕參見蒙培元《理學範疇系統》，北京：人民出版社，1997 年，頁 243。陳確不僅取消了「人生而靜以上」的性本體，而且糾正了劉宗周以形而上者論性的不徹底性。他直接以形而下者，即氣、情、才為性，這種感覺論和經驗論的說法，無疑是對道德人性論的一個批判。

〔註93〕【明】黃宗羲《南雷文定》後集，卷一，〈先師蕺山先生文集序〉（《黃宗羲全集》增訂版），冊七，頁 54。

〔註94〕【明】劉宗周、戴璉璋、吳光主編《劉宗周全集》，（臺北中央研究院中國文哲研究所籌備處，民 86），卷十一，第二冊，頁 493。

質之性」，而「天地之性」無不下貫到氣質之中，使氣質之中含有形上的無限道德本體。

黃宗羲〈食色性也章〉：

> 氣質之性，但可言物不可言人，在人雖有昏明薄厚之異，總之是有理之氣，禽獸之所稟者，是無理之氣，非無理也，其不得與人同者，正是天之理也。〔註95〕

在此黃宗羲明確指出，氣質之性可以說物，但不可以說人，他認爲人都是陰陽二氣不同比列所凝聚而成。然則，人有時候「氣」會有昏明、薄厚之別，但是不能這樣說氣質是惡，而應該是說氣質的不清暢。其云：「耳目口鼻，是氣之流行者。離氣無所爲理，故曰性也。然即謂是性，則理氣渾矣，乃就氣中指出其主宰之命，這方是性。」〔註96〕耳目口鼻，即是氣的凝結成的質，而視聽言動爲氣的展現從這裡可以知道黃宗羲也說過：「夫耳目口體，質也；視聽言動，氣也；視聽言動流行而不失其則者，性也。」〔註97〕，離開了氣也沒所謂的理，即爲理氣不相離有如以「理氣是一」角度來詮釋，但是透過形上之「理」使道德義也下達到形下的氣，與氣相融合，即是用氣之條理來規範，必且可以說性方是「氣質之性」。然則另一論題即是禽獸與人所謂之別，雖然禽獸仍保有與人相同「氣質之性」的共通點，但「氣質之性」能有不同兩種性質，其一：人與禽獸不同的是，人之「氣質之性」內必須蘊含其仁義理智條理規範即爲「氣之理」。其二，即爲氣化過後的所凝聚的「氣質之性」與禽獸同共有，然而禽獸「無理之氣」仍是生物之性仍在「氣質之性」之中。〔註98〕然而，黃宗羲也透過「心體」與「性體」做個相結合：

> 其在人而爲惻隱、羞惡、恭敬、是非之心，同此一氣流行也。聖人亦即從此秩然而不變者，名之爲性。故理是有形之性，性是無形之

〔註95〕【明】黃宗羲《孟子師說》，卷六，〈食色性也章〉，(《黃宗羲全集》增訂版) 冊一，頁135。

〔註96〕【明】黃宗羲《孟子師說》，卷七，〈口之於味章〉，(《黃宗羲全集》增訂版) 冊一，頁161。

〔註97〕【明】黃宗羲《明儒學案》，卷四十一，〈甘泉學案五〉，「恭定馮少墟先生從吾」，(《黃宗羲全集》增訂版) 冊八，頁266。

〔註98〕參見陳正宜《黃宗羲理學思想之研究以心理氣是一爲詮釋進路》，(中國文化大學文學研究所博士論文，民99年7月)，頁228。

理。先儒「性即理也」之言，眞千聖之血脈也。而要皆一氣爲之。
〔註99〕

在黃宗羲的思想理路，更指出：「心即氣之聚於人者，性即理之聚於人者」來說四端之心皆是一氣流行不已，透過氣來使心性來達成是一，並且又透過心的本於天之善，來下貫到「氣質之性」，此時氣質之表現即蘊含有心體與性體的善，來說「理氣是一」轉換成「心理氣是一」的「氣質之性」。最後說明，理爲有形之性，即是透過氣之條理凝結成有形之物，而性是無形但卻隱含在氣質之中，其云：「夫盈天地間，止有氣質之性，更無義理之性，謂有義理之性不落於氣質者，臧三耳之說也。」〔註100〕，來說明天地之間只有一性，即是「氣質之性」。

總結上述所言，陳確與黃宗羲所謂的「氣質之性」則有所分別，在於黃宗羲主張「氣質之性」與「氣質之本性」有所分別〔註101〕，雖然黃宗羲主張「氣質之性」是善，但又指出必須有氣質內在本質的規範，即爲氣質中之理（氣之條理）才是性，如此一來使性產生了受氣的多寡、程度上的分別。因此，陳確所言「氣質之性」本著一氣流行不已，並且直接跳脫此框架不受到形上之氣所影響限制，另外陳確並不認爲人性在一氣流形之下會有所偏頗，他主張人性是會受到後天「習」所影響，而不是在氣化流行之後所產生的性是惡。除此之外，黃宗羲又認爲「氣質之偏」只是一時的狀態，他舉四時爲例，其云：「天地之氣，寒暑往來，寒必於冬，暑必於夏，其本然也……，然天地不能無之寒暑，而萬古此冬寒夏暑之常道，則一定之理也。」〔註102〕他雖然認爲氣有運動變化之理，但不能因爲氣有「衍陽伏陰」則去否定了它的規律性，所以我們不能否認黃宗羲所言之性有惡，因他認爲那只是氣質有所偏，並不是本質上所造成的結果。

〔註99〕 【明】黃宗羲《南雷文案》，卷三，〈與友人論學書〉，（《黃宗羲全集》增訂版）冊十，頁152。

〔註100〕【明】黃宗羲《南雷文定》後集，卷一，〈先師蕺山先生文集序〉（《黃宗羲全集》增訂版）冊七，頁54。

〔註101〕參見張立文《中國哲學范疇精粹叢書：氣》，（臺北：漢興，1994年），頁248。黃宗羲認爲人與她物的本質區別在與人有仁義禮智之理，是氣質之本然，故人性在理不在氣，失其本然之氣並非眞正的人性，而是人性之偏。我們從這可以看出，黃宗羲認爲人失其本然之氣並不是眞正散失了「氣質之本質」，只是進入到一種人性之偏的一種狀態，但仍有機會回復到性的本然狀態。

〔註102〕【明】黃宗羲《明儒學案》，卷二十九，〈北方王門學案〉，「侍郎楊晉菴先生東明」，（《黃宗羲全集》增訂版）冊七，頁755。

第五節　與「心氣是一」之異同

在此列舉受王學影響孫應鰲與非王學湛若水兩人，孫應鰲認爲心具有認知義與生生義，並且可藉由心來貫通於義理與氣質，如此一來心亦能感能動在藉由氣質來無限展露，然後說心能貫通義理和氣質而爲一〔註103〕。湛若水則認爲氣質有過於不及必須藉由「氣之中正」處來說明「氣質之性」，他仍認爲雖氣質有過與不及，但性仍是只有「氣質之性」。

一、孫應鰲「義理、氣質兼總一貫」

受到王學學派影響並且主張以「心氣是一」的學家孫應鰲（1527～1586 B.C，字山甫，號淮海，貴州清平人。）也認爲義理、氣質都兼總一貫，指出人性只有「氣質之性」。《孫應鰲文集・四書近語》其云：

> 人若見得性字眞，自然就在性上作用，就不落在習上去。蓋性即此
> 心，心即理。緣物而動，因感而行，一一皆從本眞上出發，自然不
> 失其初，而得性之本體，何至相遠？後儒強分孔子論「性相近」是
> 氣質之性，孟子論「性善」是義理之性，然則天下有二性耶？孔子
> 論性，反不如孟子之得其本原耶？只「相近」二字，便義理、氣質
> 都兼總一貫了。外氣質以言義理，是懸空說性；外義理以言氣質，
> 是以生爲性，非孔子論性之大全也。〔註104〕

孫應鰲認爲人就應該直接在性的本質生生作用上去學習，並且主張心具有認知形上的氣之條理與認知形上與形下貫通的氣化之心，如此一來便可得知心具有活動義，即爲「即存有、即活動」，便可以說孫應鰲以「心氣是一」的觀點來闡述他的思想。另外他也提出後儒認爲孔子「性相近」是氣質之性，而孟子「性善」是義理之性，來提出疑問，孫應鰲認爲孔子只是比孟子更直接說其本源，只是孔子所說的「相近」，只是把義理、氣質貫連在一起而爲性，其實孟子並不是單指有義理之性，他只是把「氣質之性」之中的道德規範挑出來，成爲一種「天地之性」來在我們身上，所以孟子並不是只有談「義理」

〔註103〕參見王俊彥《王廷相與明代氣學》，（臺北：威秀出版社，民94），頁439。心可表現本性，而本性即由心所表現，但心性貫通於義理和氣質，因義理屬內在無形，而氣質屬外在有形，故能包含義。

〔註104〕【明】孫應鰲撰；劉宗碧、龍連榮、王雄夫點校，（貴州：貴州教育出版社，1996年4月），《孫應鰲文集・四書近語》，卷五，頁283。

而遺「氣質」，其實他已經把「天地之性」收攝在於人身的「氣質之性」之中了；簡單來說如果只談指重形上的「義理之性」，只是會向佛老一樣，在本體之中又求個本體，易墮落於虛無之中，這裡於陳確觀點有相類似：

> 宋儒分本體、氣質以言性，何得不支離決裂乎？性即是本體，又欲
> 於性中覓本體，那得不禪！〔註105〕

陳確不言本體但不是眞正的不說，只是他藉由形下的氣化流行生生義去面對所謂「氣質之性」，他認爲如果只言形上本體，容易落入到空談本性，這與他所主張的實踐工夫相互矛盾。再者，孫應鰲又指出單重視氣質，容易落入告子的「生之謂性」則會產生兩種性。孫應鰲也明白指出：

> 性之本然，善而已矣。然性非懸空在天的，必具於人氣質之中。而
> 氣質之稟，則不能無清濁純駁之殊。雖有清濁純駁之殊，然本然之
> 善未嘗離也，故曰「相近」。〔註106〕

因爲天具有形上的超越義，透過天的無限生生創造，並且透過陰陽二氣五行不同比例凝結其萬物，而天爲一切的本源純善，所以下貫到人身上的性，必然是善的，而這談論也與陳確的觀點即爲相似。

> 一性也，推本言之曰天命〔註107〕。

陳確認爲藉由一氣流行使天的純善無惡下達到形下氣質層中，使形下氣質受道形上之氣所滋潤，而不是只有單純乾涸的形下之氣。然而孫應鰲又主張性不是在所謂的形上本質去談，而必須把形上的道德規範透過氣化流行降於人身上，使形上的義理藏匿在氣質之中，但在氣化凝結過程之時所賦予給每人的氣質比例不一，雖然有氣質之殊問題存在，但在這之間卻不曾相互分離，因在個體之中確有其相同主體性，所以我們可以說在「氣質之性」之中的「義理之性」仍是未嘗離開，來言「性相近」。

二、湛若水「氣之中正」

另有非王學湛若水（1446～1560 B.C，字元明，初名露，避祖諱，改名雨，

〔註105〕【清】陳確《陳確集》，（北京：中華書局，1979 年）下〈與劉伯繩書〉，頁620。

〔註106〕【明】孫應鰲撰；劉宗碧、龍連榮、王雄夫點校，（貴州：貴州教育出版社，1996 年 4 月），《孫應鰲文集・四書近語》，卷五，頁283。

〔註107〕【清】陳確《陳確集》，（北京：中華書局，1979 年）下〈氣情才辨〉，頁451。

後定爲若水。）以「心氣是一」的思想架構之下並且主張天地之間只有「氣質之性」，其云：

> 天地之性也，非氣質之外也，其中正焉者，即天地之中賦於人者也。
> 故曰天地之性，是故天下之言性也，皆即氣質言之者也，無氣質則
> 性不可得而見矣，故生之後有氣質之名。周子曰，剛善剛惡，柔亦
> 如之，中焉止矣。氣質之中正，即性而已矣。〔註108〕

湛若水主張「氣質之性」必須是有氣之中正的前提之下來說，而這中正涵義可以分爲兩方面來說，其一爲「道德條規」也就是規範著我們所做的事情做應當做的事，其二爲「本體」也就是形上層面的氣之條理，加注在「氣質」之上，而必須符合氣之中正之理，在此我們看來湛若水較屬於後者。如此看來，湛若水所言「氣質之性」則有兩種狀態，其一：當氣化流行之時氣質有過與不及狀態產生，此時非爲「天地之性」但可言「氣質之性」因性只有一性無所謂的兩個本體；其二：當氣質中有中正之理則爲「天地之性」。但總括來說其實只是一性兩名，不同稱謂罷了。

　　陳確的思想結構裡頭，不認爲「氣質之性」還須要另一個「氣之中正」來作爲支撐，因爲他認爲後天的學習才是真正人性所要去面對的，如果仍須靠氣之中正，人就有可能因爲憑恃著此關係對於後天的修養會有怠惰之感，相較之下，陳確則運用了氣化流行直接把形上道德下降此氣質中，而「氣質之性」又是人最直接的顯露，因此他則是直接認爲性爲純善無惡，如有惡那則是後天習所影響。但兩人所言之性仍是只有「氣質之性」，而「義理之性」以蘊含收攝在形下之中，只是兩人的切入觀點不同實質上是殊途同歸。

　　湛若水云：

> 器譬則氣也，道譬則性也，氣得其中正焉，理也、性也，是故性器
> 一體。〔註109〕

認爲理氣與道器不可分是爲一體，也就是說沒有了氣也就沒有了所謂的道，所以性必須有氣來做爲一個支撐但氣又必須是中正，而這氣之中正就是理也就是天道必須包含在其中來達到是一，從這裡彷彿可以看出來有「理氣合一」的觀點，不外乎是從朱子的「理氣二分」做爲一個修正而來，因朱子所謂之

〔註108〕【清】張廷玉《明史‧儒林傳》，臺北：鼎文書局，1991年，《甘泉文集》卷二，頁9。

〔註109〕【清】張廷玉《明史‧儒林傳》，臺北：鼎文書局，1991年，《甘泉文集》卷一，頁1。

性理仍是保有形上意味，卻與形下做一個割裂，導致與形下的形體二分。所以形下說性，也就只有一個性即爲「氣質之性」，而這之中必須氣其中正，不然不能說是性。再者，湛若水認爲心由氣生，性是氣的運行中正處的展現，由氣來溝通性與心，因爲加上了氣的生生而使心具有活動義，且「心」爲宇宙本體其無所不在。

對此，陳確也明白了解單純只有「氣」是不夠撐起整個人性觀，於是也引進了「心」的認知義與活動義，而「理」在陳確的思想架構基礎下，實則已跳脫出窠臼的傳統之理，昇華成爲務實之理落在人倫之中，對於陳確來說氣對於心與理則具有承上啓下的作用，那麼「心」因「氣」而有向內與向外收散能力，而形上之理也會降落下到心，對此，以性來分析的話也就是只有氣質之性，並且此形上道德規範也收縮在氣質之中。湛甘泉也是藉由氣來溝通心與性，只是不同地方在於氣質之性必須在有氣之中正處談方可爲性，其主要原因在於不讓在氣化過程之中有所偏頗，而陳確主張心就以蘊含形上規範，而氣質也因心也收攝著道德規範，如此一來「心氣是一」的兩人最大相異之處也在於「理」，而不在於「心」、「氣」上的不同。

第六節　氣性本體之擴充

前一小結敘述得知陳確主張性爲善已經是事實，然而此性是否爲眞正純性亦或者此性尚未性全必須「擴而充之」才是眞正的性全，很顯然這問題陳確也注意到了，在陳確的思想觀念裡頭認爲天命一氣流形不已，氣貫於形上與形下之中使形上形下交融互滲，順著此思想理路得知陳確所言之性是有善無惡，並且又認爲「性善」爲人天生具有存在於心中而本有之不是後天能所增減的，其云：「豈於天命之性有加毫末耶」〔註110〕。再者，陳確雖然承襲孟子「擴充盡才」、「盡心以知性」的思想，然而陳確所謂的「擴充」、「盡心」並不是對孟子的思想全盤接收，而是運用各種比喻來說明人性、物性是必須透過後天的「教養」與「滋培」才能使性更加的圓滿。簡單來說，陳確不從存有形上本體來談天命、天道，而是從存在面去說明人性如何在後天的人倫日用之中保持著最初的本質。

〔註110〕【清】陳確《陳確集》，（北京：中華書局，1979年），下〈答朱康流書〉，頁473。

　　陳確藉用《易傳》來闡述所謂「繼善成性」認為人必須在現實環境之中不斷的學習，然而學習也必須遵守應有的規範，如：所謂「繼」即是《中庸》「須臾不離」、「戒慎恐懼」、孟子「居仁由義」、「有事忽忘」，此為繼之者功；然而所謂「成性」是成此繼之功，若不能成之，則是「所幸幾乎滅矣」〔註111〕，其云：「孟子，則「居仁由義」、「有事勿忘」者，繼之之功；「反身而誠」、「萬物咸備」者，成之之候。」〔註112〕但是否必須依賴「擴充盡才」使性完美的展現，又藉用「繼善成性」來使人性不斷的努力實踐將性善的本然狀態表現出來，以下就「擴充盡才」、「繼善成性」去探討陳確如何利用這兩者觀念來使人性更佳的完備。

一、「擴充盡才」

　　陳確云：

> 「盡其心者知其性也」之一言，是孟子道性善本旨。蓋人性無不善，
> 於擴充盡才後見之。如五穀之性，不藝植，不耘耔，何以知其種之
> 美耶？〔註113〕

陳確開宗明義說，人性無所謂的不善，必須經由氣性的擴充之後才能見到所謂的性全，但在此論題之下陳確可能要避免人有後天的閃躲、怠惰、推諉之心〔註114〕，云：「孟子更斬截言之，使自暴自棄一輩更無處閃躲，然後相近之說益為無弊。」〔註115〕就如孟子所說：「使自暴自棄一輩更無處躲閃」孟子認為人性雖為善，但性仍有可能處於未發狀態，如此一來就必須透過工夫修養發用出來，使四端之心無限的展露發用，另又把「性」的飽滿道德倫理藉由氣化流行加注人身上，陳確言：「五穀者，種之美者也，苟為不熟，不如荑稗。夫仁，亦在乎熟之而已矣」〔註116〕。所以陳確雖承襲孟子思想但又自己開創

〔註111〕　參見古清美《明代理學論文集》，臺北：大安出版社，1990年5月，頁316。
〔註112〕　【清】陳確《陳確集》，（北京：中華書局，1979年），下〈性解上〉，頁447
　　　　　～448。
〔註113〕　【清】陳確《陳確集》，（北京：中華書局，1979年），下〈性解上〉，頁447。
〔註114〕　參見鄧立光《陳乾初研究》，臺北：文津出版社出版社，民81年，頁83。鄧
　　　　　立光則是認為，陳確以性善為前提，但必須通過擴充盡才而後性體乃圓滿。
　　　　　擴充盡才說強調修身，並以之決定性體之圓滿與否。
〔註115〕　【清】陳確《陳確集》，（北京：中華書局，1979年），下〈性解上〉，頁447。
〔註116〕　《孟子注疏》（漢）趙岐注、（宋）孫奭疏（臺北：藝文印書館《十三經注疏》
　　　　　影印嘉慶二十年江西南昌府學開雕本，2001年）《孟子・告子上》，頁205。

不同理路，例如陳確非常注重後天的實踐工夫即為農夫的躬耕培養〔註117〕；如孟子上述所言則是重於種子的成長。對此陳確又舉例來說明五穀必須經過耕種才能知道其種之美，倘若「不藝植」、「不耘籽」就不會有收成也不會知道穀物的甜美。再者，陳確也特別喜愛用植物、穀類來做比喻性是否圓滿臻善。陳確則藉由穀物栽種來說明人性：

> 是故薅蓑勤而後嘉穀之性全，怠勤異穫，而曰麷麥之有美惡，必不
> 然矣。涵養熟而後君子之性全，敬肆殊功，而曰生民之性之有善惡，
> 必不然矣。〔註118〕

陳確認為穀物必須在於人的努力栽培之後穀物才能性全，此時不因為人有怠惰不耕作來說麷麥之性之有美惡之分，例如人性本來就是善並不因為氣清、氣濁來對性有所判斷，再次強調性不因怠惰而有善惡之分而是對於人後天的肯不肯實踐。然而陳確並不會單純只空談形上的本體之性而是藉由一氣流行把形上本體之性落實到形下氣質存在面，實則利用工夫實踐把性鍥入在本體之中，但此時如果沒有藉由氣的活動義、生生義來發用擴充，此性有可能無法正常展現出來甚至被遮蔽亦或者只是「脫空杜撰」形上本體，而落入宋明程朱或佛老思想之中。

陳確言：

> 各正、葆合，雖曰天道，孰非人道？今夫一草一木，誰不曰此天之
> 所生，然滋培長養以全其性者，人之功也。庶民皆天所生，然教養
> 成就以全其性者，聖人之功也。非滋培長養能有加于草木之性，而
> 非滋培長養，則草木之性不全。非教養成就能有加于生民之性，而
> 非教養成就，則生民之性不全。〔註119〕

在這真實無限的世界之中，萬事萬物皆由陰陽二氣五行不同的比例所凝結而成，只是氣化過程之中有顯隱、多寡、厚薄之分，然而所謂「各正」也就是萬事萬物在凝結過程之中會有比例不同但其中必具主體性，此主體性為形上所賦予的道德價值。然而在這一氣化流行不已之中，天道賦予在人

〔註117〕 參見蒙培元《中國心性論》，臺北：學生書局，民79年，頁450。蒙培元指
　　　　 出雖然陳確受到孟子的四端之心學說影響，但就其理論來說仍是不足的，他
　　　　 更是重視人的感存在和生理心理的基本需要，而不是像理學家所強調的自我
　　　　 超越。
〔註118〕 【清】陳確《陳確集》，（北京：中華書局，1979年），下〈性解下〉，頁448。
〔註119〕 【清】陳確《陳確集》，（北京：中華書局，1979年），下〈性解下〉，頁450。

身上價值義藉由人來表現出天道既有特質，換句話說天道即為藉由人道來無限展露，而人道就是天道的另一種展現，只是藉由形下存在面來實踐展現而已；同時陳確主張一草一木也是由氣的無限生生義透過氣化流行所凝結而成，而其中的一致性也就是天道在於運行之中所凝結之時賦予在萬事萬物之中。

陳確指出必須經由人的「教養」與穀物的「滋培」才能使性趨於性全〔註120〕，但不並代表人性就是惡，只是此性需要透過擴充而達到圓滿，所以此時陳確所言之性就衍生出一個「不全」問題，然而這「不全」並沒有直接影響到原本性是善的本質，只是陳確要我們必須時時警惕人倫日常實踐之重要，如此一來可以藉以引導出陳確所謂的性是「不全」的仍然須仰賴擴充盡才來使性更加的豐富圓滿，並不是說有了人為「教養」、「滋培」性就能有所增減。對此，陳確只是藉由氣的生生義、創造義引發了人為後天的「擴充盡才」使性趨於臻善。

陳確藉由孟子學說來加以開展與繼承：

> 惻隱之心人皆有之，能盡惻隱之心，然後知吾性之無不仁。羞惡之心人皆有之，能盡羞惡之心，然後知吾性之無不義。辭讓是非之心，莫不皆然。故所謂盡心，故擴而充之是也。苟能充之，雖曰未學知性，吾必謂之知性；苟不充之，雖自謂知性，吾豈謂之知性者哉。
> 〔註121〕

然而我們知道陳確深受孟子的思想影響，但是又與孟子所謂的「盡心」、「擴充」有所不同〔註122〕，其云：「凡有四端於我者，知皆擴而充之矣，若火之始

〔註120〕 參見陶清《民遺九大家哲學》，臺北：紅葉文化，民86，頁549。陶清依然認為必須透過人們後天的努力結果和學習以實現和成就本然之性。這雖然表現為向本然之性的復歸，但是，離開後天的扶植培養與教養成就，則草木不能自成其所苦能成為的最好樣態，仁也不能實現漢城就自然天賦的本然之性，道理是一樣的。筆者認為陶清仍是認為人無法捨棄後天的學習與教養，如果取消此動性，可能造成人無法真正的向善，最終人也就不是臻善的人，因人無法表現出天的原始樣貌，即為道德倫理的展現。

〔註121〕 【清】陳確《陳確集》，（北京：中華書局，1979年），下〈知性〉，頁443。

〔註122〕 參見侯外廬、邱漢生、張豈之《宋明理學史》，北京：人民出版社，1987.6月，頁869。孟子講「盡心」，著眼於在發覺本心之善，固有「求其放心」、「存其夜氣」、「養浩然之氣」、「擴充四端」，但總結起來，關鍵在於一個「思」字。然而陳確利用「學學為善」來解釋「求其放心」等觀念，所以陳確比較側重於向外的「行」。

然，泉之始達。苟能充之，足以保四海；苟不充之，不足以事父母。」〔註123〕
孟子所謂的「盡心」其實是指人的當下直接肯認人的道德自覺能力，杜保瑞
說：

> 孟子的盡心功夫是以道德意識爲其本體眞實，當下直接肯認人的道
> 德自覺能力，即其四端心之說者是，他要求每個人都應在心志作業
> 上自我擴而充達之者，最終使其自身得至一「大人境界」。〔註124〕

杜保瑞則是認爲孟子所謂的「盡心」仍是屬於本體論進路的工夫哲學，雖孟
子肯定人的「四端之心」並且要求「擴而充之」，然而當人性有所受到阻礙有
可能無法展現工夫，即是人在氣化流行之時受到時空或者環境的阻礙，而不
能明顯通暢表露出來，如此一來人在當下無法發動出應有的善。

　　陳確所謂的「盡心」實則是從內到外的實踐活動，所謂的內即是「知」；
外則是「行」，簡單來說就是「知行合一」的工夫〔註125〕，此時心不只有
內在的認知義，而是具有外在的活動義，並且可以藉由一氣流行使內外上
下是一，明顯看出在陳確思想之中仍主張「心氣」內外是一，其云：「盡心
二字，是合知行，徹始終工夫」〔註126〕，爲了強調後天的個人努力實踐表
現，陳確藉由孟子的四端之心來擴充，然而此時藉由「氣」的無限流行不
已來使人性無限的展露出仁、義、禮、智，而所謂的「盡心」、「擴充」不
外乎就是對於內的仁、義、禮、智的認知，同時藉由心氣本體的「擴充」
使人有惻隱、羞惡、辭讓、是非的表現，又云：「實以吾心密體之日用，極
擴充盡才之功，仁無不仁，義無不義，而後可語性之全體。故曰「成之者
性也」，曰「盡其心者，知其性也」」〔註127〕所以只要在於人倫日常之中無

〔註123〕《孟子注疏》（漢）趙岐注、（宋）孫奭疏（臺北：藝文印書館《十三經注疏》
　　　　影印嘉慶二十年江西南昌府學開雕本，2001年），《孟子·公孫丑上》，頁66。
〔註124〕參見杜保瑞《從孟子盡心之本體功夫說儒佛會通的方法論探究》，華梵大學哲
　　　　學系發行，1997.12，第一次儒佛會通學術研討會論文集，頁50〜53。
〔註125〕【清】陳確《陳確集》，（北京：中華書局，1979年），下〈答朱康流書〉，頁
　　　　472〜473。「孔子之聖，五十始知天命，子貢之賢，終身不聞性天，何若是其
　　　　難哉！彼其所謂聞之而知之者，實以身盡之至之之謂也。世儒不善理會，見
　　　　中庸首言天命之性，便謂學者莫先知性知命知天，終日說鬼說夢，窮玄極渺，
　　　　雖虞廷之精一，幾無以過之。至考其日用戒懼，調節喜怒之功，則又置而不
　　　　講，是猶適京師者，不登程而自謂已至也，可乎？」
〔註126〕【清】陳確《陳確集》，（北京：中華書局，1979年），下〈盡心章〉，頁551。
〔註127〕【清】陳確《陳確集》，（北京：中華書局，1979年），下〈與劉伯繩書〉，頁
　　　　467。

限的擴充，就算是不知性，其實也就是你慢慢在這氣化流行之中已經完成了「性全」這工夫了。

陳確言：

> 資始、流形，言天之生物也；各正、葆合，言天之成物也。物成然後性正，人成然後性全。物之成以氣，人之成以學。人物之性，豈可同哉！今老農收種，必待受霜之後，以爲非經霜則穀性不全。此物理也，可以推人理矣。君子語性，不當智出老農下也。是故資始、流形之時，性非不具也，而必于各正、葆合見生物之性之全。孩提少長之時，性非不良也，而必于仁至義盡見生人之性之全。〔註128〕

此時陳確把性全分成三個步驟，首先，藉由「氣」的無限生生義而後生成萬物，在這氣化凝結之時天道價值義已經蘊涵在流行之中；其二，「物成然後性正，人成然後性全」既然萬物藉由「氣」從無形之氣凝結成有形之氣的性體，但此時性還不是真正所謂的「性全」，只能以性的未發之處來說，性仍處於在一個尚未被擴充的性體，或者必須透過人的實踐層面來達成此目標，即爲陳確所重視的「擴充盡才」之意。性本然固善，但是在沒有落實具體的實踐層面的話，性是無法真正的完成與發用；第三，物雖然是由「氣」所凝結而成，但是陳確不是那麼注重先驗層次而是對於後天的實踐完成義比較重視，他認爲人必須透過教養而成來展現出天道最本然的狀態，也就是以性的圓滿處來說〔註129〕。陳確進而又提出一個差異問題，即爲是人與物之間的差異性，分別在於人具有實踐、遵守道德倫理規範的力量，而物雖稟賦著形上所賦予的道德，但卻是沒有像人一樣有實踐的方式，如此一來可以說人之性比物之性更佳的圓滿性全。

> 今老農收種，必待受霜之後，以爲非經霜則穀性不全。此物理也，可以推人理矣。君子語性，不當智出老農下也。是故資始、流形之時，性非不具也，而必于各正、葆合見生物之性之全。孩提少長之時，性非不良也，而必于仁至義盡見生人之性之全。繼善成性，又何疑乎？〔註130〕

〔註128〕【清】陳確《陳確集》，（北京：中華書局，1979年），下〈性解〉，頁449。

〔註129〕參見王瑞昌《陳確評傳》，南京：南京大學出版，2002.5月，頁281。乾初提出「性」不是生來就是「全」的，其「善」是待有戒懼慎獨、遷善改過等工夫來成就的，這的確能起到挽救學不切實之弊的作用。

〔註130〕【清】陳確《陳確集》，（北京：中華書局，1979年），下〈性解下〉，頁449。

如今有老農認爲穀物是必須經過受霜才能穀性全，但並不是如此，因天道本來就是一個性的未萌處，必須經由後天人爲擴充而成，而這完成意思也就是道德實踐活動的完成，並且把人性看成一個不斷在完成和形成的爲善論，又如在小孩子時，難道他的性是不好或者爲惡嗎？當然不是，因爲只是性還是尚未擴充並不是眞的不良，而是必須把天道賦予在人道的仁義給展現出來，如何展現？此時必須藉由「氣」的活動義、生生義與「心」的認知義也就是「知行合一」，又利用「體用關係」來使「性體」無限的展現與擴充來達到所謂的「性全」。然而，陳確並不是只有從單純的存有面來說，更是直接透過存在面來表先出眞正「性體」，而「繼之者善，成之者性」又是陳確以另一個角度面去分析所謂「擴充盡才」的過程。

二、「繼善成性」

　　陳確雖然主張在人性尙未完全盡善之前必須透過「擴充盡才」使人性回復到最本然狀態，簡單來說也就是在於「天道」賦予在人身上的道德理倫規範藉由「人道」把天道展現出來，此時必須利用氣化生生義使人在活動表現之中能使性展露出本然之性，即爲天道就在人道之中發用，此時性才能眞正的臻善，則云：「成之也者，誠之也；誠之也者，人道也，而天道于斯乎見矣，故曰性也。凡經文言忍性、養性、盡性、成性，皆責重人道，以復天道。蓋人道不脩，而天道亦幾乎息矣。」〔註131〕。然而從「未盡之性」到「性全」的過程之中，陳確則是藉由《易傳》「繼善成性」來作爲一個實踐依據，《易傳》曰：「一陰一陽之謂道，繼之者善也，成之者性也。仁者見之謂之仁，知者見之謂之知，百姓日用而不知，故君子之道鮮矣」〔註132〕。雖然陳確所言「繼善成性」是扣緊《易傳》的理論，但陳確所言「繼善成性」則是在這一氣流行中不斷的實踐與驅動自我去完成的工夫。

　　陳確云：

　　　易「繼善成性」，皆體道之全功，正對下仁知之偏而言，而解者深求
　　　之，幾同夢說也。一陰一陽之道，天道也，易道也，即聖人之道也。

〔註131〕【清】陳確《陳確集》，（北京：中華書局，1979 年），下〈性解下〉，頁 445。
〔註132〕《周易正義》（魏）王弼、（晉）韓康柏注、（唐）孔穎達等正義（臺北：藝文印書館《十三經注疏》影印嘉慶二十年江西南昌府學開雕本，2001 年），《易經・繫辭傳》，頁 148。

道不離陰陽，故知不離仁，仁不能離知，中焉而已。故曰「一陰一陽之謂道」，即中庸中節之和，天下之達道也。繼之，即須臾不離，戒懼慎獨之事；成之，即中和位育之能。在孟子，則「居仁由義」、「有事勿忘」者，繼之之功；「反身而誠」、「萬物咸備」者，成之之候。繼之者，繼此一陰一陽之道也，則剛柔不偏而粹然至善矣。如曰：「惻隱之心，仁之端也。」雖然，未可以為善也。從而繼之，有惻隱，隨有羞惡有辭讓有是非之心焉。且無念非惻隱，無念非羞惡、辭讓、是非之心，而時出靡窮焉，斯善矣。成之者，成此繼之之功，即中庸「成己仁也，成物知也，性之德也」之謂。向非成之，則無以見天賦之全，而所性或幾乎滅矣。故曰：成之謂性。故曰：言體道之全功。〔註133〕

從上面一大段文字之中得知陳確著重於在「一陰一陽之謂道」、「繼之者善」、「成之者性」三者之間關係。其一，所謂「一陰一陽之謂道」從分解立場來說「道」為宇宙的根源，並且在一氣化流行過程之中，陰陽二氣不斷的創造凝結萬物，此時「道」不能沒有陰陽來支持，因氣具有無限的創造義、生生義，如此一來「道」就在「氣」中不斷的作用，也就是陳確所說「道不離陰陽」，然而此時的「道」狀態仍是處於「無」的狀態。其二，「繼之者善」〔註134〕也就是本體〔註135〕不受到時間、空間所影響，並且透過一氣流行不已使形下存在面不斷的擴充完成，但此時並還不能稱為道德之善因「剛柔不偏而粹然至善矣」，而「道」（無）則是落實在存在之中，此階段為「生」，在《中

〔註133〕 【清】陳確《陳確集》，（北京：中華書局，1979年），下〈性解下〉，頁447～448。

〔註134〕 參見王瑞昌《陳確評傳》，南京：南京大學出版，2002.5月，頁277。王瑞昌所謂的「繼之者善」具體意思為擴充此一陰一陽之道才可以見性之善，「之」代表「道」。「成之者性」具體意思則是工夫完成之後所顯現的才是性，「之」代表性。另參見詹海雲《清出學術論文集》，臺北：文津出版社出版社，81.3月，頁218。他認為陳確從《易》「繼善成性」得出兩點啟示，一為人性不是先天具足而是後天發展完成；二為「繼善成性」不只是專言乾道變化，也是使先天善端不斷成長完善的工夫。
另參見參見侯外廬、邱漢生、張豈之《宋明理學史》，北京：人民出版社，1987.6月，頁870～871。認為陳確「繼善」是一陰一陽之道，也即人的自然本性，他雖說可以稱作善，但他還不是最純粹的道德之善。因此要「成之」要成此繼之之功。

〔註135〕 【清】陳確《陳確集》，（北京：中華書局，1979年），下〈與劉伯繩書〉，頁467。「知繼善成性為工夫，則雖謂「繼善成性是本體」亦得。」

庸》爲「須臾不離」、「戒懼愼獨」，在孟子則爲所謂「居仁由義」、「有事勿忘」的工夫，不斷擴充此惻隱、羞惡、辭讓、是非四端之心，然而陳確比孟子更一步說明「繼之」不是停留在此四端之心而是必須要自我發用出來。其三，「成之者性」〔註 136〕即是道德行爲完成，此時從無形之氣凝結成有形之氣爲「有」的狀態，雖然會受限於形氣的框架限制，但在有限的形氣之中，仍是可以發揮其不已地實現道德的作用，來填補完成因形氣凝結而有空缺與不足〔註 137〕，於是可以了解到陳確不喜愛從本體論來說而是從氣化宇宙論觀點進入，並且可以看出此三者關係爲「無→生→有→無→生→有」相互循環不已，也就是存有在存在之中不停的完成與實踐這與王船山以「氣性日生」的角度詮釋方法有些微相似之處〔註 138〕與陳確所重視的人倫日用的實踐相符合。

陳確在〈性解下〉說：

> 資始、流形，言天之生物也；各正、葆合，言天之成物也。物成然後性正，人成然後性全。物之成以氣，人之成以學。人物之性，豈可同哉！且大象何不言「萬物資始，各正性命」，而必係之「乾道變化」之下？又何不曰「元亨者性情也」，而必係之「利貞」之下乎？非元始時無性而收藏時方有性也，謂性至是始足耳。註：「收斂歸藏，乃見性情之實。」今老農收種，必待受霜之後，以爲非經霜則穀性不全。此物理也，可以推人理矣。君子語性，不當智出老農下也。是故資始、流形之時，性非不具也，而必于各正、葆合見生物之性

〔註 136〕 參見牟宗三《心體與性體一》，臺北：正中書局，85 年，頁 514。牟宗三對「成之者性也」一語有三種解釋。其一：成就此道者是性也，「之」字代表道，與「繼之者善」句一律。其二：萬物各具有斯道即是其性。意即：萬物各具思道以爲性。「成」字解爲「具」，「之」字代表「道」。其三：解「成」之者性爲「成性」。「性」是需要繼善氣化來成就的，所成的是「性」，「之」字代表性。「成之者性」意爲：吾人所要去成就它的就是性。依筆者認爲，陳確屬於第三類型，因陳確認爲本是需要透過氣化流行使「性」不斷的完成與實踐，然而此階段爲「繼善」，又必須配合「成性」使性更加的圓滿，也就是透過存有面來使行下存在面不斷的發用。

〔註 137〕 參見王俊彥《陳確的性善論與明清氣學》，臺北：中國文化大學中國文學系，2009 年，頁 16。

〔註 138〕 參見杜保瑞《論王船山易學與氣論並重的形上學進路》，臺北：臺灣大學哲學研究所博士論文，1993 年，頁。天人之際的活動從人之形、性、理的出現義而言，是一個天之降命的作用義，命是一個天的作用，性才是屬於人的存在，是人存有者的存有原理，命言其動作義，性言其內容義，故曰：「故天日命于人，而人日受命于天，故曰性者生也，日生而日成之也。」

之全。孩提少長之時，性非不良也，而必于仁至義盡見生人之性之
全。繼善成性，又何疑乎？〔註139〕

在陳確的思想觀念裡頭主張「資始、流行」即是說「道」在氣化流行之中具
有生生、創造的作用，使在運行之中不失其偏；「各正、葆合」爲說明「道」
能在此氣化凝聚生成過程之中能保持著萬事萬物蘊含著有形上的價值義存
在。對此，陳確利用《易經》〈乾〉卦說：

大哉乾元，萬物資始，乃統天。雲行雨施，品物流形。大明始終，
六位時成，時乘六龍以禦天。乾道變化，各正性命，保合大和，乃
利貞。首出庶物，萬國咸寧。〔註140〕

認爲「大哉乾元，萬物資始」爲道德創造的開始，此時在氣化過程之中萬物
會不自覺的發動，而有生生不息的意念所存在著，可以稱爲「元」，至於「雲
行雨施，品物流形」說明爲「亨」，古人認爲生命起源是氣，亦即氣息、呼吸，
並且天的氣息是賦予生命的流動泉源〔註141〕，仍是處於在道德創造的過程之
中，然而「元」、「亨」屬於本體論，但我們得知陳確不是那麼重視形上本體
論，因此他認爲形上本體已經爲道德倫理規範的依據，如此一來就必須從形
而下去談。既而說明「利」、「貞」必須透過氣化宇宙論來談，因在萬物凝結
過程之中必須要有一個動力所存在，然而此動力我們可以視爲「氣」也就是
形上之氣，藉由形氣的活動義使「利」能完成道德創造並且利用「貞」來灌
注在萬事萬物之中的道德更加貞定不已這與詹海雲對陳確所闡述的「元、亨、
利、貞」的思想觀念相符合〔註142〕。簡單來說，陳確所要說明的是在我們氣
化生成過程之中，並不是一開始就全性的，而是在「乾道變化」〔註143〕過程

〔註139〕 【清】陳確《陳確集》，（北京：中華書局，1979 年），下〈性解下〉，頁449。
〔註140〕 《周易正義》（魏）王弼、（晉）韓康柏注、（唐）孔穎達等正義（臺北：藝文
　　　　印書館《十三經注疏》影印嘉慶二十年江西南昌府學開雕本，2001 年）《周
　　　　易上經・乾》，卷一，頁10。
〔註141〕 參見孫振聲《白話易經》，臺北：星光出版社，84 年，頁31。
〔註142〕 參見詹海雲《清初學術論文集》，臺北：文津出版社出版社，81 年，頁216。
〔註143〕 參見牟宗三《心體與性體一》，臺北：正中書局，85 年，頁33。從利貞處說
　　　　性情即是從個體之成處說「各正性命」也。從利貞處見個體之成，即見性情
　　　　之實。乾道之元亨利貞及表示乾道之變化。實則乾道自身並無所謂變化，乃
　　　　假氣（即帶著氣化）已顯耳。依筆者看來，牟宗三仍是認爲如果從本體論的
　　　　角度去分析立論是不夠的，並須引進「氣化宇宙論」才能解釋的通。乾道爲
　　　　何無所變化，其實氣化本身就帶有生生義、價值義，然而人在生成過程之中
　　　　已經是蘊含形上道德，但只是在慢慢學習中罷了。

之中慢慢昇華而成的，從形上本體論翻轉到形下的氣化宇宙論，但實則爲一體不可分，進而提出「繼善成性」此觀點。

> 天地民物，皆吾性分內事。《中庸》言「中和位育」，又言「至誠盡性」，而極之盡人物，贊天地，皆指性之全體言。謂必如是，方可以語性。故曰「成之者性也」，即「成己仁也，成物知也，性之德也」之說也。〔註144〕

如此一來，他更是舉了「老農」、「孩提」、「聖人」在尚未利用工夫修養使性全的階段之前，三者之間的「性」是相等的爲先天本有，其云：「雖聖乎，于人之性曾無毫末之加焉」〔註145〕倘若是後天則是必須依靠工夫修養來完成，因所處的時空環境有所不同，因此則衍伸出一個問題即是「物之成以氣，人之成以學」，因萬物在凝聚過程之中其二五貞定之氣已附加在物性之中，此時性已經無法有所增減並不需要利用工夫修養。然而「人之成以學」，雖然上天所賦予的道德之性（天地之性）以加諸在人身上，但在當下的時空環境之下，必然會造成各種的不同的影響，此時就必須透過工夫修養使性回復到本然之處。

陳確說：

> 或曰：繼善成性之旨，則聞命矣。若夫善惡之不齊，判然嬰孺：叔虎之生，知其必滅羊舌。性有不善，昭于前冊，又可沒耶？曰：鄙哉若言！告子固云「以堯爲君而有象」，凡此形據，孟子豈不知之！正如其父攘羊，證之何爲？未足責直，適彰悖亂耳，何必倣象？丹朱、商均，係堯舜親子，豈曰不教，卒無能改于其德，似皆性成，而實非然也。朱、均自甘不肖，若肯改行率德，直旦夕間事，誰能禦之？叔虎覆宗，偶符向母之言。假使叔虎聞言，早自被濯，必不至此。〔註146〕

然而陳確又舉「丹朱、商均、象、叔虎」這類的人來說明，性全必須透過自我不斷的實踐與學習，因他們本身自我的實踐意志不夠明顯即爲「自甘不肖」

〔註144〕【清】陳確《陳確集》，（北京：中華書局，1979年），下〈性解下〉，頁449。
〔註145〕【清】陳確《陳確集》，（北京：中華書局，1979年），上〈聖人可學而至論〉，頁151。
〔註146〕【清】陳確《陳確集》，（北京：中華書局，1979年），下〈性解〉，頁450～451。

並不是先天本性帶有爲惡性，因在氣化運行之中形上道德價值不斷貞定於在人身上，所以陳確肯定人先天爲善不爲惡，只是決定權在於自我的意志選擇，其云：「今人只是不肯爲善，未有爲善而不能者。惟其爲善而無不能，此以知其性之無不善也。」〔註147〕又借用陽明之說：「是不肯移，非不可移」〔註148〕再次強調後天學習的重要性，不再是憑靠著先天固有的善性是不足以支撐人性，而是透過工夫修養鍥入到本體之中爲「蓋工夫及本體也，無工夫亦無本體。」〔註149〕，所以陳確主張利用「繼善成性」來引導人回復到人性的最根本處。但此時則有一問題，就是如何讓自己認知當時所處的時空環境之中，既而引進「心」的認知義這才是使人性更完滿的重要關鍵因素地方，如此一來使內外相互作用，不管從內心從外到內亦或者從外在收攝在於心，在在都顯示著陳確仍保有「心學」的色彩。

三、與羅欽順「氣之條理」相比較

雖然羅欽順以「理一分殊」、「理在氣中」的詮釋角度之下，認爲「理」只是「氣」在運行之中所展現的的一種必然的價值秩序規範，因此把「氣」的地位從形下拉拔到與形上之理相等同。然而，此「理」是否在一氣流行之中必須擴充亦或者「氣」只具有創造、生生義，就以上就這幾點來探討羅欽順與陳確所言擴充是否有相異同。〈困知記〉云：

> 夫人物則有生有死，天地則萬古如一。氣聚而生，形而爲有，有此物即有此理。氣散而死，終歸於無，無此物即無此理，安得所謂「死而不亡者」耶。若夫天地之遠，萬古如一，又何生死存亡之有？
>
> 〔註150〕

羅欽順主張人與物都會面臨到「生」與「死」的階段，此爲天地一氣流行不已的必然結果，從「無」到「有」在到「無」不斷重複運行，然而在此氣化過程之中「無形之理」不斷的被無限創造與展現。然而，當「無形之理」從無形之氣凝結到有形之氣的個體之後，並且依附在此個體之上的「氣

〔註147〕 【清】陳確《陳確集》，（北京：中華書局，1979年），下〈原教〉，頁456。

〔註148〕 【清】陳確《陳確集》，（北京：中華書局，1979年），下〈氣情才辨〉，頁453。

〔註149〕 【清】陳確《陳確集》，（北京：中華書局，1979年），下〈與劉伯繩書〉，頁467。

〔註150〕 【明】黃宗羲著，沈芝盈點校《明儒學案》，華世出版社，第47卷，諸儒學案中一，〈困知記〉，頁1116。

之理」，使「理」成爲氣化活動方向的準則，其云：「理者氣之理也」〔註151〕、「乾道變化，各正性命，人猶物也，我猶人也，其理容有二哉」〔註152〕雖然萬物皆由陰陽所生，但此「形上之理」卻不具有創造的可能，因「理」只帶有內在形上的價值規範即爲事物的本然之性，如此一來羅欽順認爲必須透過「氣」的活動生生義使「理」具有活動的依據，讓理在氣中不斷的被展露與發用即爲「理在氣中」〔註153〕，羅欽順又言：「就形而下者之中，物形而上者之妙」〔註154〕。然而，羅欽順認爲氣散之時，所謂的事物之理則會因氣消散到當下時空環境之中使個體不具蘊含此理，此時就產生一個問題，即爲「理」不可能會憑空消失。筆者對此認爲，「理」不可能會消失只是在氣消散之時，「理」只是暫時回歸到無形之氣中，只是沒有個體能依附，但並不代表「理」在此時空位階中眞正的消失掉，而是等到氣聚之時「理」又依附在個體之中，此爲「理」的另一種表現樣態這與王俊彥的看法有相類似〔註155〕。

　　其實，陳確不像羅欽順那麼重視形上本體，他認爲如果人性有了「形上之理」做依靠，容易使人產生推諉或落入佛老虛無導致人性的不圓滿，其云：「今人只是不肯爲善，未有爲善而不能者。」〔註156〕陳確從後天的存在層面

〔註151〕【明】黃宗羲著，沈芝盈點校《明儒學案》，華世出版社，第 47 卷，諸儒學案中一，〈困知記〉，頁 1122。

〔註152〕【明】黃宗羲著，沈芝盈點校《明儒學案》，華世出版社，第 47 卷，諸儒學案中一，〈困知記〉，頁 1111。

〔註153〕參見鄧克銘《羅欽順「理氣爲一物」說之理論效果，漢學研究第 19 卷第 2 期（民國 90 年 12 月），頁 38。羅氏肯定理之形上性質與地位，同時也規定了理之存在不離形下之氣。形而上之理與形而下之氣無先後關係，兩者同時俱存。又如上引羅氏謂「理須就氣上認取，然認氣爲理便不是」，指出氣本身不即是理。

〔註154〕【明】羅欽順《困知記》（北京：中華書局點校本，1990 年），頁 156。

〔註155〕參見王俊彥《王廷相與明代氣學》，臺北：秀威出版社，2005 年，頁 304。氣有聚散，理無聚散，則主在強調理氣之不同，有聚散者乃屬有限形下之氣，無聚散者屬絕對形上之理，此即羅欽順一氣流行、理在氣中。另蒙培元《理學的演變——從朱西到王夫之戴震》，臺北：文津出版社出版社，79 年，頁 405。筆者則認爲蒙培元對此論題有不同的看法，他認爲具體事物都有產生和消滅，因而事物之理也有存亡，這就進一步論證了「理不離事」的觀點。依筆者認爲，雖然蒙氏講求「理不離事」，但是萬事萬物之理卻不會消散，只會暫時回到「無」之中，等待下一次凝結成有形之氣，並不是消失在眞實的時空之中。

〔註156〕【清】陳確《陳確集》，（北京：中華書局，1979 年），下〈原教〉，頁 456。

去談，陳確認爲雖有先天的憑恃是不足的，仍必須透過後天的修養才能真正達成所謂人性真善的一面。

對此，我們可從上述的思想中去分析出兩點。其一，「理」與「氣」關係爲不離不雜，雖然「理」爲本來事物的本然之則，但又必須透過「氣」的支撐使「理」能把形上價值義灌注到人身上，並且「理」此時有可能處於未發狀態，原因在於有可能受到氣化速度、方向不同造成凝滯的可能，因此則需藉由「氣」生生作用來化掉此框架限制而從中跳脫出來，使人在人倫日常之中能準確的把「理」給顯露出來，對此我們才說羅欽順有必要把「理」的道德義、價值義給擴而充之展現出來；其二，雖然「氣」具有活動的本質，但是如果沒有氣化運行中的氣之條理加以規範，那麼有可能會產生氣化有所偏頗，如此一來性就有可能爲惡。雖然羅欽順言有不善即爲「分殊」，其云：「性善，理之一也，而其言未及乎分殊；「有性善，有性不善」，分之殊也，而其言未及乎理一。」〔註157〕實則是羅欽順主張把「理」藉由「氣」的活動來擴充「理」的道德內涵使人性更能圓滿展現，而「氣」必須依靠「理」的價值次序使氣化運行過程中能有不偏頗。

陳確與羅欽順思想有些微不相同，陳確認爲「性」是處於未發的狀態，其云：「物成然後性正，人成然後性全。」〔註158〕必須經過後天人爲的擴充而成才能使性全比羅欽順更直接說明後天的人爲的重要性，不再受限於先天的拘限。相較於羅欽順而言是「理」，其云：「蓋人物之生，受氣之初，其理惟一。成形之後，其分則殊。其分之殊莫非自然之理；其理之一常在分殊之中，」〔註159〕他認爲雖「理」不受到人爲意志所影響，但「理」卻爲氣化流行的準則，而導致「理」就有可能被氣化所偏給遮蔽了，並且羅欽順的思想之中理又離開氣，那麼此問題則必須藉由「形氣之理」分殊灌注在氣化過程之中，使價值義、道德義在這中不斷的創造發用，使分殊過程之中帶有形上的道德價值即爲「理一」。但兩人仍有相同之處即爲「氣」，都是擴充的基本要素之一，因「氣」帶有創造、生生的可能，可以讓無形之氣凝結到有形之氣，更能使人在自覺或不自覺的環境之中產生活動的可能，而所謂的「化」則是生成前、生成後之分，或者是消解形氣的限制。從以上看來，陳確與羅欽順在「理」、「氣」方面則有不同詮釋的方法。

〔註157〕【明】羅欽順《困知記》（北京：中華書局點校本，1990年），頁7。
〔註158〕【清】陳確《陳確集》，（北京：中華書局，1979年），下〈性解〉，頁449。
〔註159〕【明】羅欽順《困知記》（北京：中華書局點校本，1990年），頁7。

四、與王廷相「元氣本體」相比較

在王廷相「以氣爲本」的思想架構之下主張人性有善有惡，其云：「天之氣有善有惡，觀四時風雨、霾霧、霜電之會，與夫寒暑、毒癘、瘴疫之偏，可睹矣。」〔註160〕又提出人稟氣不同而有所謂氣清、氣濁之分。再者，王廷相又認爲倘若沒有經過後天的「脩道之教」，更加不能說性是「性全」，於是乎王廷相則以「性氣相資」、「性成於教」兩方面來分析說明如何使人性更加圓滿。《王廷相集》內容指出：

> 未形之前，不可得而言矣，謂之至善，何所據而論？既形之後，方
>
> 有所謂性矣，謂惡非性具，何所從而來？〔註161〕

王廷相主張在元氣尚未透過氣化凝結成有形質之前，認爲所謂的「性」是不存在的，於是乎王廷相先否定了先驗層面的性善論點，從這裡可以看出王廷相對於程、朱的嚴屬批判，他認爲沒有所謂的「本然之性」存在於元氣尚未凝結於萬物之前，如此一來不得不轉向從形下的氣化層面來言性，此時就延伸出兩個問題，性可以爲「善」、可以爲「惡」，因他認爲萬物皆由元氣所凝結而有性，其云：「性生於氣，萬物皆然。」〔註162〕然而經由天地之氣所化生的萬物此時就有善惡之分，於是王廷相又把矛頭指向了王陽明所謂「心本體」〔註163〕，他認爲心也是受元氣所影響以至於心不可能無惡的。

陳確雖認爲「性」人天生本有之，但陳確不從形上道德本體來說性，這與王廷相說法相似，都不認爲從形上之天來對性有所規範，只是王廷相則會產生性有善惡，但兩人的思想架構主要是怕再度落入到宋明的佛老本體禪障之中，也就說：「性即是本體，又欲於性中覓本體，那得不禪！」〔註164〕於是

〔註160〕【明】王廷相《王廷相集》，北京：中華書局，1989 年 9 月，頁 840。

〔註161〕【明】王廷相《王廷相集》，北京：中華書局，1989 年 9 月，頁 765。

〔註162〕【明】王廷相《王廷相集》，北京：中華書局，1989 年 9 月，頁 837。

〔註163〕參見蒙元培《理學的演變——從朱熹到王夫之戴震》，臺北：文津出版社出版社，79 年，頁 448。嚴重批判王守仁的「心之本體即是善」一類的話，因爲他不承認有所謂的良知本體，心也是形氣之屬，既屬形氣，亦不能無惡。依筆者認爲，王廷相以「氣爲本體」導至於所言之「心」屬於第二義，此時「心」受到元氣所主宰，並不具有主導的活動可能，再者萬物皆由元氣所凝結而成，「心」也就不具有認知義，如此一來所言之「心」就有可能是惡或者善的可能。

〔註164〕【清】陳確《陳確集》，（北京：中華書局，1979 年），下〈與劉伯繩書〉，頁620。

與王廷相同樣轉爲形下的氣質層來說性，但又言人性是不全的必須透過擴充而使性更爲臻善。然而，王廷相所言之「性」並不是純善而是有惡的可能。

> 性之善者，莫有過於聖人，而其性亦惟具於氣質之中，但其氣之所
> 稟清明淳粹，與眾人異，故其性之所成，純善而無惡耳，又何有超
> 出也哉？聖人之性既不離乎氣質，眾人可知矣。氣有清濁粹駁，則
> 性安得無善惡之雜？故曰：「惟上智與下愚不移」。〔註165〕

從上述所得知王廷相仍是重視性必須在形氣凝結成形質之後才能說是性又可以再此段話得知「人具形氣而後性出焉。今曰性與氣合，是性別是一物，不從氣出，人有生之後，各相來附合耳。此理然乎？人有生氣則性存，無生氣則性滅矣。」〔註166〕然而聖人之所以可以爲善的原因，在於元氣一氣流行之中不受到任何的形氣所遮蔽阻礙，使性可以完全的展露不受到拘束，此時我們可以分兩個面向來談人與聖人的不同之處。其一，「氣爲清暢」即爲在一氣流行之中不受到任何的阻礙，使人性可以爲善；其二，「氣爲不清暢」在氣化的過程之中，可能受到當時的時空環境所影響，進而產生過與不及處而導致氣質受到阻礙不清暢，此時人性就帶有爲惡的可能，其云：「是性之善與不善，人皆具之矣。」〔註167〕然而筆者認爲必須藉由「氣本體」的擴充來導回人性爲善的一面，因萬物皆由陰陽二氣所生，然而形氣所凝結的萬物雖各具其主體性，但陰陽此時可能受到當下時空所影響而有各種不同的氣化方向、速度、厚薄、輕重的可能影響，再加上人性易受到外界人爲環境所干擾，導致元氣之中所蘊含的形上道德內涵無法直接展現在人倫日用之中，再者氣清、氣濁並非由天所來決定，此時就必須牽涉到氣化層面的影響，因道德規範無法在人性上直接表現，以至於要借用氣化生生不息的動力來協助〔註168〕，使我們人性不在受到限制讓道德義、價值義在一氣流行之中不斷的創造完成，如此一來王廷相雖然不言「擴充盡才」之意，但其實在思想裡面之中不經覺得把「氣」給擴充體現出來。

〔註165〕【明】王廷相《王廷相集》，北京：中華書局，1989年9月，頁518。
〔註166〕【明】王廷相《王廷相集》，北京：中華書局，1989年9月，頁851。
〔註167〕【明】王廷相《王廷相集》，北京：中華書局，1989年9月，頁850。
〔註168〕參見王俊彥《王廷相與明代氣學》，臺北：秀威科技出版社，民94，頁99。
形氣陰陽偏勝皆不同，故形氣之萬事萬物互動之間，其現實環境亦受到外界影響，而使性承自於元氣之道德內涵不易顯現，故須透過生生不息之動的作用。

　　陳確認爲氣清、氣濁不是使人性有爲惡的可能，雖然在氣化過程之中會有所偏頗，而導致性無法完美的顯露，而陳確只是指出人後天的不努力實踐罷了，所以陳確對於王廷相所言的氣清、氣濁則有所不同。另外，又回到陳確所言之「氣」不難發現所代表的作用與王廷相所言的「氣」是相類似的，因陳確藉由「氣」的流行不已且具有生生義、活動義，來擴充人性內在的「仁、義、禮、智」，但陳確又認爲這是不夠的，必須再加上「心」體的擴充使「惻隱、羞惡、辭讓、是非」此四端之心能發動展現出來，如此一來使內外達成交融互滲狀態並且讓人性也不斷的這氣化過程之中創造完成，於是人在這氣化創造之後性也就得以擴充而圓滿。相較之下，王廷相所謂的「心」不具有認知的意味，因爲「元氣」才是所謂的本體，當元氣本體尚未凝結成有形之前，則不會有性的存在，這也代表著王廷相強烈的以「氣」作爲一個擴充基礎本質，而與陳確利用了「心氣是一」來擴充人性實爲不同；於是王廷相則是單純以「氣本論」來擴充人性。

　　王廷相又言：

　　　　夫人之生也，使無聖人修道之教、君子變質之學，而惟循其性焉，
　　　　則禮樂之節無聞，倫義之宜罔知，雖稟上智之資，亦寡陋而無能矣，
　　　　況其下者乎？〔註169〕

　　　　性果出於氣質，其得濁駁而生者，白稟夫爲惡之具，非天與之而何
　　　　哉？故曰：「天命之謂性」。然緣教而修，亦可便其氣質而爲善，苟
　　　　習於惡，方與善日遠矣。〔註170〕

雖然王廷相主張「天地之氣」有善有惡而使人稟氣不齊導致有善惡之分，其云：「人之生也，性稟不齊」〔註171〕但王廷相仍是非常重視後天的學習，他認爲稟氣清暢的聖人如果沒有後天的修道之教，亦不能成性，所以王廷相會有此概念實則爲批判那些以性「有善無惡」的論者，因爲如果人性爲善那麼人就可能產生推拖的想法，而取消了後天修道立教的功用，於是否定了人性善論的思想。他對於稟惡氣那一些人更應該通過後天的教養、教化來「變化氣質」，認爲人性是可以經過變化爲善，使那些氣濁之者透過「緣教而修」，就可以「變化氣質」使性爲善〔註172〕，如此一來得知王廷相所言之「性」是可

〔註169〕【明】王廷相《王廷相集》，北京：中華書局，1989年9月，頁847。
〔註170〕【明】王廷相《王廷相集》，北京：中華書局，1989年9月，頁519。
〔註171〕【明】王廷相《王廷相集》，北京：中華書局，1989年9月，頁765。
〔註172〕參見高令印、樂愛國《王廷相評傳》，南京：南京大學出版，1988年，頁143。

以增減的，所以他把成性的過程轉向了後天的學習，認為就算是資質美好（聖人），如果不加以重視後天的學習，則有可能稟氣清便成為稟氣濁，所以必須透過後天的教化，其云：「凡人之性成於習，聖人教以率之，法以治之，天下古今之風以善為歸，以惡為禁。」〔註173〕因王廷相對於人性在於道德倫理規範是非常重視的，必須「緣教而修」再以「變化氣質」來完成所謂的「繼善成性」。

　　陳確則不是那麼認為，他主張「性」在於人生之前就具有的，並且在於氣化過程之中賦予在人身上，於是「性」是不假外求的，其云：「但可曰：『變化習氣』，不可曰：『變化氣質』。變化氣質，是變化吾姓也，是杞柳之說也。」〔註174〕從這可以得知陳確不講所謂的「變化氣質」，他認為「氣質」是不能增減的，否則就會變成兩種本體，只能說人可以變化學習的態度與方向，所以他認為只能說「變化習氣」而不說「變化氣質」，實則兩人之間仍還是有共通性所在，兩人皆都認為人在氣化的過程之中，因「氣」具有生生、價值義，以至於在一氣流行之中道德規範不斷的灌注，使人性在這氣化過程之中不斷的創造與完成，而這氣化過程中人才是最為重要的主宰，因為人必須對於外在環境做出正確的回應，因人在當下時空中可能因觀念、行為有所偏頗，而導致人失去或遮蔽了最重要的本質，於是人性就要透過在當下的實踐修養工夫保持著清暢的氣質，在藉由後天的外在教化與內在修養，來讓性能夠完美達到「繼善成性」的結果。

五、與「心理氣是一」相比較

　　劉宗周曾云：

　　　心無體，以意為體；意無體，以知為體；知無體，以物為體。物無用，以知為用；知無用，以意為用；意為用，以心為用。此之謂「體用一原」，此之謂「顯微無間」。〔註175〕

可以了解到在體用一元的思路之下，「心」就是人心即為本體，然而本體也就是工夫的所在，於是劉宗周順此理架構之下，則認為「心體」必須擴充，在配合工夫修養「繼善成性」來完成人性。

〔註173〕【明】王廷相《王廷相集》，北京：中華書局，1989年9月，頁519。
〔註174〕【清】陳確《陳確集》，（北京：中華書局，1979年），下〈氣情才辨〉，頁454。
〔註175〕【明】劉宗周撰，戴璉璋、吳光主編，臺北：中央研究院中國文哲研究所籌備處，民86《劉宗周全集》第二冊，頁531。

　　黃宗羲在多次修改陳確的墓誌銘當中，從最初出批評到第四次修改之後，慢慢逐漸認同陳確思想，其云：「乾初必欲以擴充到底言性善，此如言黃鐘者，或言三寸九分，或言八十一分。夫三寸九分非少，八十一分非多」〔註176〕。然而黃宗羲所言「心體」則也是認爲必須透過擴充，再者「心體」仍有「認知」、「氣化」此兩種狀態，以下就兩位學者所言進行分析，並與陳確相對照。

（一）劉宗周「浮氣、浮性、浮質」

劉宗周云：

> 無善而至善，心之體也。即周子所謂太極，「太極本無極也」。統三才而言，謂之極。分人極而言，謂之善。其意一也。繼之者善也。動而陽也，「乾知大始」是也。成之者性也。靜而陰也，「坤作成物」是也。繇是而之焉，達於天下者道也。放勳曰：「父子有親，君臣有義，夫婦有別，長幼有序，朋友有信。」此五者，五性之所以著也。五性既著，萬化出焉。萬化既行，萬性正矣。五性之德，各有專屬，以配水火木金土，此人道之所以達也。〔註177〕

在這可以明顯看出劉宗周在〈人極圖說〉所謂的性善本體亦蘊含著「心體」〔註178〕，其云：「人心惟危，道心惟微。道心即在人心中看出，使見得心性一而二、二而一。」〔註179〕而主張太極就是人極，簡單來說「心」不單具有道德的本體同時又帶有氣化心，而所謂「氣化心」代表著在一氣流形過程之中，因心體在道德創造過程時候，同時間氣化也同步進行，如此一來「心」則同時上下貫通一致或者說本體論與宇宙論的相結合，從這得知劉宗周認爲講求人性必須從形下層面來談，不在是講求形而上之理，其云：「形而上者謂之道。

〔註176〕【明】黃宗羲《南雷文案》，卷三，〈與陳乾初論學書〉。《黃宗羲全集》增訂版，頁357。

〔註177〕【明】劉宗周撰，戴璉璋、吳光主編，臺北：中央研究院中國文哲研究所籌備處，民86《劉宗周全集》第二冊，頁514。

〔註178〕參見牟宗三《從陸象山到劉蕺山》，臺北：學生書局，民68，頁455。此種心仍是超越的道德的自由自律之眞心，而非與理二之隔物窮理之心（認知意義的心）。依筆者認爲，雖然不是認知心，但此「心」亦可能包含氣化層面，然而如果只講自律的話是不夠的，因此「心」可能受到環境時空所影響，如此一來更要加重視氣化過程之中是否不清暢，所以不單單是自律而已。

〔註179〕【明】劉宗周撰，戴璉璋、吳光主編，臺北：中央研究院中國文哲研究所籌備處，民86《劉宗周全集》第二冊，頁450。

道不可言，其可言者皆形下者也。」〔註180〕而「心」也就能表現出至善之體。另外劉宗周又引用《易傳》「陰陽之謂道，繼之者善，成之者性」〔註181〕認爲繼之者善是動而陽、靜而陰即爲陽動陰靜，因藉由陰陽氣化生生義，也就是讓陰陽不斷的繼續創造與生成而說創造動力就是陽、完成道德叫做陰〔註182〕。至此，「心體」則呈現出「五性」仁義禮智信、「五倫」父子君臣夫婦朋友、「五行」木金火水土，於是在這萬物凝結過過程之中，天的道德之理就在「心」的作用之下逐漸完成。然而劉宗周並未拋棄「理」，因在一氣流行之中「理」並不是消失不見，只是劉宗周不從形上講，而是從形上翻轉到形下氣質層來說，並且在創造過程之中不斷的貫注在人性上並且完成。

　　因此，陳確也繼承其師劉宗周的思想，不再形上本體來說性，那樣是不踏實以至於轉向人倫日用之中從而否定形上的超越性，對此陳確所言之「心」也是具有氣化意味，不是單純只有認知層面，而是存有且活動於氣化之內，實則是把工夫引進到心體之中，如此一來只要心體一發動或者在運行之時，其實「心體」已經在慢慢的引導人性向善的時候，並且陳確所談之理已經是從形而下的務實之理來言談，對於形上的本體也少於談論，其云：「人人無負其本心，而又加之學，則是天之未喪斯文」〔註183〕。再者，劉宗周與陳確不同點在於劉宗周認爲「理」就是「氣之條理」，其云：「理即是氣之理，斷然不在氣先，不在氣外」〔註184〕很明顯得知，「理」是具有一個無限的主體性，雖然劉宗周認爲「盈天地之間，一氣也」然氣本身又具有主體，但仍可說「心」與「氣」、「理」是同質同層爲同一位階，如此一來「心理氣是一」〔註185〕仍

〔註180〕【明】劉宗周撰，戴璉璋、吳光主編，臺北：中央研究院中國文哲研究所籌備處，民86《劉宗周全集》第一冊，頁406。

〔註181〕《周易正義》（魏）王弼、（晉）韓康柏注、（唐）孔穎達等正義（臺北：藝文印書館《十三經注疏》影印嘉慶二十年江西南昌府學開雕本，2001年）《易經‧繫辭傳》，頁148。

〔註182〕參見黃敏浩《劉宗周及其慎獨哲學》，臺北：學生書局，2001年，頁207。

〔註183〕【清】陳確《陳確集》，（北京：中華書局，1979年），上〈輯祝子遺書序〉，240頁。

〔註184〕【明】劉宗周撰，戴璉璋、吳光主編，臺北：中央研究院中國文哲研究所籌備處，民86《劉宗周全集》第二冊，頁483。

〔註185〕參見王俊彥《王廷相與明代氣學》，臺北：秀威出版社，2005年，頁396～397。又見李振綱，〈論蕺山之學的定性與定位〉，《河北大學學報》，哲學社會科學版，1999.3，頁24與《證人之境——劉宗周哲學的宗旨》，北京：人民出版社，2000年，頁155。由於理氣論與心性論在蕺山哲學邏輯結構中這種上鉤

是同屬於一個本體，然而「心」爲純然至善，劉宗周云：「心體渾然至善。」〔註186〕但仍會有道德不貞定的時候，此時則必須透過擴充「理」、「心」使氣化流行之時合於道德規範。於是，劉宗周對於透過擴充則更爲重視而說。

> 人心一氣而已矣，而樞紐至微，才入粗一二，則樞紐之地霍然散矣。
> 散則浮，有浮氣，因以有浮質；有浮質，因以有浮性；有浮性，因
> 以有浮想。爲此四浮，合成妄根。爲此一妄，種成萬惡。嗟乎！其
> 所由來者漸矣。〔註187〕

此時人心即是一氣也就是我們上面所論述，與「氣」同等於相同位階兩者相互影響，我們知道劉宗周從「氣質之性」來說性，性是純然至善，那麼惡也就從「心」的流行不清暢處來說。從上文得知劉宗周把過程分爲四種階段，當「心體」在尚未完善之前，容易受到當下的環境所影響，只要氣質受到些微的偏頗則亦於陷入於泥淖之中也就是「浮氣」，此時判斷是非善惡之心容易散失。「浮質」即爲氣質失去該有的本然之性，而慢慢與道德倫理相脫離成爲「浮性」，最後漸漸走入到「浮想」也就是與善心相背道而馳〔註188〕。對此，明顯看出劉宗周也認爲人必須透過後天的教化，並且經由擴充形氣之中氣之理來消解氣化運行不合道德之氣，使人性回歸到本然的狀態。

相較之下，陳確認爲氣質之性雖然要擴充，但對於氣質受到外在環境或者人爲因素而產生所爲「浮氣」、「浮性」、「浮質」則表示不認同，因爲「心體」具有形上的道德價值與形下的氣化義，而「心體」再上未成熟之前也不至於散失本心，也就說明了劉宗周仍必須透過「氣之條理」來規範所爲氣化過程之中所產生的偏頗，而對陳確來說「氣之條理」並不是那麼重要，反而

下連、若即若離的的特殊關係，在解讀蕺山文本時常常發現這樣的情況：有時即心性論而言理氣論，有時離心性論而言理氣論，有時在心性論中講理氣道器問題，有時在理氣論中雜糅著心性論內容。如果我們不體貼蕺山爲學的良工苦心，就難免會因其理氣論與心性論畫界不清而責備其浮淺和析理不清，也難免會見其心性論上時常懸掛著一個氣論背影而嘲諷其支離和見道不明。我們明白蕺山的論學背景和學路指向，就會洞明其理氣心性圓融一貫的精神。

〔註186〕【明】劉宗周撰，戴璉璋、吳光主編，臺北：中央研究院中國文哲研究所籌備處，民86《劉宗周全集》第二冊，頁460。

〔註187〕【明】劉宗周撰，戴璉璋、吳光主編，臺北：中央研究院中國文哲研究所籌備處，民86《劉宗周全集》第二冊，頁514。

〔註188〕參見柯正誠《劉蕺山「盈天地間一氣」思想研究》，中國文化大學中國文學研究所論文，民93，頁201。

是從「心」、「氣」之間的轉換與擴充來對人性論做闡釋，把「心」、「氣」擴充至明朗顯現，雖說如此但兩人的「氣質之性」仍是以善爲主，而劉宗周是對於在尚爲成熟之時必須藉由「理」、「氣」、「心」三者的擴充；而陳確已經從形上之理跳脫出，進而對「心」、「氣」的重新的認同與擴充。

劉宗周云：

> 人生而有習矣，一語言焉習，一嗜欲焉習，一起居焉習，一酬酢焉習。有習境，因有習聞；有習聞，因有習見；有習見，因有習心；有習心，因有習性。故曰：「少成若性」並其性而爲習焉，習可不慎乎？習於善則善，習於惡則惡，猶生長於齊、楚，不能不齊、楚也，習可不慎乎？〔註189〕

承接上面所論述，雖然「心體」純然至善而所言「人性」也是善，再者劉宗周強調性體雖存在於人身上，但是人的行爲有善有惡，如此一來人就必須藉由「心體」的價值義、道德義來使一氣流行之中不受到任何阻礙，使人有爲善的可能，但是劉宗周也注重後天實踐功夫，實則怕人因爲對天有所依靠而不肯面對後天的實踐學習，其云：「繼善成性指人心說，非泛指造化事」〔註190〕簡單來說，劉宗周透過工夫把本體引進到人身上，此時我們在人倫日用之中不斷的自我警惕，而使本體鍥入到工夫之中，最後使氣化過程之中不受到形氣之偏所限制，而人的道德、價值義也在人倫日用之中慢慢的顯現出來，使人的行爲不再有惡的可能。

陳確對此也明確提出「不知家庭日用，處處有盡心功夫，即處處有盡心功夫，吾輩只是當面錯過耳。」〔註191〕認爲對於每一件事情都必須出自於內心，如果只是憑恃著上天所賦予的道德本性是不夠的，因有所憑恃而導致人對於後天的不努力，使善無法達到最臻善的程度，因此，人有怠惰之時而必須藉由工夫修養來化解形氣的限制或者是說突破現有的框架，而使人在成長或者運行之中，不受到外界環境所影響，如此一來所謂「盡心盡性」即可達成。

〔註189〕【明】劉宗周撰，戴璉璋、吳光主編，臺北：中央研究院中國文哲研究所籌備處，民86《劉宗周全集》第二冊，頁364。

〔註190〕【清】陳確《陳確集》，（北京：中華書局，1979年），下〈劉伯繩書〉，頁467。

〔註191〕【清】陳確《陳確集》，（北京：中華書局，1979年），下〈與劉伯繩書〉，頁620～621。

（二）黃宗羲「擴充盡才」

黃宗羲言：

> 性是空虛無可想像，心之在人，惻隱、羞惡、辭讓、是非，可以認
> 取。將此可以認取者推至其極，則空虛之中，脈絡分明，見性而不
> 見心矣。如孺子入井而有惻隱之心，不盡則石火電光，盡之則滿腔
> 惻隱，無非性體也。〔註192〕

黃宗羲認為「性」是無法憑空臆測想像，需透過「心」的認知發用層面上來
說「性不可見，見之於心。」〔註193〕如此一來「心體」則必須擴而充之方能
看到性，簡單來說也就是必須藉由心體來展現出性體，但是「心」仍屬保有
氣化的可能，對此說：「盈天地間皆氣也，其在人心，一氣之流行」〔註194〕
並不是當性體展現於在人倫日用之中，而「心」就不在發動與展現，因在性
體再發動展現的過程之中〔註195〕，必須藉由「心」體的擴充義，也就是說此
時心體必須帶有氣化功能的作用，透過借用孟子「惻隱、羞惡、辭讓、是非」
此四端之心來說明。然而孟子所言四端本屬於先天本源即是不假外求，例如：
看見孺子入井，此時心中已經蘊含有惻隱之心，但是如果在於未發用之前，
不能說是性是惡的，孟子只是認為當下時空人已有「惻隱之心」只是尚未展
現出來，如此看來黃宗羲承襲孟子此思想，都主張性善都是從先天義來說。

　　陳確在多次與黃宗羲辯論之後，提出自我的看法並超越當時的思想限制。

> 夫性之為善，合下如是，到底如是，擴充盡才而非有所增也，即不
> 加擴充盡才而非有所減也。不為堯存，不為桀亡。到得桀亡之後，
> 石火電光未嘗不露，纔見其善確不可移。故孟子以孺子入井、呼爾
> 蹴爾明之，正為是也。若必擴充盡才始見其善，不擴充盡才未可為
> 善，焉知不是荀子之性惡，全憑矯揉之力而後至於善乎？〔註196〕

〔註192〕【明】黃宗羲《孟子師說》，卷七，〈盡其心者章〉《黃宗羲全集》增訂版，冊
　　　　　一，頁148。
〔註193〕【明】黃宗羲《孟子師說》，卷二，〈浩然章〉《黃宗羲全集》增訂版，冊一，
　　　　　頁60。
〔註194〕【明】黃宗羲《明儒學案》，卷六十二，〈蕺山學案〉，「忠端劉念臺先生宗周」
　　　　　《黃宗羲全集》增訂版，冊八，頁890。
〔註195〕參見陳正宜《黃宗羲理學思想之研究——以心理氣是一為詮釋進路——》，中
　　　　　國文化大學文學院中國文學研究所博士論文，99年7月，頁214～215。
〔註196〕【明】黃宗羲《南雷文案》，卷三，〈與陳乾初論學書〉《黃宗羲全集》增訂版，
　　　　　冊十，頁158。

陳確與黃宗羲都承繼於孟子所爲的「性善」思想，主張善爲無惡屬於先天義，但是陳確更是進一步提主張人性必須透過後天實踐完成，也就是後天的人爲教化與工夫修養，使人達到內外一致的境界，相較之下「擴充盡才」則是必然的過程，而黃宗羲仍有脫離不了其師劉宗周的思想，都主張必須從「心體」結構的成熟，再藉由「心體」來擴充使人有趨善的動力，但這種可能衍伸出氣質有惡的可能，於是又加入了「氣之條理」或者「氣之虛靈」來規範氣化之時所產生的遮蔽，從此看來對於陳確來說「氣之條理」已經不再是那麼重要的，因爲「心」已是具有認知與氣化的可能，因爲陳確以援氣入心比兩位更能如顯出「心」的整體架構，如此得知看出陳確已超越黃宗羲與劉宗周，並且還把孟子學說合理的發展前進開來。

再者，黃宗羲所言的「心體」雖爲重要，但「心體」如何擴充開展來，其云：「人稟是氣以生，心即氣之靈處，所謂知氣在上也。」〔註197〕人透過陰陽一氣流行所凝結而成，然而「心」此時不能說是全善之體，導致於「心」必須從「氣之靈處」上方可言談，可見「心體」須具備「虛靈」的性質，於是「心體」則藉以自我的認知在加無限的擴充，最後借用「氣」的化生義義使「性體」得已完全展現，此時「心」則存有兩種狀態即爲「認知」與「氣化」相並存。黃宗羲在〈五穀者章〉說：

> 仁之於心，如穀種之生意流動，充滿於中，然必加藝植灌漑之功，而後始成熟。易言「一陰一陽之道」道不離陰陽，故智不能離仁，仁不能離智，中焉而已。「繼之」即戒懼愼獨之事，「成之」即中和位育之能。在孟子則居仁由義，「有事勿忘者」，「繼之」之功，「反身而誠」，「萬物皆備」者，「成之」之候。「繼之」者，繼此一陰一陽之道，則剛柔不偏，而粹然至善矣。如曰「惻隱之心，仁之端也」雖然，未可以爲善也，從而繼之，有惻隱，隨有羞惡，有辭讓，有是非之心焉，且無念非惻隱，無念非羞惡、辭讓、是非之心，而時出靡窮焉，斯善矣。〔註198〕

從黃宗羲對於在陳確的墓誌銘修改多次中，是否黃宗羲有吸收了陳確思想亦

〔註197〕【明】黃宗羲：《孟子師說》，卷二，〈浩然章〉《黃宗羲全集》增訂版，冊一，頁60。

〔註198〕【明】黃宗羲《孟子師說》，卷六，〈五穀者章〉《黃宗羲全集》增訂版，冊一，頁143。

或者對於陳確的思想持保留態度，在這我們不加多談〔註199〕。從以上看來黃宗羲也同樣認為必須從形下氣質層來說性，如果從形上本體去談則會失去「心」對於性的動力，因為必須把本體鍥入到工夫修養之中，黃宗羲與陳確認為性善雖貴為本體，但是如果不重視後天實踐義，易陷入到宋儒所說的本體論。黃宗羲又曾言：「惻隱、羞惡、恭敬、是非之發，雖是本來所具，然不過石火電光，故必存養之功」〔註200〕他認為四端之心雖然是人所具有，但必須透過「存養之功」才能有成聖的一天。

　　另有問題也就是黃宗羲認為陳確的「擴充盡才」認為是「憑矯揉之力」。

　　　若必擴充盡才始見其善，不擴充盡才未可為善，焉知不是荀子之性

　　　惡，全憑矯揉之力而後至於善乎？〔註201〕

因黃宗羲認為陳確是從後天義來說性而成為荀子的性惡論〔註202〕，但是如果這樣說的話人就有可能產生推諉、逃避的可能出現，只是陳確比黃宗羲更了解知道不能單單只從形上本體上言說，否則對於形下層則會失去既有的活動意義。如此一來這所言即是陳確所說的「繼善成性」之說。黃宗羲也引用陳確之說主張人性要藉由「繼之」、「成之」來體現出最原始之性。於是，陳確指出雖性本來就是善，但必須達到更圓滿才會有成聖的可能，不是只有善就能停止而是必須透過「心」、「氣」擴而充之來讓性更接近於天道，於是乎本

〔註199〕參見錢穆《中國近三百年學術史》（上）（臺北：商務印書館，1987 年），頁29。古清美：〈談陳乾初與黃梨洲辯論的幾個問題〉《幼獅學誌》第十七卷，第三期，頁 70～71。王瑞昌：《陳確評傳》（南京：南京大學出版社，2002年），頁 429～430。鄧立光：《陳乾初研究》（臺北，文津出版社出版社，1992年），頁 156。蔡家和《黃宗羲與陳確的論辯之研究》，《國立臺灣大學哲學論評》第三十五期（民國九十七年三月），頁 29～30。

〔註200〕【明】黃宗羲《孟子師說》，卷七，〈盡其心者章〉《黃宗羲全集》增訂版，冊一，頁 136～137。

〔註201〕【明】黃宗羲《南雷文案》，卷三，〈與陳乾初論學書〉。《黃宗羲全集》增訂版，冊十，頁 158。

〔註202〕參見蔡家和〈黃宗羲與陳確的論辯之研究〉，《國立臺灣大學哲學評論》，第35 期，2008 年 3 月，頁 7。陳乾初對於孟子的性善論其實非取其後天義，若是後天義便是可以推諉，因為若是後天的學習所造成，若後天的因素而沒得學習，豈不是可以推諉、可以自暴自棄了嗎？所以不該如黃宗羲的批評「天理只是人欲的改頭換面罷了」。而是應該如此看待乾初思想，即，其認為善無止盡，好還要更好，表示其重工夫義，而本體只有實踐中才能體認，且本體亦不是一個定體，可以一蹴即成，本體在工夫之體驗中而為體，工夫實踐無窮盡，故天命之體亦日新又新，體道無窮。

體只能在實踐中去體認了解，因爲道無定體隨時而在，只是我們如何去「繼之」、「成之」，如此一來只能在人倫日常生活中去慢慢去完成。

六、與孫應鼇「擴充四端」之異同

同樣與陳確以「心氣是一」的學家孫應鼇，然而「性」如何透過「心體」的擴充？使「惻隱」、「羞惡」、「辭讓」、「是非」之心，能夠眞正表現在人倫日用之中，在論述孫應鼇所言之「心」是否與陳確所言之「心」相同，亦或者是「心」只是存有不具有活動義，以下我們就以孫應鼇與陳確來做個比較。《孫應鼇文集·四書近語》對此則說：

> 「人之生也直」一節，孟子論性善，便是此處體認去的。人之生也，得天地之理以爲性。性者，人之生理也。惻隱之心爲仁，羞惡之心爲義，辭讓之心爲禮，是非之心爲智，何嘗有毫不直？這都是性中自然出發來，無有虛假，無有矯逆。若有是四端於我，知皆擴而充之，便是直養而無害，便是盡心、知性之學。若：有是四端，而絕之不信，便是自暴自棄；棄之不爲。便是自棄。自暴自棄，便謂之罔。必不失此直理，方不虛生；不然雖生亦死，大可懼也。莊子曰：「哀莫大於心死，而形次之。」〔註203〕

「性」由萬物與氣化生生不息的交互作用所凝結而成，於是人在無限的氣化凝結的過程之中，受到形上氣化生理所影響，再加上人稟賦其天地之理且孕育在我們個體之中，如此一來可以說性就是「天地之理」。然而性蘊含著「道德之心」此爲受到形氣所影響，也就是說明著「心」有「惻隱」、「羞惡」、「辭讓」、「是非」之心，而「惻隱之心」藉由心之所發而有「仁」的外在表現；「羞惡之心」則是「義」的外在表現、「辭讓之心」則是「禮」的外在表現；最後「是非之心」則爲「智」的外在表現，如此從上面所述看來，都是必須藉由「心體」擴充來發用，所以此四端之心都是性所自發出來。簡單來說，孫應鼇認爲「心體」必須時常保持著發用的狀態，因在這眞實的世界之中，所面臨的外在影響常大，所以認爲此「心」要自我的逆覺體證，因「仁義禮智」就是「心」擴充之後所展現最圓滿的一刻，那麼我們可以說「性」是「無有虛假，無有矯逆」。另外，孫應鼇雖借用了孟子的「盡心知性」之學，但我們

〔註203〕【明】孫應鼇著，劉宗碧、龍連榮、王雄夫點校《孫應鼇文集·四書近語》，貴州：貴州教育出版社，1996年，卷四，頁216。

知道孟子所謂的四端之心雖在我們人身上，但是大都處於未發狀態，當外在環境受到衝擊與變動之時，心才能感受到此作用，如此一來比較偏於「純心學」而沒有氣學意味存在。但孫應鰲站在「氣學」的立場上來談，他認爲此四端之心皆存於性中，然而必須藉由「心」的氣化義、認知義來說，因「仁義禮智」若沒有此動力是很難展露出來。

　　陳確也認爲「心」是必須不斷的展現與活動，這樣才能保持著心的明朗之處，但人終究必須經過外在環境的考驗與打擊，而「心」不僅要去回應外在，更重要的是如何接受回應之後，再藉由內在往外在發散開來，此時「心體」就顯的格外重要，也就是說「心體」必須適時的擴充，讓「心體」得以飽涵價值義，當發用之時對於「心」來說，又必須引進「氣」來作爲相輔助，如此一來，「心」的仁義禮智，則透過「氣」的活動發用而向外發用與回應，那麼孫應鰲與陳確兩人所言的「心」其實是相同的，兩者也都是藉由「氣」來對於內在、外在做爲溝通的橋樑。由上述所言，孫應鰲與陳確的觀點非常相近，陳確主張再加上「心」體的擴充使「惻隱、羞惡、辭讓、是非」此四端之心能發動展現出來，如此一來使內外達成是一並且人性也不斷的這氣化過程之中創造完成，因人在氣化過程之中必然如此會遭受到當下時空環境所影響，而我們「心」此時必定須認知對錯，並在認知對錯過程之中，人同時也在此氣化過程之中慢慢的創造完成，這也就是「盡心知性」或者「繼善成性」，最後人性也因「心體」的擴充更加臻善。

第六章　陳確「氣、情、才」之展現

第一節　陳確氣、情、才對孟子的修正與繼承

在此則以孟子所言「氣、情、才」與陳確相作比較。雖然陳確承襲孟子思想，但當時環境受到明清之際「氣學」氛圍影響，並不是全盤接受孟子的想法，以至於陳確把孟子的思想做些許的改變進一步提出自己的想法，而云：「由性之流露而言謂之情，由性之運用而言謂之才，由性之充周而言謂之氣。」〔註1〕以下筆者就以陳確、孟子來作分析、比較。

一、兩人「氣」之異同

> 孟子若曰：浩然之氣，誠未易言也。雖然，亦不敢不一盡言之也。
> 人得天地之氣以生，故吾之氣即天地之氣也，至剛大者也。而天地
> 又得吾直養之氣而始實，故盈天地間之氣皆吾氣也，塞乎天地者也。
> 顧剛大者氣之體也，道義者氣之理也。理足，故氣充。〔註2〕

陳確在此引用孟子所謂「浩然之氣」，而孟子曾云：「至大至剛，以直養而無害，塞於天地之間。其為氣也，配義與道」〔註3〕由此可以看出此「氣」，是

〔註1〕 【清】陳確《陳確集》，（北京：中華書局，1979 年），下〈氣情才辯〉，頁 451
～452。
〔註2〕 【清】陳確《陳確集》，（北京：中華書局，1979 年），下〈其為氣也四節〉，
頁 545。
〔註3〕 《孟子注疏》（漢）趙岐注、（宋）孫奭疏（臺北：藝文印書館《十三經注疏》
影印嘉慶二十年江西南昌府學開雕本，2001 年）《孟子·公孫丑上》，頁 54。

經過個人後天的修養與實踐而達到某種程度上才能說是「浩然之氣」，朱註「浩然」爲盛大流行之貌，然而個家說法不一〔註4〕。從「人得天地之氣以生」了解，人稟受陰陽二氣凝結化生而成，很明顯陳確深受到漢代「自然義」之影響，且「天」爲最高的創造本體，如此一來我們身上所流通之「氣」應與形上的道德之氣是同質不同層的「自然之氣」，但孟子認爲自然之氣的存在是保障「體氣」的存在，「體氣」的存在保障人自然地且基本地存在，故僅當自然之氣存在，人才能自然且基本地存在。〔註5〕簡單來說，「天」賦予了我們形體，而形體之中必定蘊含著形上的「天道」，而這股沛然之氣是非常強大。但我們又知道連孟子自己都說「浩然之氣」是「難言也」，於是陳確轉向後天的工夫修養層面來談「氣」，雖然「氣」充滿於這無限的世界之中，但都是處於無形之氣，並沒有眞正的實踐具體方向而提出「養氣」，其實陳確認爲所謂的「養氣」不外乎就是他所提倡的「素位」之行，當人在這時空環境之中難免遇到各種的干擾，以至於我們在日常生活之中就必須不斷的自我實踐導正，因爲陳確認爲「氣清、氣濁」不是導致惡的源頭，而是人對於後天的不努力所產生的，其云：「氣之清濁，誠有不同，則何乖性善之義乎？氣清者無不善，氣濁者亦無不善。」〔註6〕所以此處強調後天的實踐重要性，而不落入程朱他們所謂「直養」只是修養自我內在的道德本質，而卻不知如何發用在這現實

〔註4〕（1）參見黃俊傑《孟學思想史論》，臺北：東大書局，民80年，頁47。其云：「所謂「浩然之氣」就是原始生命完全理性化之後，所呈現的綜合生命力」

（2）參見譚宇權《孟子思想學術評論》，臺北：文津出版社出版，民84，頁325。譚宇權則把孟子所謂的「浩然之氣」分爲兩種：其一：「浩然之氣」必須依靠個人的長期努力修養，才能成功；其二：「浩然之氣」是建立超越生命所必須的，尤其在我們這個是非不明的社會，更是應該要如此。

（3）參見吳康《孟子思想研究論集》，臺北：黎明文化，民71年，頁173～178。他解釋孟子「浩然之氣」就說是「一股磅礴雄偉的氣概」。又說「夜氣」或「平旦之氣」之氣，如果「得其養」，而保存，而壯大，充其極至，自必形成爲「浩然之氣」。所以「夜氣」、「平旦之氣」與「浩然之氣」，三者實爲是一非二。

（4）參見楊澤波《中國思想家評傳叢書——孟子思想》，南京：南京大學，民1988，頁370。孟子「浩然之氣」的對象是人的「浩然之氣」，而不是對「浩然之氣」本身，更不是討論宇宙間什麼「浩然之氣」，所以主要表現的是孟子將「浩然之氣」賦予了道德義。

〔註5〕參見許嘉貞《《孟子》「知言養氣章」研究》，佛光大學哲學系碩士班碩士論文，民九十八年六月，頁46。

〔註6〕【清】陳確《陳確集》，（北京：中華書局，1979年），下〈氣稟清濁說〉，頁455。

之中。但是孟子雖言「直養」仁義之性，以率性修道，內充外擴，而不以人爲桎梏加以干擾，不以私意欲念加以妨害，則道德的勇氣必能日臻浩然剛大，而充塞於天地之間。〔註7〕在這明顯看出孟子是著重於從內在的修養而向外發展，是屬於純心學；而陳確則不然，他雖然已也認爲內在需要透過擴充義來展現出形上道德，但更爲重要的是必須有向善的動力，也就是藉由「氣」來貫穿，於是必須結合「心」與「氣」來使內外是一。陳確在〈其爲氣也四節〉與〈配道義解〉中提到。

> 剛大之塞天地也，道義之塞天地而已矣。故浩然之氣，無非道也，無非義也。氣與道義，其配合而無間者耶！苟有間焉，則道義非吾之有，而氣從之餒矣，安所得浩然者乎！〔註8〕

> 孟子既贊浩然之氣剛大塞天地矣，又恐人徒求之氣，故又補出「道義」二字，謂氣之所以浩然塞天地者，惟其能配義與道故也。若無道義，則是虛氣耳，故曰餒。下節又恐人襲取此義，故又補一「集」字。〔註9〕

從上文了解「浩然之氣」之所以充塞於天地之間，是經過後天人的不斷修養，並且「道」與「義」相互並存使人具有向善的可能，陳確認爲「道」與「義」在們日常生活之中可見的，「道」也就形上之理即爲天理，藉由人的外在表現形上的道德行爲；至於「義」也就是人經過後天不斷修養而成，使人蘊含基本的道德之心這和孟子所談的「擴充」相似，也就是人在這有限時空環境之中不斷的完成「義」的表現，且「浩然之氣」在這兩之間中則是扮演著一個橋樑，此時我們不能把「氣」當成一種基本的氣體來理解。然而陳確認爲此「氣」是具有生生義、無限義且貫穿形上形下不受到任何拘束，於是當「氣」不足之時，「道」與「義」就無法眞正的展現出來本然的狀態，並且了解必須透過「擴充其氣」才能使「道」與「義」如理流行展現，從這裡更可以得證出「氣」、「道」、「義」三者的關係是交融互滲缺一不可，這與孟子的思想則有相似之處。

　　雖然「浩然之氣」充塞於天地之間，那麼「浩然之氣」從何得來？孟子

〔註7〕 參見蔡仁厚《孔孟荀哲學》，臺灣：學生書局，1984 年，頁 269。
〔註8〕 【清】陳確《陳確集》，（北京：中華書局，1979 年），下〈其爲氣也四節〉，頁 545。
〔註9〕 【清】陳確《陳確集》，（北京：中華書局，1979 年），下〈配道義解〉，頁 545。

則是認爲必須透過「集義」〔註10〕來完成此氣，如此一來就偏重氣而遺「道義」，於是孟子害怕人只去求取「氣」，以至於孟子認爲並須加入「道義」來相互影響，因爲單有「浩然之氣」是不足的，這會使人有如空殼一般不蘊含有道德義、價值義，因此須以「道義」來做爲支配。

陳確雖繼承孟子思想，但是陳確更進一步提出說明「素位之行」也就是與孟子所謂的「集義」相似，陳確主張人雖本性爲善，但是有時會受到遮蔽，於是必須藉由「素位」來導回人的偏差行爲，而「素位」也就人在日常生活中不斷的體現道德規範，來展現出人最初的道德本質，這是比較直接的方式；因孟子還必須透過「集義」來使「浩然之氣」不斷的生成〔註11〕，但是總會有間斷的時候，於是就必須以「道義」來輔助之，而孟子所言道也就是體，義即是用，由此看來「道義」必須是一再加入「氣」使人三者兼具，相較之下陳確則是以「素位」使人在生活之中不斷的生成與展現；而孟子「集義」的方式來完成，但筆者認爲陳確則是比孟子更加直接、快速來完成展現人的原始本質。

二、兩人「情、才」之異同

至於「情」、「才」，陳確云：

> 此孟子之說，即孔子之旨也。故曰：「乃若其情，則可以爲善矣。」曰：「是豈人之情也哉」曰：「若夫爲不善，非才之罪也。」曰：「非天之降罪才爾殊也」曰：「其爲氣也，至大至剛，直養無害，則塞乎天地。」是知氣無不善，而有不善者，由不能直養而害之也。曰：「平

〔註10〕 參見蔡仁厚《孔孟荀哲學》，臺灣：學生書局，1984年，頁270。蔡仁厚先生則把「集義」分成縱貫、內在的說法來解釋。一、縱貫，「集義」是不間斷的，並非偶一爲之的。故孟子曰：「心勿忘」，又曰：「必有事焉」，此「事」就是「集義而言」。二、內在，「集義」是表現內心本有之義，並非向外襲取而來。故孟子曰：「勿助長」，若助長便是「義外」。分析蔡仁厚的說法，筆者認爲陳確與孟子非常相似，陳確主張人必須透過後天的努力學習與修養才能展現出道德的原始樣貌；而孟子則是強調透過「集義」使人不要只求「氣」而是把「道義」融入，使人在日常生活之中完成。很明顯孟子的想法不外乎就是陳確所說的「素位之行」。

〔註11〕 參見譚宇權《孟子思想學術評論》，臺北：文津出版社出版，民84，頁317。譚宇權則是認爲此「氣」是長期集義所生，但是不能預期其效果，也就是時時刻刻必須保持著「行義之心」。但筆者則是認爲陳確是時時體用來展現出無限道德規範；但孟子則還要透過不斷的累積聚集才能使道德展現出來。

　　旦之氣」，則雖梏亡之後，而其所爲善者，故未始不在也。〔註12〕
孟子的「乃若其情」的「情」字各家有不同的解釋〔註13〕。簡單來說，就是
人性所表現出來的實情，便是可以說是善的。很明顯這段話，孟子贊成人性
爲善的本質。那麼所謂表現出的「實情」爲何物？筆者認爲是孟子所強調的
「惻隱、羞惡、辭讓、是非」四端之心，因爲孟子以「本心」爲重強調由內
發自而外，於是當由「心」發用之時即是「情」的表現，因爲當此四端之心
發動之時，人即有向善的行爲，而此時外在所言的「性」會受到當下的發用
而爲善，如此一來「心」、「性」、「情」則爲相貫通。然而陳確則云：「性之流
露而言謂之情」〔註14〕認爲當性在流露之時就是「情」的表現，再者陳確承
襲孟子所言的四端之心，藉由此四端之心來展現出性的良知良能，於是可得
知陳確所言之「性」則須在「情」上見，並不是像宋儒只去強調求性本體，
而把性放在第一義的層次去言談。於是，陳確不走宋儒此道路，轉而從形下
來展露形上的無窮生生之義，也就是說「性」必須在於「情」上體驗會。

　　從「若夫爲不善，非才之罪也。」這句話來分析，陳確也主張若是有不
善，並不是形下之「才」的過錯。那麼，孟子與陳確所言之「才」到底是什
麼呢？首先，我們得知孟子的人性論是在於「仁義禮智」根源於「心」的基
礎之下，並且藉由「四端之心」來策使著我們爲善去惡，於是當「四端之心」
發動之時即可展現出「仁義禮智」的道德規範，進而孟子曰：「仁義禮智非由
外鑠我也，我固有之也。」〔註15〕。從上述來推論得知當「四端之心」無法
朗現之時，伴隨著「仁義禮智」也沒法展露，於是孟子則把這動力歸向於「才」，

〔註12〕【清】陳確《陳確集》，（北京：中華書局，1979 年），下〈氣情才辯〉，頁 451
　　　　～452。

〔註13〕（1）參見徐復觀《中國人性論》，臺北：臺灣商務，民 66 年，頁 174。「從心
　　　　　向下落下第一步即是情」。

　　（2）參見戴震《孟子字義疏證》，《戴震集》，臺北：里仁，民 69，頁 309。云：「情
　　　　猶素也，實也。」

　　　　（3）參見岑溢成《孟子告子篇之「情」與「才」論釋》，鵝湖月刊 58、59 兩
　　　　期。「情」字有解作「性」的也有作「實」的。而「情即性也」的解釋，又比
　　　　「情、實也」的解釋更直接了當。

　　　　（4）參見蔡仁厚《孟子心性論研究》收入於吳康《孟子思想研究論集》，臺
　　　　北：黎明，民 71，頁 67。「情」，情就是指惻隱、羞惡、辭讓、是非之心而言。

〔註14〕【清】陳確《陳確集》，（北京：中華書局，1979 年），下〈氣情才辯〉，頁 451
　　　　～452。

〔註15〕《孟子注疏》（漢）趙岐注、（宋）孫奭疏（臺北：藝文印書館《十三經注疏》
　　　　影印嘉慶二十年江西南昌府學開雕本，2001 年）《孟子‧告子上》，頁 11。

而提出了「盡其才」這觀念，那麼孟子所言之「才」〔註16〕就是爲善的良能、才能、資質，如此一來才能使良能、才能、資質發用到最大，而達到君子的層次。

陳確曾言：「性之運用而言謂之才」〔註17〕所以字面來觀看「性之運用」就是「才」，如果深入了解可得知「才」就是「情」在眞實流露之時，會有一股向外實現動力。〔註18〕因當「情」在顯現之時只拘限於性體之上，尚未有能力把「性」開展出來，於是「才」則是扮演此角色，於是不但是要擴充「氣」更是要擴充「才」甚至是「情」，並不是單指孟子所言「才」爲才能、資質。最後，從上面所言則可以推論出「氣、情、才」三者是一，與「性」本質相同，只是位階稱謂不同罷了，另外「性」表現只能在於「氣、情、才」上來展現；筆者認爲這與孟子以「心」爲本來說「性」與「情、才」是同一體。

三、陳確對氣、情、才善的肯定

陳確言：

> 孟子以惻隱、羞惡、辭讓、是非明性之善，皆就氣、情、才言之。
> 氣、情、才皆善，而性之無不善，乃可知也。孟子曰「形色天性也」，
> 而況才、情、氣質呼！氣、情、才而云非性，則所謂性，竟是何物？
> 非老之所謂無，即佛之所謂空矣。〔註19〕

經過上面討論之後我們能對孟子與陳確所言的「氣、情、才」能有更進一步的了解。對此，我們知道孟子以「心」本爲主體由內向外發用，並以「惻隱、羞惡、辭讓、是非」此四端之心來判斷是非善惡，例如：「乍見孺子將入於井，皆有怵惕惻隱之心。」〔註20〕證明出不管人性到底如何，只是在於當下良知良能是否能發動，因爲「仁義禮智」本身就蘊含在我們個體之中，在於我們

〔註16〕參見牟宗三《心體與性體》（一）橫渠章，臺北：正中書局，1969 年，頁 507。「性體之知即孟子所謂良知，性體之能即孟子所謂良能。亦即「非才之罪」、「不能盡其才」、「非天之降才爾殊」諸語中之才。此才非普通才能之才，乃性體良能之才，是道德意義的，而且是普遍的，是單指實現良知之所覺發者而言。」

〔註17〕【清】陳確《陳確集》，（北京：中華書局，1979 年），下〈氣情才辨〉，頁 452。

〔註18〕參見徐復觀《中國人性論》，臺北：臺灣商務，民 66 年，頁 174。

〔註19〕【清】陳確《陳確集》，（北京：中華書局，1979 年），下〈氣情才辨〉，頁 453。

〔註20〕《孟子注疏》（漢）趙岐注、（宋）孫奭疏（臺北：藝文印書館《十三經注疏》影印嘉慶二十年江西南昌府學開雕本，2001 年）《孟子・公孫丑上》，頁 65。

人是否能把無限的天道的道德規範表現出來，於是可以推論出孟子人性仍然是屬於性善論者。陳確對此則是認為「性」是善，那麼「氣、情、才」為何不是善嗎？如此一來則會衍生以下問題，首先：當「氣、情、才」與「性」兩者相異也就是惡的可能，那麼就會產生形上與形下相斷裂造成兩個主體，但我們知道這是荒謬的，如此一來又必須走回到宋儒「追求本體」、佛老「空無本體」此道路，此為陳確所不認同的。

　　次之，陳確認為性只有「氣質之性」無「義理之性」，其云：「既以氣質屬性，何得又以不善誣之？」〔註21〕因「義理之性」就收攝在「氣質之性」之中，藉由形下「氣質層」來顯露形上「道德層」，那麼「氣、情、才」不就是「氣質之性」的另一種表現狀態，陽明也曾云：「性之善端在氣上見，惻隱、羞惡、辭讓、是非即是氣」〔註22〕反之如果「氣、情、才」是惡的，那麼就會產生出矛盾點，又會使人性產生了推諉而不肯向善改過，因為陳確到這一點所以他才認「性」應該為善，但又必須擴充以至「全善」，但是這也是陳確讓人有矛盾點的地方，也是讓後世的人有不同的看法與見解。但我們還是可以歸納推論出既然陳確「性」是善的，而「性」又必須藉由「氣、情、才」來顯露，最終可以證實陳確所言「氣、情、才」是善的，而且是與形上形下相互貫通融合。

　　最後，陳確站在孟子的立場上把實踐工夫給開展開來，並與「氣、情、才」相做融合，以「形色天性也」雖然性善是加諸於我們個體之上，但是不加以身體力行是不容易使道德展現，如此一來「實踐」是保證「性體」能藉由「氣、情、才」來充實人的內涵與顯露道德規範不至於落入佛老空無的泥淖之中。

> 性之善不可見，分見於氣、情、才。才與氣，皆性之良能也。天命有善無惡，故人性亦有善無惡，人性有善而無惡，故氣、情、才亦有善而無惡。此孟子之說，即孔子之旨也。故曰：「乃若其情，則可以為善矣。」口：「是豈人之情也哉」曰：「若夫為不善，非才之罪也。」曰：「非天之降罪才爾殊也」曰：「其為氣也，至大至剛，直

〔註21〕【清】陳確《陳確集》，（北京：中華書局，1979 年），下〈與劉伯繩書〉，頁466。

〔註22〕【清】陳確《陳確集》，（北京：中華書局，1979 年），下〈與劉伯繩書〉，頁466。

> 養無害，則塞乎天地。」是知氣無不善，而有不善者，由不能直養
> 而害之也。曰：「平旦之氣」，則雖梏亡之後，而其所爲善者，故未
> 始不在也。〔註23〕

陳確也明白主張「性」無法直接顯露出來，仍必須透過「氣、情、才」來展現，而「性」又是「氣質之性」，於是經由上面兩個論點，就可以推論出「氣、情、才」其實是「性」的另一種樣態的存在，並且「氣質之性」的展露即爲「氣、情、才」之發用。順此理路來觀看，「性」、「氣質之性」、「氣、情、才」三者爲同一屬性，但是以同質不同層狀態存在。然而推其本源，「天」才是道德創造的主體，因「天」爲清暢、清空之主體，於是「道體」也是屬於性善之體，但「道體」雖蘊含道德義、無限義，倘若沒經過人的「實踐修養」工夫這一重要環節，空有道德本體義是無用，於是必須藉由後天人爲來充實。再者「天命有善無惡」，那麼人性也跟隨著有善無惡，因爲「天命」與「性體」實爲一體密不可分，此問題則歸咎於氣化流行之時，當萬事萬物經由陰陽二氣透過不同的比例凝結化生而成，而在凝結這過程之中，「天道」的倫理規範必定加諸於「性體」之上，於是「性體」就帶有形上的本質，使「性體」不至於淪爲惡。

　　陳確又本著孔、孟的思想立場，認爲「人性有善而無惡，故氣、情、才亦有善而無惡。」由此句得知「氣、情、才」是人性種種樣貌的展現。既然，「天命」、「性體」都是爲善，那麼「氣、情、才」也必爲是善，因陳確認爲「性體」的展現必須要有實踐的動力，而此動力也就藉由是形下「氣、情、才」來發用。簡單來說，「性」本身無法自我朗現，必須透過後天人爲「氣、情、才」發用，才能展現形上無限生生的道德，最後可以得知「氣、情、才」本質就是善，這也取消了宋儒學者有「義理之性」、「天地之性」之分，只是這之間必須以「養氣」、「擴充」、「繼善」來完成「氣、情、才」的表現，使人更接近「天道」的原始狀態。

　　再者，陳確對於宋儒所言「氣、情、才」爲惡，則在〈聖學〉內容中透露出不滿。

> 孟子明言氣情才皆善，以證性無不善。諸子反之，昌言氣情才皆有
> 不善，而另懸靜虛一境莫可名言者於形質未具之前，謂是性之本體，

〔註23〕【清】陳確《陳確集》，（北京：中華書局，1979年），下〈氣情才辯〉，頁452。

爲孟子道性善所自本。孟子能受否？援儒入釋，實自宋儒，聖學遂

大泯喪，人心世道之禍，從此始不可振救也。〔註24〕

陳確深受孟子學說影響，於是他也主張「氣、情、才」爲善，但宋儒學者則
是受到程朱、佛老本體所影響，把「義理之性」提到更高位階，反而對於形
而下「氣質之性」加以鄙視，原因在於宋儒只講求「本體」，導致使人落入到
空談、幻想的境界，即是在本體之中又求一個更高遠的道德主體，而使後天
「氣質之性」面臨到實踐的間斷，以至於宋儒學者抱持著推諉之心來怪罪於
「氣、情、才」爲形下之惡。相反的，陳確看到此嚴重性而必須來消解此問
題，不再使人落入宋儒佛老的「靜坐澄心」認爲形而下「氣、情、才」是惡〔註
25〕，所以他首先取消了「義理之性」、「氣質之性」之分，從形下的「氣質之
性」去體驗形上的道德義理，並且把形下的位階拉拔到第一義重新詮釋了形
下的定義，於是他能解決宋儒形下爲惡的問題，並且又把孟子的思想賦予活
動的本質，另外王瑞昌在於《陳確評傳》則有另外一番的看法。〔註26〕

陳確云：

宋儒既不敢謂性有不善，奈何轉卸罪氣質，益分咎才情！情、才、

氣有不善則性之有不善，不待言矣。是陰爲邪說者立幟也，而可乎？

無論誣人誣天，畔孔、孟而黨荀、告，爲萬萬不通之論，就使其說

皆當，要於性教奚補？只多開門徑，爲下愚得自便耳。〔註27〕

然而宋儒學者不敢把性本體視爲「惡」，因「本體」爲人實現性體最高的道德
標準，如此一來只好把此「惡」歸咎於形而下的「氣質之性」，再者「氣、情、
才」又是「氣質之性」的展現，於是宋儒學者進而把「氣」、「才」、「情」視

〔註24〕【清】陳確《陳確集》，（北京：中華書局，1979 年），下〈聖學〉，頁 442。

〔註25〕參見鄧立光《陳乾初研究》，臺北：文津出版社出版社，民 81，頁 82。「陳確
既堅執素位之學，氣、情、才皆屬於氣的層次，可感可知，至於理上之本體，
陳確已讓給禪學而排斥之矣，所以只能將性安放於氣上。」但筆者認爲「氣、
情、才」雖可感可知，因「氣、情、才」本是「氣質之性」的另一種狀態表
現，當然我們可以感受到。另外鄧立光所言「氣」，依筆者認爲應該是「性」
在「氣」中見有相同的意思。

〔註26〕參見王瑞昌《陳確評傳》，南京：南京大學出版，2002.5，頁 309。王瑞昌則
說：「他堅持性善論，但否定性可分爲氣質之性、義理知性兩個層次，否定性
的有其超越的向度。其思想與宋如當然不同，與孟子的性善論也有距離，乾
初提出這些說法，初衷是爲了復道、勸善，很可能也是基於對於程朱把「性」
講求僵枯之物不滿。」

〔註27〕【清】陳確《陳確集》，（北京：中華書局，1979 年），下〈氣情才辨〉，頁 452。

爲形下之惡，原因在於宋儒學者不敢直接反對於孟子性善學說而衍生出此種情況。陳確只好從「天命」肯定性爲善而落實到人身上，再藉由實踐工夫來實現形上的道德規範，如此看來可發現出陳確從先天的層次來肯定人性善或者說「一體全善」，那麼「氣、情、才」就不可能是惡，來批判宋儒把「氣、情、才」視爲惡，只要原因在於陳確認爲人不肯爲善，其云：「今人只是不肯爲善，未有爲善而不能者。惟其爲善而無不能，此以知其性之無不善也。夫徐行者，豈人所不能哉，所不爲也。」〔註28〕只好從後天修養來著手，在於人肯與不肯去眞正把行善而能「下學上達」，而不是著重在於本體之上。

　　陳確在〈答朱康流〉中指出，「氣、情、才」直通於「天命」：

　　　知所謂天命之性，即不越才、情、氣質而是，而無俟深求之玄穆之鄉矣。惟中庸言天命，仍不離乎日用倫常之間，故隨繼之以率性之道；由不可忘戒懼愼獨之功，故又終之以脩道之教。三語一直貫下，非若《禮記》分天與人而二之也。二、三節正詳言修道之功，四節又只喜怒哀樂以明之，分明是言感物而動心，非言人生而靜之性也。

〔註29〕

陳確認爲「性」內涵本質是來自於「天命」所賦予的，於是「氣、情、才」也就蘊含在「天命」之中，在筆者看來「人」與「天」是相貫通、相呼應，因「性」與「氣、情、才」的本質都是由「天」所創生，於是「氣、情、才」就是人最基本的實踐方法，那麼「氣、情、才」就是體，而散出來就是性體，並且得知陳確肯定善就在人身上，在形而下之中〔註30〕，那麼「氣、情、才」何來之惡？如此一來又再一次推翻了宋儒學者所謂的形下「氣、情、才」是惡。猶如《中庸》言「天命」，是扣緊了人倫日用的落實，藉由陳確所言「素位之行」來保持「氣、情、才」不斷的完成，於是使「道體」就在這此氣化之中顯露無所不在。

　　另外並不是像《樂記》所言「天人二分」，在於陳確的思想理念之中，由「天命」到「人身」是一氣相流通，對此如有「天人二分」則會造成形上與形下割裂二分，而「氣、情、才」則會失去依靠，此時「性」、「氣、情、才」

〔註28〕　【清】陳確《陳確集》，（北京：中華書局，1979 年），下〈原教〉，頁 456。
〔註29〕　【清】陳確《陳確集》，（北京：中華書局，1979 年），下〈答朱康流〉，頁 472。
〔註30〕　參見詹海雲《清代學術論叢——陳確人性論發微》，臺北：文津出版社出版社，
　　　　　頁 295。純就「性體」二字分析，陳確認爲「性即是體，善即是性體」。

不具有相感之能，亦使兩者都可能若入「惡」，此爲陳確對於《樂記》「天人二分」提出批判，唯有透過「實踐」、「擴充」、「養氣」才是陳確所要闡述的理念。然而「喜、怒、哀、樂」之發，亦是「氣、情、才」對於外物而有所反應而所表現出來的情感，再藉由內在「心」來觀照事物，並藉由貫穿於內外之「氣」的活動，來使「氣、情、才」與「喜、怒、哀、樂」做一連結，而不是在於形上本體去體認，那麼陳確以「一體皆善」的觀念之下，「氣、情、才」仍是善，並不受到外在環境所影響，仍可保持著善。

> 告子止說一性有不善，孟子猶深闢之。諸子猶以爲爲未足，紛紛指
> 情、才、氣之不善，以盡削其輔，而性益孤危無所恃。善伐樹者，
> 先伐其枝，而本隨之，此司馬翦魏之計也。甚矣，諸子之巧于滅性
> 也！雖張子謂「學先變化氣質」，亦不是。但可曰：「變化習氣」，不
> 可曰：「變化氣質」。變化氣質，是變化吾姓也，是杞柳之說也。
> 〔註31〕

雖然宋儒學者對於形上性善本體認爲是純善，伴隨著此道德規範他們確極力去追求虛無飄渺的清暢本體，而遺忘了形下「氣、情、才」的表現，認爲形而下之物是不足以與形上道德本體相比擬，轉而認爲「氣、情、才」是形下之惡，於是「氣、情、才」則不被人所重視，導致後天工夫實踐不全，使人有怠惰、推諉之心。陳確認爲要把「性」的道德本質全部展現，必須透過「氣、情、才」的展現，不免看出陳確對於後天的實踐工夫非常重視，藉由「養氣」、「擴充」來把形下的「氣質之性」發用到最大，而「氣、情、才」也就是「氣質之性」的表現，如此一來陳確則不認爲「氣、情、才」是惡，於是他認爲不應該說「變化氣質」而是「變化習氣」〔註32〕。最後由上面所有的論點得知陳確所言「氣、情、才」爲善。再者，在明清思想轉換期「情善說」也慢慢爲世人所認同，而下面筆者則個舉「理氣是一」、「純粹氣本論」、「心理氣是一」、「心氣是一」來相互做比較。

第二節 陳確與諸儒「情善說」之討論

藉由上面論述之下，可以了解在陳確的思想架構之下，進而推敲出陳確

〔註31〕【清】陳確《陳確集》，（北京：中華書局，1979年），下〈氣情才辨〉，頁454。
〔註32〕參見本論文第四章第三節。

所言的「氣、情、才」爲善，並且藉由批判宋儒學者以「氣、情、才」爲惡的觀點，來凸顯出陳確「情善說」的思想特質。然而，在明清思想轉換之際「情善說」也慢慢爲世人所認同，而下面筆者則個舉「理氣是一」羅欽順、「純粹氣本論」王廷相、「心理氣是一」劉宗周、黃宗羲、「心氣是一」孫應鰲來相互做比較。

一、與羅欽順「人心，情也」相比較

羅欽順利用「理一分殊」的立場角度來對「道心」就是「性」；「人心」就是「情」做分析解釋。然而「人心」易受到外在的環境所利誘，但羅欽順又認爲心之所發的「情」是善，那麼問題就在於「道心」與「人心」如何相互的影響碰撞，來讓「情」無法爲惡，並且進一步批判禪學、心學的弊病，而發展出另一套的「情善說」最後再與陳確的思想架構做比較。另外羅欽順在〈答陸黃門浚明〉、〈答黃筠溪亞卿〉、〈答劉貳守煥吾〉指出：

> 道心，性也；人心，情也。心一也，而兩言之者，動靜之分，體用之別也。凡靜以制動則吉，動而迷複則凶。惟精所以審其幾也，惟一所以存其誠也，允執厥中，從心所欲不踰矩也，聖神之能事也。釋氏之明心見性，與吾儒之盡心知性相似，而實不同。〔註33〕

> 道心，性也；性者道之體。人心，情也；情者道之用。其一體而已矣，用則有千變萬化之殊，難而莫非道也。此理甚明，此說從來不易。〔註34〕

> 人只是一個心。然有體有用。本體即性，性即理，故名之曰道心。發用便是情，情乃性之欲，故名之曰人心。〔註35〕

首先羅欽順把「心」也分成「道心」、「人心」兩種狀態來談實則爲只有一心〔註

〔註33〕【明】羅欽順《困知記》，附錄〈答陸黃門浚明〉，北京：中華書局，1990年，頁139。

〔註34〕【明】羅欽順《困知記》，附錄〈答黃筠溪亞卿〉，北京：中華書局，1990年，頁115。

〔註35〕【明】羅欽順《困知記》，附錄〈答劉貳守煥吾〉，北京：中華書局，1990年，頁124～125。

〔註36〕參見成中英〈原性與圓性：性即理與心即理的分疏與融合問題——兼論心性哲學的發展前景〉，《漢學研究》第十三卷第一期，1995年，頁74。「明代理學家羅欽順把情是屬性之體（道心）的已發之用，等同於人心之實際，而且他更從氣的本體性肯定了情與欲與性理的內在有機關聯，加強了性情的統一性。」

36〕，其云：「人只是一個心。」〔註37〕倘若我們以「理一分殊」立場來理解羅欽順，則可以很明確的說「道心」爲性即理一；「人心」爲情即分殊。由上文述所言深入的去探討，「道心」即是性之本體，屬於純善之狀態存在著，這不就屬於宋儒學者所言「天命之性」，於是羅欽順仍保留著「理」本體的思想，他也曾說：「本體即性，性即理，故名之曰道心。」〔註38〕本著「理氣是一」的角度來看的話，此「理」也就是「氣之條理」，那麼性中就帶有形上「氣之條理」，而「道心」必然是清暢純善之體。至於談到「情」則是爲「人心」所發，即是藉由「心之發用」來對外表現出「道心」的內涵，那麼不就是藉由形而下來展露形而上的無限道德規範，如此一來「道心」、「人心」實則爲一心，而「情」不就是爲善。然而，又談到羅欽順「心」的「體用」、「寂感」、「動靜」、「已發」、「未發」皆是在於一氣流行之中展現，當「靜以制動則吉」也就是說藉由「氣之條理」來規範人內在之心，使人得以表現出道德規範；反之若「動而迷複則凶」則易於使人受到外界環境所利誘，那麼不就可以說「氣」在性中見、性亦在情中〔註39〕。

　　陳確對於本體不是那麼重視，但是並不是對於本體有所遺棄，他從天人一貫的角度出發來對「氣、情、才」做了全新的詮釋，先肯定人性爲善而「氣、情、才」亦是善，並沒有著重在於先天義，反而是越過此柵欄轉而從形下層面來說明此性，於是雖同樣認爲「情」是善，但羅欽順則是須有一個道德本體做依靠，當此道德本體消失、無法朗現，那麼此時「情」就有可能產生問題，這也是羅欽順的矛盾之處與陳確較爲不同的地方。陳確也認同羅欽順所言「氣」在性中見、性亦在情中，陳確也明確指出「氣、情、才」必須在性上見，而性也在氣中使三者交融互滲，曾云：「性中之氣」〔註40〕雖然兩人都認爲性在情中。但是「心」仍是有些微不同之處，因爲羅欽順必須先從「心」去著手，而導進「氣之條理」來規範人心，陳確則認爲「心」已經是具有此

〔註37〕【明】羅欽順《困知記》，附錄〈答劉貳守煥吾〉，北京：中華書局，1990 年，頁 124～125。

〔註38〕【明】羅欽順《困知記》，附錄〈答劉貳守煥吾〉，北京：中華書局，1990 年，頁 124～125。

〔註39〕參見劉又銘《理在氣中：羅欽順、王廷相、顧炎武、戴震氣本論研究》，臺北：五南圖書出版，2000 年，頁 38。

〔註40〕【清】陳確《陳確集》，（北京：中華書局，1979 年），下〈與劉伯繩書〉，頁 466。

價值義，這也代表著羅欽順的「氣、情、才」會到受到心的限制與影響，相比之下，陳確所言「氣、情、才」可以說是完全跳出舊有的理論，而開創出天道與氣、情、才兩者間的綿密關係。

另外羅欽順所言之性又爲「氣質之性」，如此一來「情」何來之惡，再一次的顯示出「情」爲善。再者，我們可以看出羅欽順也間接批評了「禪學」的形上的不徹底性，只講求「佛性本體」，；又對「心學」的「空談心性」、「以知覺爲性」，只講求內在之本心對外界的感應，而忽略了後天的實踐工夫也就是「用」，另外黃宗羲也在《明儒學案》之中，對羅欽順的「體用」做了說明〔註41〕。羅欽順爲何要把「道心」、「人心」分成「已發」、「未發」兩種狀態，是有其他的道理之處。

羅欽順云：

> 若人心道心一概作已發看，是爲語用而遺體。聖人之言殆無所不盡也。「惟精」是隨時省察工夫，就人心而言；「惟一」是平日存養工夫，就道心而言。蓋人心常動、動則二三，故須察。道心常定，爲是一理，故只消養。平日既知所養，又隨時而至察焉，則凡人心之發，無非天理之流行矣，此天人之所一也。〔註42〕

雖然前面我們可以得知「情」是善的結論，但在羅欽順的思想之中，他認爲「道心」、「人心」無法當成「已發」來等同看待，他實怕世人只知心的發用，卻遺忘了最根源的本體「道心」，於是在此我們仍可以看出羅欽順對於「理本體」非常保留，他更說「道心常定，爲是一理」。簡單來說，他認爲必須有形上的「氣之條理」來對於形下的「氣質之性」來做相對的支撐與規範，於是形下就能展現出形上的本質，可看出羅欽順雖從分解立場來論述，但總結起來仍是離不開圓融之說。羅欽順指出「人心」易受到外在環境所影響，認爲時常保持著工夫修養，因爲「道心」雖爲未發，但依舊必須藉由「人心」來展現，而「情」又是心之所發，而對於「人心」就必須要謹慎去實踐後天的

〔註41〕【明】黃宗羲《明儒學案》，卷四十七，臺北：里仁書局，1987年，頁1109。「先生以爲天性正於受生之初，明覺發於既生之後，明覺是心而非性。信如斯言，則性體也，心用也；性是人生以上，靜也，心是感物而動，動也；性是天地萬物之理，公也，心是一己所有，私也。明明先立一性以爲此心之主，與理能生氣之說無異，於先生理氣之論，無乃大悖乎？」

〔註42〕【明】羅欽順《困知記》，附錄〈答陳靜齋都憲〉，北京：中華書局，1990年，頁127。

修養工夫〔註43〕，在加上形上所謂的「氣之條理」來規範此「人心」，最後使「人心」所發之「情」清暢展現出來。

　　陳確也明確說過人必須時常保持著工夫修養，但對於「道心」、「人心」而言則是無分已發、未發，因陳確主張人在此環境時空中是不斷的完成與創造，那麼氣化凝結也就是持續進行，所以對陳確來說「道心」、「人心」實則都是已發，那麼「情」也就相對是善的，因為「道心」與「人心」已經相融互滲一起，而直達卜降到個體之內，於是所發散出來的「情」也是善的，並解在藉由人對於後天的時間修養工夫實踐，使「情」更能適合的展露顯現，不再是羅欽順所言「情」必須先經由「人心」，而「人心」又必須被「氣之條理」加以規範後才能使「情」為善，最後雖說都是「情善說」但兩人的思想過程之中仍有很大的不同之處。

二、與王廷相「虛靈之氣」相比較

　　我們得知王廷相主張「心」統「性情」，但在「氣」為首出的思想架構之下，「心」是否不受到外界所影響而展現出最完善的虛靈之氣？再者，王廷相雖言「性」有善惡之分，那麼「情」能否脫離「性」的影響而展現出「善」的狀態出來，而筆者就以上論點來探討王廷相「心」、「性」、「情」是否三者相互影響，在與陳確的「氣、情、才」是善來做比較。王廷相云：

> 心有以本體言者，「心之官則思」與夫「心統性情」是也；有以運用言者，「出入無時，莫知其鄉」與夫「收其放心」是也；乃不可一概論者。知覺者心之用，虛靈者心之體，故心無窒塞則隨物感通，因事省悟而能覺。是覺者智之源，而思慮察處以合乎道者，智之德也。

〔註44〕

根據上面所述，我們必須先把王廷相所言的「心」、「性」、「情」之間三者關係一一釐清。「心」大致上可以分為兩層次關係即是「體」與「用」，因在王廷相的思想觀念之中，主張以「氣」為首出，以至於我們可以說「心之體」

〔註43〕參見杜保瑞《心統性情與心即理的哲學問題意識分析》，臺北：臺灣大學，2008年7月，頁4～5。「羅欽順兩分心性卻是為了說明工夫實踐的人心道心之別，心是有雜質的人心，性是天理，心做了工夫以後當然可以達到道心的境界，道心是人心一至於性時的如理狀態，所以或是心不即理而是性即理。」

〔註44〕【明】王廷相《王廷相集》，北京：中華書局，1989年9月《雅述》上篇，頁834。

就是虛靈之氣，此時爲不受到任何環境影響爲最初的本質；除此之外，「心之用」即爲知覺，也就是能對外界的接觸與感受，但所謂「心之用」有時受到虛靈之氣的不通暢的影響，而導致「心」無法能眞正表現出人爲善的一面，此爲王廷相所面臨的一大問題。很明顯看到「心」不單僅有「靜」更是有「動」之能。又云：「仁義禮智，性也，生之理也；知覺運動，靈也，性之才也。」〔註45〕王廷相所言之「才」也就是「心」的知覺運動，因「性」本身也內聚虛靈之氣，具有動靜之能且能感應，那麼「心」與「才」、「性」之間關係不就屬於相同性質，具有向外發動的能力。

　　相比之下，以陳確「心」的角度來看去闡述的話，心不但具有「動」的功能，也蘊含著形上道德規範即屬「靜」，而所爲「動」也就當氣化過程之中不斷的完成與創造，並且使吾人個體得以對外發用與對內的收攝，除此之外，「心」與「性」之間必然會相貫通，所談之「情」也是性的一種流露，並不用有所謂的「虛靈之氣」來加諸於性上，否則當此氣遇到遮蔽之時必產生惡的可能，所以陳確才從形下層面回推到形上層，爲的是從形下層面去肯定人的價值規範，而使人不會有推諉之心；王廷相雖然也是情善說，但性可能會有善惡之分，於是他必須導引個人的後天教化問題，來消解性有善惡的可能，最後才能使「情」達到善的境界，這也是陳確與王廷相最大的不同之處。

　　在王廷相主張「氣本」的思想架構之下，我們必須先了解「性」就分爲有「善」有「惡」，再來與「心」、「情」之間關係是如何，其云：「天之氣有善有惡，觀四時風雨、霾霧、霜雹之會……世儒曰：「人稟天氣，故有善而無惡」。近於不知本始。」〔註46〕在天地一氣的觀念之下，天之氣有善有惡，那麼人性也就有善有惡，「天」在凝結化生過程之中，人稟受到陰陽之氣所影響，而天氣又是有善有惡，那麼人性就是有善有惡〔註47〕。這裡很明顯看出與陳確相異之處，陳確認爲「性」有善無惡，因爲從「天命」到「性」至「氣、情、才」同屬爲在一氣流行之中，三者不但是一且爲是善。

　　王廷相更進一步說：

　　　　大率心與性情，其景象定位亦自別，說心便沾形體景象，說性便沾

〔註45〕【明】王廷相《王廷相集》，北京：中華書局，1989 年 9 月《橫渠理氣辯》，頁 602。

〔註46〕【明】王廷相《王廷相集》，北京：中華書局，1989 年 9 月《雅述》上篇，頁 840。

〔註47〕參見本論文第四章第五節。

> 人性虛靈景象，説情便沾應物於外景象，位雖不同，其實一貫之道
> 也。〔註48〕

王廷相認爲，「心」與「性」、「情」其實是同爲一體，只爲稱謂有所不同罷了，因爲「心」雖有「道心」、「人心」之分，而所言「道心」即是虛靈之氣爲清暢之心不受到外界所影響；反而「人心」容易受到當下時空環境所利誘，容易使人淪爲之惡，那麼「性」此時會受到「人心」作用而受到影響。然而，王廷相看到此問題的發生，於是必須藉由工夫實踐來「人心」導回正常路途，於是他認爲必須藉由「精一執中」來使人心合理發動而達到爲善的可能。其實我們可以發現到「情」不爲「惡」，因爲王廷相已在「心」到「性」此階段已把所有的雜念所屏除，使「人心」回歸到與「道心」相同，於是「性」此時所表先出來也就善的，既然「性」是善的，那麼「情」所展現出來的也是善的，再者，「情」亦是經由「心之動」而發用出來，由「心」爲「沾形體景象」而「情」爲「便沾應物於外景象」，如此推論之下「情」也就是「心」所感應之下所外發的現象，經由上面所論述大至可以推論出王廷相所言「心」、「性」、「情」皆爲是一。〔註49〕

陳確所言「情」爲性之流露，因必須藉由擴充「四端之心」把性中的良知良能給無限展露出來，並且我們發現王廷相思想理念之中所言之「心」與陳確所言之「心」稍有不同，王廷相所言「心」有蔽塞可能於是有「氣清、氣濁」之分，也就是說「心」有爲惡的可能，但可以藉由實踐工夫使「心」免於落入此泥淖之中；陳確深受孟子影響而所言之「心」爲「本心」也就是良知良能，本屬於爲善，但必須透過「擴充」也就是工夫使之全善。相較之下，王廷相必須在於「人心」之處先去實踐工夫（精一執中）而使「心」走

〔註48〕 【明】王廷相《王廷相集》，北京：中華書局，1989 年 9 月《雅述》上篇，頁834。

〔註49〕 （1）劉又銘《理在氣中：羅欽順、王廷相、顧炎武、戴震氣本論研究》，台北：五南圖書出版，2000 年，頁 76。總之，心、性、情三者一貫，只不過心側重於做爲知覺思維出入收放的功能運用的器官形體之義，性側重於「虛靈」與「靈而覺」的「靈、能而生之理」以及作爲心的本然狀態之義，而情則側重於對外物的感應互動之義罷了。
（2）岡田武彥〈反宋明學の精神──唯氣的思想〉《宋明哲學序說》，東京：文言社，1977 年，頁 335。浚川是主張性氣一體的說法，並在此基礎上，強調心性、性情也是一體的。
（3）高令印、樂愛國《王廷相評傳》，南京：南京大學出版社，1998 年，頁146。在王廷相看來心、性、情同爲一體，心是包含性的有形體，情是心之動。

向「道心」，在藉由「道心」發用之時展現出善的可能；而陳確雖「心」爲善但仍必須藉由擴充來使性中的良知良能展顯出來，但兩者最終都是屬於「情善說」不把「情」看做是爲惡的可能。換句話說，兩者所言之「情」都是善的只是方法途徑有所不同。

三、與「心理氣是一」相比較

劉宗周則以「心理氣是一」的角度去詮釋「性」、「情」之間的關係與變化，並且批評對於宋儒學者把「情」已發爲善，就說性是善的錯誤說法，則云：「凡所云性，只是心之性，決不得心與性對；所云情，可云性之情，決不得性與情對。」〔註50〕進而提出「即性即情」一套的思想理架構。筆者則是從「喜怒哀樂」、「仁義禮智」之間的辯證，來了解「情」是否就是「性」的一種展現，並且由「情」回推到「天理」來確立「情」是善的肯定。以下則是筆者對於劉宗周的推論來和他的學生相做比較。

主張「心理氣是一」黃宗羲提出「離情無以見性」的觀點，因此我們必須深入了解「情」、「性」之間的關係，來了解「情」是否受到「性」的影響。然而，黃宗羲所言之「性」卻又不是那麼單純只言人的「氣質之性」，而有人與禽獸之分，那麼「情」是否能維持著「善」呢？筆者則對以上問題做深入了解，並與陳確的「氣、情、才」相驗證，來得知黃宗羲爲何不認同陳確「氣、情、才」。

（一）劉宗周「即性即情」

孟子曰：「乃若其情，則可以爲善矣。」何故避性字不言？只爲性不可指言也。蓋曰：「吾就性中之情蘊而言，分明見得是善。」今即如此解，尚失孟子本色，況可云以情念性乎？何言乎情之善也？孟子言這惻隱心就是仁，何善如之？仁義禮智，皆生而有之，所謂性也。乃所以爲善也，指情言性，非因情見性也；即心言性，非離心言善也。後之解者曰：「因所發之情，而見所存之性；因所情之善，而見所性之善。」豈不毫釐而千里乎？〔註51〕

〔註50〕【明】劉宗周、戴璉璋、吳光主編《劉宗周全集》，（臺北中央研究院中國文哲研究所籌備處，民86），第二冊，頁549。

〔註51〕【明】劉宗周、戴璉璋、吳光主編《劉宗周全集》，（臺北中央研究院中國文哲研究所籌備處，民86），第二冊，頁549。

在「心理氣是一」思想架構之下的劉宗周，首先提出前儒對於孟子所言「乃若其情，則可以爲善矣。」的錯誤認同，進而做了一番新的詮釋與融合。劉宗周認爲前儒對於「情」與「性」理解是不足的，他們只能看出「因情見性」並不是從性中之「情」去體會，如此一來則會產生「情」與「性」兩個本體，也就是說透過「情」的體驗才能了解「性」的眞正蘊涵，即是以「異質異層」的狀態存在。然而孟子藉由擴充「四端之心」來展現人性，而惻隱之心不就是「仁」的表現亦是「情」的顯露。孟子又直言「仁義禮智，皆生而有之」人本身在於氣化流行之中，「仁義禮智」已經加諸於人身上，如此可知孟子是以「指情言性」、「即心言性」，推論出「心」、「性」、「情」是一，而不是「因情見性」，並且後人認爲當「情」之發用就能見「性」之所存，而「情」已發爲善，就說性是善。

相同地，陳確認爲「性」並須在「氣、情、才」體證，其云：「性之善不可見，分見於氣、情、才。」〔註52〕雖然陳確不從本體來說「性」，但是他特重於後天的人爲的表現，容易使人誤認爲遺本體，重形下的觀念，其實並不然遺忘本體，只是他從肯定先天層次，再把本體鑲嵌入形下之中，使形上本體之性與「氣、情、才」是一。對此，陳確與劉宗周的「性情觀」仍是相同，只是所用的詮釋方法不同而已。其實依筆者來看，前儒只是在於無法把「情」、「性」相貫通而成「異質異層」；劉宗周則是把「性」、「情」相互做個連結，使之成爲「同質同層」〔註53〕，其云：「凡所云性，只是心之性，決不得心與性對；所云情，可云性之情，決不得性與情對。」〔註54〕。那麼我既然知道「情」、「性」之間的關係，更能進一步對「情」是否爲善做一個推論。

劉宗周云：

> 一性也，自理而言，則曰仁義禮智；自氣而言，則曰喜怒哀樂。一理也，自性而言，則曰仁義禮智；自心而言，則曰喜怒哀樂。〔註55〕

〔註52〕【清】陳確《陳確集》，（北京：中華書局，1979年），下〈氣情才辯〉，頁452。

〔註53〕參見陳立驤《劉蕺山哲學思想研究》，臺南：國立成功大學中國文學博士研究論文，2009，頁112，註十五。蕺山既然反對「心」、「性」二分，同時又反對「性」、「情」二分，那它自然也是反對將「心」、「性」、「情」三分。他不僅認爲「心」、「性」是一，更認爲「性」、「情」是一，更進一步說明「心」、「性」、「情」三者是一。

〔註54〕【明】劉宗周、戴璉璋、吳光主編《劉宗周全集》，（臺北中央研究院中國文哲研究所籌備處，民86），第二冊，頁549。

〔註55〕【明】劉宗周、戴璉璋、吳光主編《劉宗周全集》，（臺北中央研究院中國文哲研究所籌備處，民86），第二冊，頁160。

此「理」即是我們認爲的形上之理，並且此「理」蘊含著道德規範，再者劉宗周主張「盈天地間只有一氣」於是「理」則化生成「氣化條理」下降到「性體」之上，於是「仁義禮智」也深受此「氣化之理」影響，從「理」到「性」這之間不斷的生成與作用，而此「氣化之理」作用於性中，則便成爲氣化之情，成爲「喜怒哀樂」，那麼「喜怒哀樂」也就是「性」，但是重點在於劉宗周不是從先天「性」、「理」來強調性善，情亦善，他只是把「性」、「理」視爲氣的條理次序的運行〔註56〕，那麼「情善」必然回歸到天道既有的本質來探討，至此，仍不免看出劉宗周離不開形上本體的限制。

再者，陳確與劉宗周最大不同點在於，陳確的「氣、情、才」雖然從天命一路相貫下達到形下之中來談，但是他仍以後天工夫修養的進路來說，如劉宗周所言的「氣之條理」在陳確的思想觀念裡頭，早已在氣化過程之中必然的灌注在個體中，並且在氣化創造與凝結不斷的發用完成，其主要目的在於人如果憑恃依靠上天所賦予的資賦，容易使人產生怠惰之心，如此一來又必須回歸到講求形上本體的理論，進而再度落入到空談本體心性，因此，依筆者認爲陳確跳脫了形上本體的束縛框架，使「道體」就在一氣流行之中不必加以再去多做論述。

> 喜怒哀樂四者，即仁義禮智之別名。在天爲春夏秋冬，在人爲喜怒哀樂，分明一氣之通復，無少差別。天無無春夏秋冬之時，故人無無喜怒哀樂之時。〔註57〕

對此劉宗周主張「喜怒哀樂」即是「仁義禮智」，在於位階上的不同稱謂而已，但本質上仍是屬於一致。更進一步把「喜怒哀樂」比喻爲「四氣」──「春、夏、秋、冬」四時的展現，換句話說，天有四時氣候變化，而人有「喜怒哀樂」之展現，不免看出劉宗周對於「喜怒哀樂」的地位的擢升，相對而言「情」不再僅限於形下層面，而是與形而上的道德禮教相環扣一起。

至此，很明瞭得知「喜怒哀樂」亦是「性體」，也就是說「性」、「情」皆在天地宇宙一氣流行之中運行與變化，於是由上面所論述得證出「性」、「理」、

〔註56〕 參見陳來《宋明理學》，臺北：允晟出版社，2010 年，頁 444。他認爲「性」並不是一種獨立的實體，性就是一定的氣質特性，義理不過是指氣的運行本然狀態而已。

〔註57〕 【明】劉宗周、戴璉璋、吳光主編《劉宗周全集》，（臺北中央研究院中國文哲研究所籌備處，民 86），第二冊，頁 302。

「氣」、「心」、「情」是一。但劉宗周也明瞭必須從「情」一步一步慢慢回推，來了解「情」爲何是善，而不是宋儒學者認爲「情」已發爲善，就說性是善，看出劉宗周對於後天的實踐不是那麼健全，雖然劉宗周解決了「非仁義禮智爲性，喜怒哀樂爲情也」、「非仁義禮智生喜怒哀樂也」、「性情是一」等問題，其云：「非仁義禮智生喜怒哀樂也。又非仁義禮智爲性，喜怒哀樂爲情也；又非未發爲性，已發爲情也。後儒之言曰：『理生氣，性生情。』」〔註58〕但是，劉宗周並未充分說明和解釋：仁義禮智等道德理性同喜怒哀樂等情感表現是如何完全合一的此爲可惜之處〔註59〕；相較之下陳確看出此問題性而轉向形下的實踐面來復性。

陳確受到漢代「自然義」影響之下，但陳確也提出與劉周宗相似的觀念，其云：「本於天，故異陰陽，此地氣之限於南朔者然也。」〔註60〕藉由陰陽化生而成四時之變，再透過四時之間則依循著「天道」的規律而有所不同「春生、夏長、秋收、冬藏」的結果，陳確也把此現象比喻成「性」，反之亦是「氣、情、才」的顯露，因爲「氣、情、才」由性上見，這也代表著我們必須從性上眞正去體會，並且透過自我的修養，藉此可以把道德理性發揮出來，那麼喜怒哀樂亦會表現在人倫之中，這樣看起來不外乎把兩者之間做一個相連繫，也解決了劉宗周無法合一的問題，於是，陳確也讓「氣、情、才」的地位也相對提高，這與劉宗周把「喜怒哀樂」看成「四氣變化」的想法相類似。

（二）黃宗羲「離情無以見性」

黃宗羲云：

> 先儒之言性情者，大略性是體，情是用；性是靜，情是動；性是未發，情是已發。程子曰：「人生而靜以上，不容說。才說性時，他已不是性也」，則性是一件懸空之物。其實孟子之言，明白顯易，因惻隱、羞惡、恭敬、是非之發，而名之爲仁義禮智，離情無以見性，仁義禮智是後起之名，故曰仁義禮智根於心。若惻隱、羞惡、恭敬、是非之先，另有源頭爲仁義禮智，則當云心根于仁義禮智矣。是故

〔註58〕【明】劉宗周、戴璉璋、吳光主編《劉宗周全集》，（臺北中央研究院中國文哲研究所籌備處，民86），第二冊，頁154。

〔註59〕參見蒙培元《理學範疇系統》，北京：人民出版社，1997年，頁262。

〔註60〕【清】陳確《陳確集》，（北京：中華書局，1979年），下〈地脈論〉，頁496。

「性情」二字，分析不得，此理氣合一之說也。體則情性皆體，用
則情性皆用，以至動靜已未發皆然。〔註61〕

首先，黃宗羲對於先儒所謂「性情」提出批判〔註62〕，而此處「先儒」推論
應該是屬於明清之前的思想家，對此，黃宗羲則是認為所謂「情是用」、「情
是動」、「性是靜」、與「已發」、「未發」問題提出既有的批判。換句話來說，
黃宗羲認為「情」即「性」不應該說「情」為「性」之所發，倘若「性之動」
則「情之動」；「性之發」則「情亦發」，如此看來黃宗羲則是主張「離情無以
見性」，如此一來，「情」與「性」雖然不是同層，但是仍是屬於同質，只是
對於稱謂有所不同罷了，並且黃宗羲也認為必須屏棄先儒所謂的形上虛無飄
渺本體，不應該在性本體之中再去追求另一懸空之物，否則與黃宗羲所主張
的「離情無以見性」會相違背，對此更能證明黃宗羲所言「性」、「情」是一。
然而黃宗羲確認為陳確所言「氣、情、才」來論性是不恰當的，他認為容易
落入告子思想的桎梏，而導致人與物有所不同。於是，產生了「氣質之性」
是否會影響到「情」，而陳確為何主張以「氣、情、才」來言性。

陳確也是有類似於「離情無以見性」的思想觀念，因為他明確指出情就
是性的流露，則言「由性之流露而言謂之情」〔註63〕這要代表著情與性兩者
是相緊扣一起，雖然「情」是屬於形下，但並不能言性與情是相分離的，因
為性的價值意涵仍是透過「情」來展現，以至於陳確才明白說明性的流露就
是「情」，雖然黃宗羲批評陳確所謂「氣、情、才」，主要原因在於黃宗羲他
認為「氣」實則有被遮蔽的可能，這也說明了氣質就會受到影響，則會有「氣
之本然」與「氣之雜揉」之分，但這也是短暫所發生，最後仍會回歸到善，
而黃宗羲才會對此感到有所不滿，但嚴格說起來兩位所言「情」與「性」仍
然都是同屬於本質。

〔註61〕 【明】黃宗羲《孟子師說》卷六，《黃宗羲全集》第一冊（臺北：里仁書局，
1987年），頁136。

〔註62〕 【宋】張載《張子語錄·後錄下》，《張載集》（臺北：中華書局，2006年），
頁339。「性者理也。性是體，情是用，性情皆出於心，故心能統之」。
【宋】朱熹《朱子語類》第一、七冊（北京：中華書局，2004年），頁89、
91、93、94、2513。「發者，情也，其本則性也」。、「蓋性即心之理，情即性
之用」、「蓋心之未動則為性，已動則為情」、「性以理言，情乃發用處」、「性
是體，情是用」。

〔註63〕 【清】陳確《陳確集》，（北京：中華書局，1979年），下〈氣情才辯〉，頁451
～452。

　　雖然黃宗羲沿用孟子所謂的性情之說，但卻不囿於孟子的思想框架內，又不走劉宗周所謂的「喜怒哀樂」這條理路，自我開創出以「四端之心」為「情」。他認為性是人的內在情感，性就是情，情就是心而言「心性情」是一，對此也從確立了道德主體論的思想。又言「仁義禮智」之性雖是後起之名，但卻跟於「人心」，即是四端之情，四端之情又為先驗道德人性〔註64〕。

　　相較之下，陳確則以直截的方式來表達「氣、情、才」，再者「氣、情、才」都是性不同展現，那麼氣質之性也就收攝著三者，於是再透過「擴充」把內在的本質發展開來，那也說明著人的內在情感也能夠得以適時的顯露；反之，劉宗周卻是不同的思想概念，劉宗周是以「喜怒哀樂」未發、已發來談，如此一來則無法在當下的環境時空中即時展露；另外，黃宗羲則以「四端之心」來說，但又有一個問題，就是必須去注意到「氣質」連帶去影響到「情」，如此一來三人的思想出發點是不相同的，但所言之「情」都是善的。

　　那麼，黃宗羲藉由「心」的發動所產生之情來展現性，而不以性之所發為情，而使「四端之心」充盈在我們人身上，使我們對於後天的道德本性無所推諉，如此一來「仁義禮智」之性就能完全展露，如此看來「心」、「性」、「情」是二者兼具「動靜」、「已發、未發」、「體用」，其云：「情貫於動靜，性亦貫於動靜，故喜怒哀樂，不論已發未發，皆情也，其中和則性也。今以喜怒哀樂未發之中為性，已發之和為情，勢不得不先性而後心矣。」〔註65〕從上雖可得知「心」、「性」、「情」是一的論點之下，但黃宗羲認為「性」不單純只是性，而分為人與禽獸之分進而連帶影響對「情」所造成的影響，那麼「情」是否為「善」亦或者為「惡」？

　　黃宗羲云：

　　　　氣質之性，但可言物不可言人，在人雖有昏明薄厚之異，總之是有
　　　　理之氣，禽獸之所稟者，是無理之氣，非無理也，其不得與人同者，
　　　　正是天之理也。〔註66〕

〔註64〕　參見蒙培元《中國心性論》，臺北：臺灣書局，民79，頁455。
〔註65〕　【明】黃宗羲《明儒學案》，卷四十七，《黃宗羲全集》第八冊，〈諸儒學案中一〉，「文莊羅整菴先生欽順」，頁409。
〔註66〕　【明】黃宗羲《孟子師說》，卷六，〈食色性也章〉，（《黃宗羲全集》增訂版）冊一，頁135。

黃宗羲主張「氣質之性」可以來言物但不可以言人，主要原因在於人稟受陰陽之氣化生而成；相對的，在凝結之時會受到氣化生成的方向、速度、厚薄不同影響，而產生人有「昏明薄厚之異」此現象，如此一來黃宗羲認為必須內聚「氣之條理」來加注於「氣質之性」而成為「氣質之本性」，並且此「天理」就是「仁義禮智」之性，物與禽獸則沒有稟受其「氣之條理」而與人不同。那麼我們此時則分成兩條進路來說明「氣質之本性」的「情」與「氣質之性」的「情」。

首先，「氣質之本性」之「情」，此「氣質之本性」本身蘊含著形上的道德規範，即是「仁義禮智」之性在人身上，再者，黃宗羲深受其師劉宗周「盈天地間只有一氣」的影響，進而提出「氣質之性」必須透過「氣之條理」來有所規範。如此一來，「氣質之本性」一定是善，那麼以「性」、「情」一貫的架構之下，「情」自然而然也能顯露出善。除此之外，我們更能特別注意到黃宗羲仍是保留著對劉宗周的繼承，必須有一個道德本體做依靠，使「情」是善。其二「氣質之性」，黃宗羲把此性規內在「物」與「禽獸」有之，明顯看出此「氣質之性」雖為上天所賦予的，但是在於後天的道德修養卻是沒有的，也就是說物與禽獸並沒有受到「氣之條理」所規範，但是筆者認為物與禽獸雖沒有受到「氣之條理」所驅動，但本著形上形下是一的理念之下，筆者認為「氣質之性」之「情」是善的，原因在於「物」與「禽獸」雖有氣質不清暢之時的表現，但仍是不偏倚天道以至於「情」仍可保有最原始的樣貌。

雖然，黃宗羲認為陳確「氣、情、才」無法來論性，但實際上只是黃宗羲仍是受到形上本體的束縛，他必須承認有一個形上的價值本體來規範此「氣質之性」；而陳確則是以把形上本體滲透到形下的方式來表示他對後天實踐的直截性，如此看來陳確「氣、情、才」不單單是形下之性，更是蘊含了形上的道德價值，但我們也不能說黃宗羲的想法有錯，只是在於它受到先驗的道德所影響，而來誤認陳確所謂的「氣、情、才」〔註67〕。最

〔註67〕 參見蒙培元《中國心性論》臺北：臺灣書局，民79，頁454。他所謂的情，是道德情感，而他所謂的性，是道德情感的理性。當他強調理性的時候，同事也是講道德情感的自我昇華；當他強調情感的時候，同時也就是講理性化的道德情感。依筆者認為，黃宗羲仍是以「體用一源」的關係來說明「性」與「情」的關係，只是仍強調以道德本體為依據，不像陳確那麼直接把「氣、情、才」來做性。

後，藉由上面所論述的結果之下，我們更能深深了解到以劉宗周的思想架構之下的黃宗羲、陳確，能保持既有的思想觀念並且能跳脫出原有的框架，而開創出自己的思想理路，但不把「情」當純作為形下之惡，而是賦予更多的內涵。

四、與孫應鰲「情熾性滅」之異同

孫應鰲則是從先天肯定「性」是善的，因「天道」所蘊含的道德規範必加諸於人身上，所以孫應鰲也認為形上本體不必去多談，反而轉向形下的「心」、「情」、「才」來論述，首先則必須去了解三者之間的關聯性，並且藉由推論來了解「情」是否為善，亦或者「情」會受到干擾而產生惡，以下則對孫應鰲稍加論述，並以加入陳確來做為比較。《孫應鰲文集·淮海易談》云：

> 天下無性外之物。情者，性之動，動而失其則，則情熾而性滅矣。
> 君子懲忿窒欲、修身之所損者莫切于此。約其情使合於中性，其情
> 之謂也。怒之過為忿，喜之過為欲，懲而窒之，使心不至于有所情，
> 不至於有僻，已發之際猶未發之時，是之謂中則性復矣。〔註68〕

天道為萬物之本源，因天道不僅運行在我們當下的時空環境之中，並且透過陰陽二氣而凝結化生成在我們個體之中，我們可以稱此內聚之理為「性體」。然而從這觀點去分析所謂「天下無性外之物」其實並不難懂，原因在於天道不斷受到氣化流行不已影響，而我們又受深到天道的感召，再者，此「性」雖然在我們個體之中，但可說是蘊含著天道價值義、永恆普遍義的方式存在著。除此之外，孫應鰲以「情者，性之動」這也明顯告知我們「情」的展現是受到「性之動」所影響，但站在「心氣是一」的立場來論述的話，並不單只有「性」會影響到「情」，而必須加入「心」的層面考量，即是「心」是否能合理的對內外有所判斷，然則有時受到氣影響無法清暢表現，進而導致「情熾性滅」的現象產生，故筆者認為可以從以下路線來了解「情」。

首先，我們必須知道當天理失去既有的本質之時，易導致「情熾性滅」此問題，也就是說「性之動」失去原有的運行準則，而導致性之感通不合於

〔註68〕【明】孫應鰲著，劉宗碧、龍連榮、王雄夫　點校《孫應鰲文集·淮海易談》，貴州：貴州教育出版社，1996年，卷二，頁79。

氣化天理的展現，那麼「情」就有可能產生「惡」，但孫應鰲則不認爲「情」
是惡的，於是轉向於後天的修養工夫，來消解「情」爲惡的可能，就是要讓
「性」合理於動，「情」合乎於合理之情〔註69〕。然而又要我們不要「怒之過，
喜之過」，這也是使我們陷入到「情熾性滅」的另一種可能，這已是屬於人欲
層次的討論，顯然孫應鰲並不是要我們完完全全的把慾望克制，人不可能無
欲且孫應鰲認爲只要合於行爲道德規範即可〔註70〕，即爲「中」的表現，換
句話說孫應鰲主張要透過「懲忿窒欲、修身之所損者莫切於此」此修養來保
證「情」與「性」之間的關聯性，如此一來當「情」合於「性之動」而不要
太過，再加上後天的修養工夫，使「情熾性滅」的狀況不在產生，那麼「情」
就能合理的展現善的一面。

　　陳確則不是那麼認爲性與氣化之理會無法合於感通，也因此些許的思想
家都仍認爲氣會影響到性，並且導致性有善惡之分，這也使陳確必須重新建
構一套新的思想觀念，因爲氣本身就是個生生義、創造義，不會因爲外在環
境因素而有所重大影響，相比之下孫應鰲則是指出會有所不同而有了「情熾
性滅」，也就是說還是必須導進來稍作支撐，因爲他沒有向陳確一樣，先肯定
先天的價值義而從後天實踐著手，所以必須先化掉此氣濁部份，並且再透過
個人的後天修養實踐工夫，使「情」再度合於「性之動」而不會太過，才能
讓「情」得以爲善。換句話說，陳確則比較直接認爲「氣、情、才」就是性，
而四者之間是一體無法分離。

　　孫應鰲言：

> 仁義等，性也；惻隱等，情也。其能如此者，才也。人有是性，其
> 所發則是情，其作爲則有是才。性者，心之理；情者，性之動；才
> 者，性之能。性不可見，觀情之可以爲善，則性之善可見；性善則
> 才自能爲善，然則爲不善者，豈性不能善也？物欲陷之耳。〔註71〕

〔註69〕　參見王巧儀《孫應鰲「心與氣」的思想研究》，臺北：中國文化大學中文所碩
　　　　士論文，民94，頁128。但筆者不認爲因爲「惡」的產生，來說「性」與「情」
　　　　二分，可能原因在於氣的活動受到遮蔽，而使「性」暫時失去既有的本質，
　　　　而導至「情」有所偏離天道，但「性」與「情」本質仍都是受到天道所充盈，
　　　　這好像是黃宗羲所說的「氣質不爲惡」只是暫時失去其本然的狀態，可透過
　　　　後天工夫修養即可回復天道。

〔註70〕　參見本論文第八章第一節。

〔註71〕　【明】孫應鰲著，劉宗碧、龍連榮、王雄夫　點校《孫應鰲文集·四書近語》，
　　　　貴州：貴州教育出版社，1996年，卷六，頁301。

孫應鰲曾主張性內聚「仁義」，而此「仁義」不外乎是天道所賦予在「性」，
猶如我們前面所論述的，此「仁義」即是具有永恆普遍性、價值義；而所
言「惻隱」即爲「情」之表現，他利用了孟子的「惻隱、羞惡、辭讓、是
非」此四端之心來了解外界環境，並且能做出合理的判斷，使人的行爲不
受到脫軌成爲情之惡，那麼「心」就具有相對重要的地位，因爲此「心」
必須內外相感應，也就是說「心」不僅具有判斷是非的標準，更重要的是
「心」是活動，如此一來「情」受到「心」所影響，但又不是被拘限住。
那麼，我們既然以了解到「心」與「情」是相互感應且爲是一，此時，則
產生一個問題在於「心」到「情」此過程之中，是如何向外發展的。孫應
鰲則是以「才」來做爲向外的動力，失去此動力的原因在於，仁是否受到
氣的表現不夠清暢，而使「心」暫時失去判斷的能力，而造成「情」無法
展現。依筆者認爲孫應鰲所言「才」有可能是屬於「氣」的一種，帶有著
一股內聚與發散的力量，如此更能來說孫應鰲是以「心氣是一」的角度來
闡述。

　　陳確也同樣主張「心」具有判斷與了解外在環境的可能，如此可表現出
「心」不管是外在或者外在都能相互緊連一起，那麼「氣、情、才」則也會
和「心」產生活動，比較不一樣的是孫應鰲認爲「才」就是具有內聚與發散
的能力，而陳確則是把「氣」作爲與外在環境溝通的橋樑，因此在此環境中
「情」能因心的合理判斷，而讓「情」能眞實的流露展現。

　　又「性者，心之理；情者，性之動；才者，性之能。」更是說明三者的
關係是相互環扣著，因爲「性」有心之條理來規範，而能使「性」能夠規律
的發用，而「情」亦能展現出完美的一面，但又必須配合「性之能」即是「才」
的外發動力，來使「性」的內涵能夠藉由「情」來展現，並且跳脫了宋儒的
以形上本體爲主的框架，則是以形下來展現形上的無窮天道。

　　陳確云：

　　　　由性之流露而言謂之情，由性之運用而言謂之才，由性之充周而言
　　　　謂之氣，一而已矣。〔註72〕

相較之下與孫應鰲所說理論有點相類似，於是孫應鰲才說「性不可見，觀
情之可以爲善」主要在於「性」本來就是善，不用再加以去探討了解，主

〔註72〕【清】陳確《陳確集》，（北京：中華書局，1979 年），下〈氣情才辨〉，頁 451
　　　　～452。

要在於形下層面比較重要。陳確也指出性之善不可見，必須從「氣、情、才」來討論，其云：「性之善不可見，分見於氣、情、才。才與氣，皆性之良能也。」〔註73〕主要是破除宋儒學者對於形上本體的迷思，因為本體就是屬於虛無飄渺無法真正去掌握住，必須從形下之中來表現形上的無窮天道，此時已經從形上降下到時下實踐曾，很明顯看到陳確與孫應鰲都走上了此道路，以後天的實踐道路為主要論述主軸，認為本體不需要去多談，進而認為形下的實踐比較重要。如此推論起來孫應鰲所言「性」、「心」、「情」、「才」都是善的表現，則把人的氣質之偏歸咎於是外在物欲所影響，而產生氣質受到遮蔽。

〔註73〕 【清】陳確《陳確集》，（北京：中華書局，1979年），下〈氣情才辨〉，頁452。

第七章　陳確「心氣是一」

　　陳確繼承了孟子「擴充盡心」，孟子其云：「盡其心者，知其性也。知其性，則知天矣。存其心，養其性，所以事天也。夭壽不貳，修身以俟之，則知天矣。」〔註1〕說明透過內在自我的反省，而讓自我本心能夠澄澈的展現開來，於是善端也能因此得以顯露，並且利用「存心」、「養性」工夫來強調後天的實踐工夫重要性。

　　其次，王陽明「致良知」，其云：「良知只是個是非之心。是非只是個好惡。只好惡就盡了是非，只是非就盡了萬事萬變。是非兩字是個大規矩。巧處則存乎其人。」〔註2〕王陽明則是融合了孟子的「良知」、「良能」使良知本體具有道德規範，除此之外更讓「致良知」更有爲善去惡的能力。

　　最後，陳確繼承其師劉宗周的「愼獨」思想並且在「體用一源」基礎之下來談，劉宗周其云：「君子之學，愼獨而已矣。無事，此愼獨即是存養之要，有事，此愼獨即是省察之功。獨外無理，窮此之謂窮理，而讀書以體驗之；獨外無身，修此之謂修身，而言行以踐履之。」〔註3〕劉周宗不管「已發」、「未發」都是認爲「愼獨工夫」，都必須透過後天實踐工夫修養，並以「意」入「心」的主要觀念，但這也是與陳確有些許不同的觀念。總之，陳確雖受到「心學」義甚強的影響之下，但他仍不完全都全盤接收，他看到明末王學的弊病，他

〔註1〕　《孟子注疏》（漢）趙岐注、（宋）孫奭疏（臺北：藝文印書館《十三經注疏》影印嘉慶二十年江西南昌府學開雕本，2001年）《孟子・盡心上》，頁228。
〔註2〕　【明】王陽明《傳習錄》，臺北：臺灣商務，1991年〈九川錄〉卷下，頁241～242。
〔註3〕　【明】劉宗周《劉宗周全集》，臺北：中央研究院中國文哲研究所籌備處，民86，第三冊上，頁370。

必須從不切實際的思想再度導回重視實踐層面，也因此「氣」的地位大大被拔擢提升，不再是宋儒的形下氣之惡，而以下從「心氣是一」進路角度來重新詮釋陳確獨特的思想特質。

第一節　援氣入心

　　雖然陳確對於「心學」有所繼承保留，但他仍發現這是不夠的，必須把「心」賦予活動價值，而不再是觀照一切事物之心，讓「心」流入到空談與不切實際的範疇中，所以陳確先肯定從形上本體一路下貫到形下來，使形上與形下互通有無之間，並且藉由肯定「氣」的存在再透過工夫修養，來使自然本心能夠自證自合得以展現在人倫日用中，以至於陳確必須導入「氣」的觀念來與「心」做個相結合，而形成了特有的「心氣是一」思想詮釋角度。

一、心為體，氣為用

　　陳確云：

> 力行之功，莫先改過。吾人日用，過失最多，自聖人且不能免，何但後學。細心體察，當自知之。知之即改，改而不已，功夫純熟，漸不費力。聖賢學問，端不越此。若明知是過而不即改，曰「此特在外者，不須亟亟，吾當求之獨體」，此自欺欺人，不可之大者也。知過之心，即是獨體；知而不改，便為有體無用，非真體矣。又於此外求獨，何翅千里。〔註4〕
>
> 不知家庭日用，處處有盡心功夫，即處處有盡心功夫，吾輩只是當面錯過耳。今學者言道，並極精微，及考其日用，卻全不照管，可謂之道乎？弟所以惓惓於素位之學者，固今日貧士救時之急務，即學者他日入道之金針也。〔註5〕

陳確主張人必須對於後天的實踐工夫有所責任，於是「改過」就成為主要的首要目標。再者，先藉由聖人都有可能做錯事情來闡述人不可能不犯錯，更何況是普遍的眾人。至此，雖然陳確從先天義肯定本體一路下灌到吾人身上

〔註4〕 【清】陳確《陳確集》，北京：中華書局，1979年，〈與吳仲木書〉，頁73。
〔註5〕 【清】陳確《陳確集》，北京：中華書局，1979年，〈與劉伯繩書〉，頁620～621。

的道德規範，但仍有可能受到環境所影響而導致人對於後天的行爲有所偏，所以「知過改過」就成爲首要工夫。

那麼，筆者認爲陳確利用「知過」、「改過」來論述說明「心」與「氣」之間的融合關係。陳確則引用劉宗周「知過之心」即是「獨體」的思想來做說明，但劉宗周仍是保留著既有的「獨體」無法持續對於「心體」灌注實踐義，如此一來就衍伸出「知過就改」也就是當下知道犯了過錯而去改過；相較之下，陳確則比劉宗周更進一步來說明如何讓「心體」常保流行不已，於是陳確則是援氣入心使心更具有流行義，但或許有人認爲陳確對於「心體」處於認識主觀層面，而忽略了客觀道體眞正意涵，但筆者則是主張陳確已把客觀的條件已加入到主觀層，雖陳確不言形上本體但不並代表他對於道德價值得遺棄〔註6〕，實則已藉由氣化流行在人倫日用中不斷灌注在「心體」之內，此時「心體」具有道德價值即是本體，同時也是有認知判斷的意義，所以我們已確立「心」所賦於人的流行價值義。

然而，空有「心體」也是不夠足以來貞定自我，當「心體」流行之時「氣」就扮演著「改過」角色，所以不管當「心體」已發、未發，「氣」都保持著原有的流行義，當外任環境衝擊到「心體」，則「氣」則會引導著人去做修正也就是「改過」，所以陳確才會主張「知過之心，即是獨體；知而不改，便爲有體無用」強調著「心體」與「氣」兩者不離微妙關係，而使「心」（體）、「氣」（用）雜揉一起形成「體用一源」。陳確對此又在〈又與張考夫書〉云：

> 蓋存乎人者，孰無仁義之心！呼爾與之，乞人不屑；蹴爾與之，行道之人勿受。雖殺人行劫之盜，見孺子入井，必有怵惕惻隱之心。小人閒居爲不善，無所不至見君子而后厭然揜其不善而著其善，此則小人之良心也。故雖極惡之小人，其心未嘗不知善之當爲與不善之不可爲，但雖心知之，而不能力至之，以必爲善而必不爲不善耳。

〔註7〕

〔註6〕參見張立文、周桂鈿《中國爲心論史》，鄭州，河南人民處版社，2004年，頁510。陳確過分強調了認識的主觀性，誇大了人的主觀精神活動在認識過成的作用，而忽略道與理所包容的客觀內容。筆者則認爲陳確雖過度強調主觀認識的過程，但在這條件之前已經把客觀的道、理融入在主觀之中，換句話說，陳確所認爲的客觀的本體即是「道在氣中」，所以不會在過度的去強調，主要是保握後天的實踐功能。

〔註7〕【清】陳確《陳確集》，北京：中華書局，1979年，〈又與張考夫書〉，頁600。

陳確思想特質大多也深受孟學說影響，並且主張「仁義之心」皆收攝於吾人個體之中，而「仁義」直承於形上無窮的道德規範，並且透過氣化流行凝結在「心體」內，於是「惻隱、是非、辭讓、羞惡」此四端之心則是仁義不同向度的展現，此時「心體」則以超越、普遍的方式來呈現出道德本心，於是我們已確立「心體」的主要功能。除此之外，陳確雖認為「心體」已經具有道德本質，但缺乏了超越自我的形軀限制，換句話說就是空有「心體」的道德規範而不夠去面對接受外來的衝擊，然而陳確則把「氣」的觀念導入，使「心」與「氣」內外交涉調合，使吾人道德本心發用不間斷，於是人就在此氣化過程中不斷完成與超越，所以陳確也認同孟子所謂「殺人行劫之盜，見孺子入井，必有怵惕惻隱之心」，主要在於「心體」透過氣化流行義來超越此限制，使「四端之心」得以如理展現，也就是說就算是殺人、強劫不肖之人看到小孩子落入井，都能展現出惻隱之心，這也代表著道德本質一直存在於我們個體中，只是缺乏如何向外發散能力與接受外在環境的回應，所以「心」必須藉由「氣」來讓我們不管再任何時空環境都能夠當下自我的逆覺體證。

從以上我們大略可以得知「心體」內含「惻隱、是非、辭讓、羞惡」此四端之心，只是在於是否當下能保握，因人都知道哪些事情能去做哪些是違反道德倫理，只是那一瞬間的良知道德是否能夠貞定。再者，「心體」雖有判斷事情的可做與否，但仍缺乏了把本心向外發散與向內收縮的能力，所以陳確才透過「氣」來實踐讓自我能夠不受到外在環境所遮蔽，另外又有人認為陳確「心即理」的思想，但筆者則認為是屬「心即氣」，主要在於陳確把「理」下拉到「實踐之理」而不是講求純形上之理〔註8〕，此時「理」不再是主要的主體了，而是以「氣」的實踐動力來說明「心」，因為已從先驗層次來肯定「理」的存在，所以最後仍是回歸到「心」與「氣」之間的問題。

二、運用之妙，存乎一心

陳確則對於「人心」有著獨特的看法。

蓋人心不能無蔽，蔽則所見皆偏，偏則於彼勢重，則於此益輕。是

〔註 8〕 參見張立文、周桂鈿《中國為心論史》，鄭州，河南人民處版社，2004 年，頁509。

　　　以古之人立規矩以爲方圓，立準繩以爲平直。獨無此心之可信哉！

　　　以爲信心之有蔽，不如規矩準繩之無失也。〔註9〕

此爲陳確與張考夫對於「心」的不同看法，張考夫認爲所有事情都不能憑恃著「心」來有所判斷，其云：「未可全恃以裁決事物」〔註10〕換句話說張考夫認爲「心」會受到氣化流行不清暢的影響，於是「心」就有可能產生偏離而落爲形氣之心，並且此「心」有可能爲形下氣之惡，此處可明瞭看出張考夫仍受到宋儒程朱所影響，把「心」當作爲形下之氣而導致「道心」、「人心」兩者再度產生割裂，而「理」才是眞正主宰一切人事物，所以他不把「心」當作判斷道德規範的準則，原因在於在氣化運行之時會受到氣化不同向度影響而有了清薄、清濁、厚重之分，如此一來「氣」在張考夫看來則是惡的表現，而導至人心有所遮蔽、輕重。

　　對此張考夫只好重新定義「心」，他認爲必須從規矩、準繩之中去尋求一個「理」來支撐「心」，此時「心」已失去自我主宰的功能則轉向「理」，也就說「心」必須依照著「理」來做爲回應外在的規範，此時必然走向格物致知的層面。相較之下，陳確則藉由批判《大學辨》「正心」、「格物致知」次序問題來肯定「心」的重要性，主要免於流入到只追求本體而把「心」看壞了〔註11〕。

　　而陳確則是對張考大有所回應，認爲不可把「心」當成形氣之惡，或者單純視爲形下之心。

　　　吾兄又云：「信心之有弊，不如規矩準繩之無失。」誠哉是言！第規
　　　矩準繩故在也，大匠用之而成，拙匠用之而敗，則非規矩繩墨之異，
　　　而所以用規矩繩墨者之異也。豈亦所謂「運用之妙，存乎一心」者
　　　耶？〔註12〕

陳確實則把「心」的位階拉拔上來，不再是走宋儒學者那條舊路，而以反傳

〔註9〕　【清】陳確《陳確集》，北京：中華書局，1979年，〈答陳乾初書〉，頁604。

〔註10〕　【清】陳確《陳確集》，北京：中華書局，1979年，〈答陳乾初書〉，頁555。

〔註11〕　參見陶清《明民遺九大家哲學思想》，臺北：紅葉出版，1997年，頁555。陶清在此也認爲人的「本心」，即具有向善意念、愛憎情感的自然本能，也就是「即所謂的赤子之心、孩提之愛、稍長之敬，亦萌而未達」而這種本然之心也必須經過工夫修養。筆者也同意此觀念，雖然「心體」收攝著道德本質，但仍缺少一個動力來驅使人對後天的負責，而「氣」剛好則扮演此角色，來使人對於後天更能去完成此動作。

〔註12〕　【清】陳確《陳確集》，北京：中華書局，1979年，〈又答張考夫書〉，頁601。

統的角度來看「心」，主張不應該去求既有的本體所蘊含之理，因為「心體」已受到形上道德價值的灌注，使「心」不再只是枯萎的形下之心，並且「心」在氣化流行中不斷的內聚與發散，所以決定「心」的價值判斷這任務則在於人身上，因人會受到外在的物質利益所利誘，此時「心」則會因為人的偏差行為而做出錯誤的決定。換句話說，「心」因直承於形上道德規範，所以把行為之偏的問題歸結於人對於後天是否真實去實踐，並不是把「心」看壞成形氣之惡，而是決定於「大匠」、「拙匠」的分別才是導致「心」無法真正表現出來，又云：「吾心者，事物之權衡，義理之繩準也」﹝註13﹞明顯可以得知「心」具有靈明之能並且又是義理的準則，這也是要陳確要靠訴我們不能把「心」貶低，那麼問題又必須回歸到人身上，但人如何去真正完成此過程而不讓行為產生偏離，那麼驅使人去學習才是拯救此問題，而陳確也明確主張氣無不善，如有不善也是人對於後天不負責的行為，〈氣稟清濁說〉云：

> 善惡之分，習使然也，於性何有哉！故無論氣清氣濁，習于善則善，
> 習于惡則惡矣。故習不可不慎也。「習相遠」一語，子只欲人慎習，
> 慎習則可以復性矣，斯立言之旨也。﹝註14﹞

再者，陳確從肯定「氣」的價值性到認為「氣」是善的，並且具有貞定吾人之性的功用基礎之下來談現實層面，所以陳確面臨了後天實踐問題而必須以學習為前提，來使人不因為外在的因素而有所影響，原因在於不再讓世人受到宋儒影響而把「心」看壞，轉而主張「運用之妙，存乎一心」，也就是人如何去透過「氣」的生生妙用，來讓「心」更能展現最初的本質，因為「心」也不再受到遮蔽限制了。

第二節　良知即本心

　　陳確所言「良知」、「本心」多少受到王陽明、劉蕺山的影響，但陳確仍是不滿王陽明對於「良知」講的不夠徹底也不具有真正實踐意義；又言劉宗周的「慎獨」把「心」歸於「意」，所以陳確站在此論點上則認為王學亦落入到只求本體的空談心性；並且把「心」與「氣」之間的生生義、活動義加以抹煞掉，最終使「本心」受到束縛、桎梏無法展現。

﹝註13﹞【清】陳確《陳確集》，北京：中華書局，1979 年，〈與張考夫書〉，頁 587。
﹝註14﹞【清】陳確《陳確集》，北京：中華書局，1979 年，〈氣稟清濁說〉，頁 455。

一、無負其本心

首先，陳確先在〈輯祝子遺書序〉中提到所謂「良知」、「本心」。

> 獨者，本心之謂，良知是也。慎獨者，兢兢無負其本心之謂，至良
> 知是也。先生達祝子初見問學書曰：「道不遠人，只就日用尋常間，
> 因吾心之已明者而一一措諸踐履，便是進步。」曰：「如今日驟遇期
> 喪，自是本心迫切處，不肯放過，即與之制服制禮，何等心安理得。
> 此外，更求道乎」曰：「心所安處，即是禮所許處」曰：「惟大節目
> 不可不自勉，亦只是時時挑動良心，自有不容已者。」此先生之教
> 也。亦寧爲初見之言而已，由是而益推之，謂先生之言無知非發明
> 本心之教，其亦可也。倘學者讀先生、開美之書而興起焉，人人無
> 負其本心，而又加之學，則是天之未喪斯文，而虞廷精一之心，庶
> 其復傳于今後也。〔註15〕

所謂「獨者」即爲劉宗周所闡述的「本心」也是王陽明所言的「良知」，但陳
確認爲空有「獨」仍是無法取支撐後天的實踐作用，於是把「獨」賦予工夫
修養，因當「獨」發用之時可能產生兩種情況：「善」與「惡」。對此，陳確
要確保此狀況不發生，只好把工夫鍥入到此獨體之中形成了「慎獨」，顯然陳
確對於「本心」不再只有本體義，而是具有認知義且透過氣化流行把個人的
實踐行爲展現此環境之中，如此一來「本心」則可以不斷的完成，並且不再
從本體上說「心」，改由氣化義來說此「心」。

既然，此「心」已從氣化層面來說的話，那「心」必然就能展現出形
上道德之理，而「理」就在人倫日用中透過「心」來顯現，而主要媒介也
必須利用「氣」的生生作用來貫穿此兩者。雖說「本心」本身是靈明清澈
之心可以觀照一切事物，但必須配合著實踐才能夠眞正看出自然本心，再
透過自然本心來得到正確的道德規範，藉此來修正自我的對外界環境的回
應。陳確也舉例說明當人必須面臨到喪期而內心產生了不安之感，如此一
來就必須依循禮節來安頓自我，所以「安」與「不安」則是「本心」所做
出的回應，對於合乎禮節就去實踐完成，相反不合乎禮節就必須自我約束，
以至於陳確才說「時時挑動良心」簡單來說就是要讓良心不管在任何時間
任何環境中都能不斷發用，此發用則不是再回去追求心外之理，而是直接

〔註15〕　【清】陳確《陳確集》，北京：中華書局，1979 年，〈輯祝子遺書序〉，頁 240。

切入到人當下實踐與否，才不會常常讓本心受到遮蔽而導致做錯事情，所以陳確仍是以後天工夫修養來做為任何思想的基礎。綜觀上面所述，陳確雖開創出自己的思想道路，但最終還是繼承於孟子、王陽明、劉宗周的學說加以發揚〔註16〕。

陳確言：

> 人之所以不死，心而已矣。心之所以不死，安與不安而已。……先生行先生之志，眾人行眾人之志，皆以求乎心之所安而已。嗟乎！使天下之人，有心而皆知所不安，知所不安而皆思所以安之，天下奚患不治！〔註17〕

「心」做為內在與外在的斷事物的標準規範，也就是「心」必須時常保持著靈明，則可免於外在環境對個人所產生的衝擊與影響，對此如何使吾人本心從「不安」轉向「安」才是重點所在，讓吾人自然本心能夠展現道德良知，所以陳確承襲了孟子所謂「擴充」，把內在的「惻隱、是非、辭讓、羞惡」向外發用，讓本心承載了形上道德良知並透過氣化流行讓吾人得以在生活實踐層無限展露，於是從「不安」得以進入到「安」並且合於禮。除此之外，陳確也主張對於違背道德本心之事不要去做，以免破壞了「心」內涵的本質，因此藉由當下的自我逆覺體證讓人在真實世界中得以保住道德本心，陳確也藉此脫離以「心」為本體的形上空談之理，而是落實在後天現實層面上，並把「心」與「氣」聯繫一起〔註18〕，於是「心」則能常保有靈明；而「氣」則利用生生流行義引導著「心」內在本質，並毫無保留的展現在吾人身上。〈輯祝子遺書序〉云：

> 開美之學，尚實踐，以知過改過為功，矣兢兢無負其本心為要。本心者，道心也，開美所造，雖未可云精一執中之學，然以開美之志

〔註16〕【清】陳確《陳確集》，北京：中華書局，1979年，〈與劉伯繩書〉，頁620。「先生尊心之論，正欲人盡心以知性，即孟子之旨。蓋尊心乃所以尊性也。故曰：無心外之性，無心外之理，無心外之學，無心外之道。故即心即性，即學即道，是一統功夫。謂之慎獨可也，謂之至良知亦可也。」

〔註17〕【清】陳確《陳確集》，北京：中華書局，1979年，〈與劉伯繩書〉，頁620。

〔註18〕參見蒙培元《中國心性論》，臺灣：學生書局，民，頁449。藉由「人心之有思，耳目之有視聽，是由於氣。思之能睿，視聽之能聰明，是由於才……以求心之本體，收其視聽，杜其聰明，以求耳目之本體。」說明了空有心性本體是沒有用的，必須藉由「氣」才賦予其活動義，如此一來在體用一源之下，兩者則能相融相滲。

與其力，假之以年，於精一何有哉！而天使至此，故可痛也。〔註19〕
最後，陳確之友祝開美也主張以「實踐」來完成人的道德本性，利用「知過改過」的工夫修養，使吾人在無時無刻都能「無負本心」，因「人心」本是同「道心」時爲一體，因「道心」已收攝在「人心」之內，也就是說當「人心」在發用流行之時，「道心」亦是在展現其道德本質，陳確其云：「道無定體，隨時而在也。」〔註20〕、「道體本無窮盡，本無方所。」〔註21〕顯然，祝開美與陳確的觀念是相同的，並認爲「道在氣中」思想，這也引申出陳確所言「素位」，相對也要求人必須透過當下的本心的逆覺體證來破除宋儒所謂靜坐、體悟、空談心性。

二、本心逆覺體證

陳確對於「心」、「氣」之間的契合曾言：

> 學失教衰，無人不昧其本心，無事不喪其本心，而猶覆之以義理之言，玄之以性命之旨，若可跨孔、孟而上之。言以近佛者爲精，書以非聖者爲經，晦蒙蔽塞，積五六百年。人安得不禽，而中國安得不夷狄乎！於此時而猶然與學者說本體，說作用，說已發未發，動靜顯微，轉增幻惑。惟有亟提其本心之良，使之自證自合，庶其將有眞學術、眞人品出于其間。〔註22〕

此段則嚴厲批評宋儒學者把形上本體拉拔太高，導致使「心」不再與「氣」相做結合，這必然讓「心」與「氣」兩者相割裂，雖然宋儒學者以孔、孟思想爲號召，但仍是脫離既有的思想本質以「義理之言」、「性命之旨」爲談論主軸，實則以偏向於佛、老之說且墮落到禪學的泥淖之內，相對鼓吹人對於「本體」的追求，於是把道德「良知」眞正矇蔽著。除此之外，又專注於「本體」、「已發」、「未發」的狀態，並不是能眞正把「本心」透過人展現出來，卻是把「本心」推至到一個無法達到的境界。然而，陳確對於如此空談心性的風氣實爲感嘆，但他仍是不放棄改革之志，主張「提其本心之良，使之自

〔註19〕【清】陳確《陳確集》，北京：中華書局，1979年，〈輯祝子遺書序〉，頁239。
〔註20〕【清】陳確《陳確集》，（北京：中華書局，1979年），〈與祝開美書〉，頁135。
〔註21〕【清】陳確《陳確集》，（北京：中華書局，1979年），〈與劉伯繩書〉，頁576。
〔註22〕【清】陳確《陳確集》，（北京：中華書局，1979年），〈輯祝子遺書序〉，頁240。

證自合」也就是說把「本心」真正落實在人身上，並且讓「本心」所謂內聚之理得以與現實經驗層面相呼應，使「心」與「人」之間逐漸契合，如此一來再藉由貫通形上與形下之氣，來讓人在當下能夠自我逆覺體證與不失去「心」的真正意涵。對此，陳確把「本心」、「氣」上拉到同一位階，並且不把「本心」當作成一種「坐忘心齋」而捨棄真正的意義。因此，陳確在〈輯祝子遺書序〉言：

> 儒者果有意窮理盡性之學，而將究所謂博學、審問、慎思、明辨、
> 篤行之功也者，舍吾本心之良，又復何所至其力哉！舍之，則博是
> 徒博，學是偽學，而凡所謂問、思、辨、行者，亦無之而非偽也。
> 〔註23〕

承接如上述所言，宋儒學者只是無盡的追求「本體」之上的「本體」即是「人生而靜以上」，這不再是「盡心知性」之學而是盡而不擴的思想，並尚未真正把「本心」灌注人身上。因此，陳確對於「博學」、「審問」、「慎思」、「明辨」、「篤行」並須在於「無捨本心之良」一切以道德良心當做根基，因「本心」受到形上道德之理所貫注，藉由「本心」是「道心」的另一種展現，但也並完是單由「本心」就能完成此工夫修養，雖有「本心」的道德良知還得須配合「氣」，而此「氣」也就是向外推的重要因素，否則淪為「博」、「問」、「思」、「辨」、「行」並不是真正所學，唯有透過「心」、「氣」與「人」三者之間自證自合、相互滲透來達到最終的心性之學，也明顯看到陳確闡述的思想仍以「心氣是一」角度來詮釋。

> 學問之事，誠非眇識所窺；然嘗妄測前脩，求其指要。竊謂如孔之
> 「時習」，曾之「日省」，雖微有深淺疏密之未同，要竝是不放心之
> 學。故孟子直以一語斷之曰：「學問之道無他，求其放心而已矣。」
> 自唐、虞至戰國二千餘年，聖人相傳心法，一語道破。學者用功，
> 斷不外此。由斯而進之，雖精一執中之學，何以加於是乎？故不放
> 心則自能格致誠正，自能脩齊治平；放心則所謂格致非格致，所謂
> 誠正非誠正，所謂脩齊治平非脩齊治平矣。〔註24〕

此處陳確所要強調即是內在「心」與外在「實踐」相互融合，並破除宋儒所

〔註23〕【清】陳確《陳確集》，（北京：中華書局，1979 年），〈輯祝子遺書序〉，頁
240。
〔註24〕【清】陳確《陳確集》，（北京：中華書局，1979 年），〈與張考夫書〉，頁 583。

謂「本體」、「未發」、「已發」，就如形上與形下本是一體而無所謂「義理」、「氣質」之分；至於不管「未發」、「已發」內在「本心」都會一直完成並且透過一氣流行展現在人倫日用中。所以，陳確也認爲孔子「時習」也就是不斷能自我保持在學習階段，而對日常生活中有所反省即「日省」來了解自己所做的事情，又承接孟子「盡心」強調人必須對於「實踐」二字能有所了解，讓工夫修養得以讓「心」的內在意涵更能推至到吾身上，孟子也主張做人、做學問都必須了解如何擴「心」，並且了解如何從學習中去體會天道。因此，陳確雜揉了孔、孟兩家學說並在此基礎之下而引入「氣學」的觀念來帶入到「心」，雖然陳確以「心」爲重但他又必須借用「氣」的流行觀來使「心」更具活動義，也因如此陳確更能去掌握「心」的本質，不管從內到外、外到內都能在此氣化流動中達到最佳的狀態，有如上面所述「博學」、「審問」、「慎思」、「明辨」、「篤行」，倘若缺乏了「學」、「審」、「慎」、「辨」、「行」這也捨棄了「本心」相對也捨棄了「氣」，所以陳確的思想觀仍以「本心」當作本體；「氣」則爲是向外與向內的工夫修養。

　　陳確對於生活體證又有不同看法：

> 不知家庭日用，處處有盡心功夫，即處處有盡心功夫，吾輩只是當面錯過耳。今學者言道，並極精微，及考其日用，卻全不照管，可謂之道乎？弟所以惓惓於素位之學者，固今日貧士救時之急務，即學者他日入道之金針也。〔註25〕

此處所闡述的主要意涵在於是否把「內在自我體證」眞誠的展現出來，於是「盡心」則必須扣入到日常生活中，藉由生活中的各種實踐體驗把「心」的天道價值規範展現出來，對此由內向外發用的「盡」也就成關鍵的一環工夫，即是說「心」不再只是單純的形上本體「只存有不活動」的本心，因此陳確則不走舊有的思想路途，主要是避免再步上王學的末流與宋儒空談本體。換句話說，讓人在於當下時空環境能夠使吾心逆覺體證，即是讓「心」有了活動的價值。然而，「心」有判斷價值的可能，但此「心」還是處於內在的自我體證，並不是以外發的狀態來展現，因爲還必須透過實踐工夫來展現，這也就是陳確爲何一直強調後天實踐工夫的重要性，主要還是讓人不憑恃著先天本有的本體，而遺漏了「心」與「氣」之間的聯繫，只注重如何在形上本體

〔註25〕【清】陳確《陳確集》，(北京：中華書局，1979 年)，〈與劉伯繩書〉，頁 620
　　　～621。

追求成聖的道路，唯有「反求諸心」透過在人倫日用中的工夫實踐來完成體驗心性本體。

第三節　道取決吾心

　　「道」一直以來都是中國思想範疇中最高的主宰。然而，陳確則主張從形上的天道下拉到形下氣化層面，此時人們更與形上天道更爲接近，而對於外在萬事萬物的判斷更能準確，而「心」就成爲人對於外在環境的準則，也從王學末流再度拉回到人倫日用中，這也造成當時候思想思潮反動，間接影響到人們對於後天實踐的責任感。

一、「理」爲務實之理

　　陳確把「理」當成「務實理」來看待，不在是至高無上的形上本體。

> 文章入妙處，無過是停當；學到入妙處，亦無過是停當。無不停當，
> 即是可與權、不踰矩境界，窮神知化又何加乎！或問停當之說。曰：
> 「即道理之正者。」「於何取諸？」曰：「取之於吾心。吾心停當，
> 道理自無不停當，故曰「先正其心」，故曰「從心所欲不踰矩」。從
> 心不踰，正吾心極停當時也。〔註26〕

對於陳確有不少人認爲是「心即理」〔註27〕而偏向「心學」，確實陳確因承繼了孟子「盡心」、王陽明「良知」、劉蕺山「愼獨」偏於「心學」，但不全是都是以「心」爲主要的依據。此處「停當」、「無過」即爲符合道理並且合於吾心，透過「反求諸心」來貞定吾人的對於後天實踐動力，而當「停當」、「無過」也是「天理」對於「心」的貫注，此時「理」不再只是單純的本體，而是透過「心」對於外在環境的回應，並利用氣化生生不息的動力將「理」轉換成爲「實務之理」〔註28〕，此「實務之理」也就是後天經驗層面的道德工

〔註26〕【清】陳確《陳確集》，（北京：中華書局，1979年），〈近言集〉，頁425。

〔註27〕參見王瑞昌《陳確評傳》，南京：南京大學出版，2002年。又見楊于萱〈陳確人性論研究〉，國立中央大學中國文學研究所碩士論文，2007年。

〔註28〕參見張立文、周桂鈿《中國爲心論史》，鄭州，河南人民處版社，2004年，頁509。陳確立足於現實人生，他認爲整個社會正處於動盪不安中，當務之急是實理求益。因此，他所謂之理，不再是宇宙本體或其它本質屬性，而是務實之理。拋棄超越萬物的本體是陳確理論的最大特點。筆者認爲雖然陳確拋棄萬物的本體，但他仍是必須保留「理」應有的特質，否則此理論則會無所依

夫修養，所以這也就是陳確爲何不談「本體」的地方，因爲後天實踐的展露
也就是本體的展現。

　　於是，我們得以確立「理」在陳確思想中的階層，然後再回歸來看「心」
對於「天理」的關係，就有如先前所述「天理」在於此氣化過程中不斷的加
注在吾心之上，那麼「心」也有了形上本體道德內容並不再只是形下之氣，
而「心」的地位也因此提升了。對此，「理」、「心」也就同體，而有了「心即
理」的可能，但陳確認爲這樣還不夠能保證人對於後天實踐工夫的可能，所
以必須仍以「氣」做爲引導作用，而筆者認爲對於「心即理」無不可，但是
如果以「心即氣」的觀念來詮釋陳確的思想特質，我想會更適合、更貼切陳
確的觀念。

二、突破「心」之限制

　　「心」不再是受到限制，而是跳脫出既有框架之中，其云：

　　　天下之理無窮，一人之心有限，而傲然自信，以爲吾無遺知焉者，
　　　則必天下之大忘人矣〔註29〕。

　　　心非無一人之心，理非無一人之理。〔註30〕

中國哲學思想對於「理」的認知大都是形上之理，具有超越義、普遍義、永
恆義，也就是說「道」無所不在，但此時我們發現一個問題，如何讓「道」
在人倫日用中展現呢？再者，「心」如何衝破既有限制透過對外在的認知來展
現無窮生生之道，這兩個問題或許都必須從氣化層面來闡釋較爲恰當，倘若
從舊有的「本體論」來論述的話，則會步上宋儒學者空談心性本體的拘限裡，
也就是說陳確必須再度思考此問題，讓「心」如夠流行不已並且能夠完全的
展現。

　　從先前討論我們得知陳確的天道觀是建立在「道在氣中」〔註31〕的基礎
上加以擴展開來。所以，我們可以從氣化層面來探討「理」賦予「心」何種
意涵，其一：「天理」做爲道德規範的最高準則，而此「理」不再只是存粹的

　　　據最後導致崩潰。最後，陳確已從現實從面去反推回形上層面，如此一來更
　　　能保握「心」、「性」、「理」、「氣」的最初的本質。

〔註29〕【清】陳確《陳確集》，（北京：中華書局，1979 年），〈大學辨一〉，頁 544。
〔註30〕【清】陳確《陳確集》，（北京：中華書局，1979 年），〈大學辨一〉，頁 558。
〔註31〕參見本論文第三章。

形上本體，已從形上層面下拉到形下階層，這也代表著「理」不但具有本體也具有創生的可能；其二，「心」不斷受到形上之灌注，使「心」能夠處於靈明狀態，但是此時「心」仍是無法顯露，原因在於必須透過後天人爲實踐工夫，而此工夫修養也就是能讓「心」衝破此限制，所以「氣」不但具備了活動義、創生義，更是讓「心」從內到外、外到內不斷的發用與內聚。另外，所謂的「發用」也就是當「心」對於外在環境有所接收，並且使人做出合適的行爲，那麼「內聚」也就是形上無窮之理利用氣化流行收縮內聚在此吾人個體之內。此時，「心」不在是單一路線而是多重面向，並且不在是「心非無一人之心，理非無一人之理。」〔註32〕而是萬眾之心、萬眾之理。

〔註32〕 【清】陳確《陳確集》，（北京：中華書局，1979 年），〈大學辨一〉，頁 558。

第八章　陳確「理欲」一元論

　　在傳統的理學思想範疇之中，許多學者紛紛把「天理」、「人欲」視為二分狀態，把「天理」的位階不斷的提高，也就是在「天理」之中不斷的追求形上「本體」；相反的，「人欲」則是被理學家視為形下之惡不好的、違背道德規範，而導至當時人們過度追求形上道德卻對於形下實踐都給忽略掉了。至此，理學家則提出以「存天理、滅人欲」為號召，此觀念對後代學者則造成影響，甚至到了明末清初個學家對「存天理、滅人欲」造成反動。因此，我們追溯到先秦典籍中不難發現其實「理欲觀」一直是個討論的對象。在《禮記‧樂記》有一段話是這樣說的。在《禮記‧樂記》曾提到「埋欲」與「人欲」：

> 人生而靜，天之性也；感於物而動，性之欲也。物致知知，然後好惡形焉。好惡無節於內，知誘於外，不能反躬，天理滅矣。夫物之感人無窮，而人之好惡無節，則是物至而人化物也。人化物者，滅天理而窮人欲者也。〔註1〕

人對於外在環境影響是無法避免的，因人對於物質的追求是不會停止的，這就是所謂「欲」或者「人欲」，而人稟受陰陽之氣而化生而成，相對的，道體在創生萬物之時性中之欲早就蘊含在人性中，那麼「人欲」必然是我們要去面對的，又言「物致知知，然後好惡形焉」人對於外物產生價值判斷，但又易受到氣化阻礙而無法當下做出對的事情，進而產生了「惡」，於是必須在此「惡」生成之前不斷的以工夫修養來貞定，那麼「不能反躬，天理滅矣。」

〔註1〕 《禮記‧樂記》（漢）鄭元注（唐）賈公彥疏（十三經注疏五，臺北：藝文印書館，影印嘉慶二十年江西南昌府學開雕本），頁666。

當人不能反求諸己「天理」此時則會被過度的「人欲」所薰心利誘而使「天理」式微，而筆者從此概念來推論「天理」、「人欲」是處於消長關係，也就是兩者相並存的一元論，並不宋儒所言二分。《禮記》也明說人對於外在事物不斷的在感應，那麼如何把「人欲」給合理化或者自我的控制，所以《禮記》並不是強調「天理」、「人欲」的對立的關係，反而是說明兩者之間消長關係，而注重內在工夫修養。但宋儒學者似乎對此有所誤解把「天理」、「人欲」對立起來，並提出「存天理、滅人欲」。

朱子云：

> 聖賢千言萬語，只是教人明天理，滅人欲。〔註2〕

> 「人欲」云者，正天理之反耳。謂因天理而有人欲則可；謂人欲亦是天理則不可。蓋天理中本無人欲，惟其流之有差，遂生出人欲來。〔註3〕

朱子明確說明了人必須「存天理、滅人欲」，而說明「人欲」是形上與形上本體是相不同的階層，而把「人欲」是為「惡」。再者，又承認「天理」之中可以有「人欲」，但卻不主張「天理」就是「人欲」，這不就是把「天理」、「人欲」徹底的分開，進一步闡述又把「天理」地位拉拔高，他認為「天理」本來不應該有「人欲」存在的，但在氣化中又有所偏，而導致「人欲」產生。但是朱子仍是有矛盾處，他又肯定「人欲」。

朱子說：

> 克去私欲，當自寡而至於無；若飲食男女之欲，發而中節者，是理義之當然，雖大聖不能無。〔註4〕

> 天理本多，人欲便也是天理裡面做出來。雖是人欲，人欲中自有天理。〔註5〕

> 有箇天理，便有箇人欲。蓋緣這箇天理，須有箇安頓處。才安頓得不恰好，便有人欲出來。〔註6〕

雖然朱子主張「存天理、滅人欲」的觀念，但確認為人必須自我的克制「人

〔註2〕　【宋】黎靖德《朱子語類》，卷十二，頁 207。
〔註3〕　【宋】黎靖德《朱子文集》，卷三十，頁 220。
〔註4〕　【宋】黎靖德《朱子語類》，卷十二，頁 268。
〔註5〕　【宋】黎靖德《朱子語類》，卷十三，第一冊，頁 224。
〔註6〕　【宋】黎靖德《朱子語類》，卷十三，第一冊，頁 223。

欲」，從過與不及到「無欲」，此處「無欲」並不是眞正沒有欲望，而是對於「人欲」的追求降低，於是他提出「飲食男女」來說明人是有欲望的，但必須符合中節不可太過，又言聖人不可能沒有欲望，只是要去拿捏這之中的停損點。又另有矛盾處，「天理」與「人欲」之間的關係，在前面我們知道他認爲「人欲」不能是「天理」，那麼「有箇天理，便有箇人欲」不就與他思想違背，所以筆者認爲朱子必須保持著「天理」道德價值規範，但又了解到「人欲」必須要合理性，所以才把「人欲」認爲是自我的「私欲」，並須去剃除此「人欲」。

陳確「存天理、滅人欲」這敏感的話題也提出自我見解，並且打破程朱以「存天理、滅人欲」的緊張關係，重新的把「欲」做再一次的定位，並且又深受其師劉宗周影響，自我發展出一套理論來，以「人欲正當處，即天理也」〔註7〕、「人欲不必過爲遏絕」〔註8〕的觀念來說明「天理」、「人欲」解決急迫性。而以下則是對陳確做深入的討論〔註9〕，並且舉例朱子後面學者來與陳確相比較異同處，則以「理氣是一」羅欽順、「純粹氣本論」王廷相、「心理氣是一」劉宗周、黃宗羲、「心氣是一」孫應鰲。

第一節　人欲不必遏絕

陳確則在〈近言集〉內容中提到「天理」與「人欲」之間的相互關係。

> 人欲不必過爲遏絕，人欲正當處，即天理也。如富貴福澤，人之所欲也；忠孝節義，獨非人之所欲乎？雖富貴福澤之欲，庸人欲之，聖人獨不欲之乎？學者只時從人欲中體驗天理，則人欲即天理矣，不必將天理人欲判然分作兩件也。雖聖朝不能無小人，要使小人漸變爲君子。聖人豈必無人欲，要能使人欲悉化爲天理。君子小人別辨太嚴，使小人無站腳處，而國家之禍始烈矣，自東漢諸君子始也。

〔註7〕【清】陳確《陳確集》，（北京：中華書局，1979 年），下〈近言集〉，頁 425。
〔註8〕【清】陳確《陳確集》，（北京：中華書局，1979 年），下〈近言集〉，頁 425。
〔註9〕參見張麗珠《清代新義理學》，臺北：里仁出版社，民 2003，頁 63。陳確對於理學立腳點的「理、欲對立」觀有所突破，並以「新理欲觀」表明陳確對於新理欲觀的看法反映清儒心義理風的特色。又參見劉述先《黃宗羲心學的定位》，臺北：允晨，1986 年，頁 162。：「明末清初的思想，由泰州學派轉手，像陳確一類的人開始肯定『欲』，以之爲首出的觀念，根本脫離心之學的規模，梨洲已無法力挽狂瀾。」

天理人欲分別太嚴，使人欲無躲閃處，而身心之害百出矣，自有宋
諸儒始也。〔註10〕

首先，陳確對於宋儒所謂「存天理、滅人欲」提出強烈批判，認為這是把「天
理」、「人欲」一分為二，如此看來陳確所要闡述的觀念即是「理欲一元觀」，
那麼站在此立場來看陳確為何會提出「人欲不必過為遏絕」的話，其實來說
是有它一定的道理。然而陳確對於「人欲不必過為遏絕」只要合於人欲不要
過與不及即可，也就是說人對於欲望是可有的。朱子也曾云：「這是天教我如
此。飢便食、渴便飲，只得順他。窮口腹之欲便不是。蓋天只教我飢便食、
渴則飲，何曾教我窮口福之欲？」〔註11〕雖然朱子把「理」的位階提高，而
把「人欲」的位階降低，並且以「存天理、滅人欲」為號召，但是他仍是認
為人還是必須有「欲」的存在，朱子明確主張「飢便食、渴便飲」這也是「欲」，
但在他思想觀念中「飢便食、渴便飲」是上天要叫我們去做的，明顯看出朱
子有些許的矛盾點所在〔註12〕，這也是朱子對於形上本體架構的過度保護。
從上面所述，陳確也舉了幾個例子來證明，例如：「富貴福澤、忠孝節義」都
是人會去追求的不管是平庸之人或者聖賢之人，所以人不可能沒有欲望，但
是陳確也注意到人會有欲望過多的時候，即是過與不及處來說，於是則必須
配合工夫修養來使人的欲望合於「天理」。

陳確又提出「天理」必須從「人欲」上見，很明顯的不再走宋儒所謂的
形上本體路線，反而跳出此框限從而形下的「人欲」之中來體證形上「天理」，
簡單來說就是沒有「人欲」，「天理」就算要展現也沒有它能顯露的地方，這
關係有如「體用」關係，「天理」是體；「人欲」是用，如此一來陳確就是調
和此兩者的關係使兩者密不可分，而不是在意於哪個位階高或低。朱子也曾
說過：「天理本多，人欲便也是天理裡面做出來。雖是人欲，人欲中自有天理。」
〔註13〕朱子認為從「人欲」之中去體驗形上「天理」，但此處的「人欲」可能

〔註10〕 【清】陳確《陳確集》，（北京：中華書局，1979年），下〈近言集〉，頁425。
〔註11〕 【宋】黎靖德《朱子語類》，（臺北：文津出版社，1986年12月），卷九十六，
頁1128。
〔註12〕 參見張麗珠《清代新義理學──傳統與現代的交會》，臺北：里仁，2003年，
頁235～237。朱子曰：「克去私欲，當自寡而至於無：若飲食男女之欲，發而
中節者，是理義之當然，雖大聖不能無。」同樣也認為只要合於理的「欲」
即可，並不是真正的要切斷「欲」，所以這與陳確所言的「人欲不必過絕」則
有相類似。
〔註13〕 【宋】黎靖德《朱子語類》卷十三，第一冊，頁224。

只是「飢便食、渴便飲」罷了，但是我們還是可以說朱子並不是形上與形下相割裂二分。陳確也明白指出「天理」、「人欲」看得太過，這樣容易使小人不易改變自我，如此一來更容易產生出更多的問題，因爲就算是聖人也是有欲望的，只是要去深入體會「人欲」所蘊含的「天理」，只是不要太過與不及都是可以的，於是陳確又云：「道經佛經，決不可看，和尚、道士、尼姑、道姑必不可做，男女之欲、血肉之味決不可絕。」〔註14〕他直接批判佛家無欲之觀念，因爲倘若和尚、道士、尼姑、道姑都無欲望，那麼是否會破壞到人類之間的傳承，筆者認爲如果從人類學上來看的話，那麼人類不就要滅亡了，所以陳確所謂的「理欲觀」就是要我們不必刻意去遏止「人欲」，只要合情合理即可，換句話說就是肯定人的基本物質人欲的合理性，而不是去所謂宋儒所謂的「人欲」，即是人對於事物的追求之心。

陳確對此又對「無欲」之說提出見解。

> 陳確曰：周子無欲之教，不禪而禪，吾儒只言寡欲耳。聖人之心無異常人之心，常人之所欲亦即聖人之所欲也，聖人能不縱耳。飲食男女皆義理所從出，功名富貴即道德之攸歸，而佛氏一切空之，故可曰無，奈何儒者而亦云耳哉！確嘗謂人心本無天理，天理正從人欲中見，人欲恰好處，即天理也。向無人欲，則亦並無天理之可言矣。〔註15〕

在這之前我們得知陳確對於佛老的思想的不認同，這問題也延伸到「理欲觀」，他認爲佛家所謂的「無欲」才是能超凡入聖的一種絕對性，而導致「理」看得太超過，變成「以理殺人」的結果也對於日後產生了重大影響。於是，陳確則是認爲「無欲」與死人有何不一樣的，云：「眞無欲者，除是死人」〔註16〕對此，他抨擊周敦頤所謂的無欲之說：「孟云寡欲，《禮》云『欲不可縱』，周子偏云無欲，故云禪學」〔註17〕只要在於本體之上做好工夫即可，而不能受到外在事物所利誘，因此陳確強烈責備周子。然而陳確主張人只

〔註14〕【清】陳確《陳確集》，（北京：中華書局，1979 年），頁 128。

〔註15〕【清】陳確《陳確集》，（北京：中華書局，1979 年），下〈無欲作聖辨〉，頁461。

〔註16〕【清】陳確《陳確集》，（北京：中華書局，1979 年），下〈與劉伯繩書〉，頁469。

〔註17〕【清】陳確《陳確集》，（北京：中華書局，1979 年），下〈答朱康流書〉，頁426。

要「寡欲」即可，「言寡欲，則非無欲可知，猶易言節飲食，非教人廢飲食也。克己亦非無欲義。克其非禮之己，而真己自在，安可克耶？」〔註18〕有如先前所說「富貴福澤」都是人都想要有的，而聖人之心與一般常人之心是相同的沒有所謂的分別，但是聖人對於「欲」他能控制而不會產生過與不及即是「寡欲」，而一般人則容易對於物欲的陷溺，如此一來就必須以工夫修養來化解此問題。

然而這裡必須去對周敦頤所謂的「無欲之說」去探討，是否陳確對於周敦頤有所誤會，其實周敦頤並不是強調人必須遏止人欲，而是要我們不要去追求貪欲、私欲，而是要把「人欲」給合理化。

> 「聖可學乎」？曰：「可。」曰：「有要乎？」曰：「有。」「請問焉。」
> 曰：「一為要。一者，無欲也，無欲則靜虛、動直，靜虛則明，明則
> 通；動直則公，公則溥。明通公溥，庶矣乎！」〔註19〕

所謂的「一為要」的「一」即是「主於一」，而「一」也就是形上的「天理」，也就是在人的生命之中來消融化解人對於欲望的不合理之處，使人對於「人欲」能合理的感性存在並且展現出「天理」正當性的一面，很明顯知道周敦頤並不是講求人要真正「無欲」，而是要我們去把「欲」給合理化，使他不在使我們人心受到過度的利誘，如此一來周敦頤則是把「人欲」給合理化了〔註20〕。然而，依筆者認為或許陳確對於周敦頤有些許的誤解，但透過上面所論述可得知兩人的目標是一致的，只是闡述的進路不同罷了，周敦頤是把「人欲」給合理化；陳確則是認為必須從「寡欲」來調和，並且主張「人心本無天理」，因為「心」是貫通於內外而天理也是無所不在，只是必須藉由「人欲」來展現，那麼天理不就與人欲必須一致性，並了解到陳確的思想架構都不離開所謂的「體」與「用」。

第二節　人欲正當處，即是理

對此，陳確則必須去消解「天理」、「人欲」之間的緊張關係。

〔註18〕【清】陳確《陳確集》，（北京：中華書局，1979年），下〈與劉伯繩書〉，頁469。

〔註19〕【宋】周敦頤《通書》，臺北：中華書局，頁498。

〔註20〕參見李宜庭《陳確思想探析——以「欲」、「私」、「氣」為核心的討論》，國立臺灣師範大學國文學系碩士論文，民97，頁36。

> 學者只是從人欲中體驗天理，則人欲即天理矣，不必將天理人欲判
> 然分作兩件也。〔註21〕
>
> 天理皆從人欲中見。人欲正當處即是理，無欲又合理乎？〔註22〕
>
> 人心本無天理，天理正從人欲中見，人欲恰好處，即天理也。向無
> 人欲，則亦並無天理之可言矣。〔註23〕

陳確對於調和「天理」、「人欲」不遺餘力，主要有鑑於宋儒學者的「存天理、滅人欲」的主張，其實這關係就像陳確的「氣、情、才」的觀點，他認為「性」不可見，必須在「氣、情、才」上見，簡單來說就是藉由形下來展現形上的無窮生生，如此看來「天理」、「人欲」似乎也是以這種關係存在著，因為陳確比較著重於後天的實踐工夫，主要原因在於明末清初這時期的思想動盪，導正心學末流的弊病與宋儒理學的本體觀，於是才提出此觀念來。從以上這些的思想觀念去了解陳確所謂的「理欲觀」，就可以體會到為什麼要用「人欲」來體現「天理」，因為在於後天的人倫日用之中，「人欲」其實已經不斷的在接受形上「天理」的貫注，那麼只要對於「人欲」的體認再加上不要過與不及，那麼「人欲」即與「天理」是相一貫的，這也和陳確所言性是善的，而「氣、情、才」亦是善的，反觀，「天理」、「人欲」不就是以這樣的狀態相互依存著。

另外，朱熹也曾說：「天理本多，人欲便也是天理裡面做出來。雖是人欲，人欲中自有天理。」〔註24〕朱熹也不否認「人欲」之中有「天理」的存在依據，只是在理本體為最高的主宰之中，朱熹不得不承認「人欲」是惡的也是根源所在，而認為必須要「存天理、滅人欲」，又說：「有個天理，便有個人欲。蓋緣這個天理需有個安頓處，才安頓得不恰好，便有人欲出來。」〔註25〕這也是他所主張的當「天理」有所安頓不好，則「人欲」也會產生出來，視

〔註21〕　【清】陳確《陳確集》，（北京：中華書局，1979年），下〈近言集〉，頁425。

〔註22〕　【清】陳確《陳確集》，（北京：中華書局，1979年），下〈與劉伯繩書〉，頁
　　　　　468。

〔註23〕　【清】陳確《陳確集》，（北京：中華書局，1979年），下〈無欲作聖辨〉，頁
　　　　　461。

〔註24〕　【宋】黎靖德《朱子語類》，（臺北：文津出版社，1986年12月），卷十三，
　　　　　頁224。

〔註25〕　【宋】黎靖德《朱子語類》，（臺北：文津出版社，1986年12月），卷十三，
　　　　　頁223。

為它是惡的來源，於是則產生了形上與形下的相互割裂，這也是朱熹對於「天理」、「人欲」的不成熟的看法，於是後代學者相繼而起對於「存天理、滅人欲」的思維慢慢的去修正。

陳確云：

> 欲即是人心生意，百善皆從此生，止有過不及之分，更無有無之分。流而不反，若貪愚之俗，過於欲者也。割情亦性，若老、莊之徒，不及於欲者也。賢人君子，於忠孝廉節之事，一往而深，過于欲者也。頑懦之夫，鞭之不起，不及於欲者也。聖人只是一中，不絕欲，亦不從欲，是以難耳。〔註26〕

陳確所言「欲即是人心生意，百善皆從此生」認為「欲」並不是為惡的，或者可以說是百善的根源，只要不過於陷溺於現實外在環境的利誘亦或者無有之分即可，主要在於自我的工夫修養，其實陳確的「理欲觀」多少都受到其師劉宗周的影響，曾云：「生機之自然而不容已者，欲也；而其無過不及者，理也。」〔註27〕然而劉宗周所謂「機」也就是生生作用在於形氣的展現；「欲」即是對於形氣在人倫日用的生生表現，但劉宗周所言之「理」仍是內在的規範，不像陳確已從「外在之理」來說〔註28〕。相較之下，陳確與劉宗周的思想觀念確實非常接近，陳確也認為過於限制「人欲」易使人更脫離復性的道路，而「人欲」就在當下時空之中我們無法去逃避，但欲望又不能超過，那麼只好從「心」的工夫去體現，換句話說「心」不僅有對外在的判斷，更具有內在的規範，又因人受到陰陽之氣所凝結，如此一來必須「心」與「氣」必定做一個連結，來使「人欲」更能在人倫日用之中來體證形上的「天理」。最後，又再次強調「人欲」不該絕，如果無法從日常之中去了解「天理」，那麼又走回到宋儒的思想詬病，直接去追求形上本體，「人欲」則是惡的表現，所以我們看出陳確比前儒更能了解「天理」的意涵，藉由「人欲」來展現無窮生生「天理」。

陳確在〈與劉柏繩書〉內容中指出。

> 即兄所指「酒色財氣」四字，二氏惟恐不遠之，若仇讎然；君子則

〔註26〕【清】陳確《陳確集》，（北京：中華書局，1979年），下〈無欲作聖辨〉，頁461。

〔註27〕【明】劉宗周撰，戴璉璋、吳光主編，臺北：中央研究院中國文哲研究所籌備處，民86《劉宗周全集》第二冊，〈原心〉，頁327。

〔註28〕參見張學智《明代哲學史》，北京：北京大學，2000年，頁507。

何嘗一概謝絕，但無適而非理耳。如不為酒困是酒中之理，不淫不傷是色中之理，不辭九百之粟是財中之理，不遷怒是氣中之理，雖指為道中之妙用，奚為不可？太王好色，公劉好貨，文王、武王皆好勇，固是孟子曲誘時主之言，卻正是近情之言。所欲與聚，推心不窮，生生之機，全恃有此。而周子以無立教，非禪而何？五倫悉是情種，佛則空之，萬物皆吾同愛，老則遺之，故曰無。儒者亦云爾乎？〔註29〕

陳確又利用上述所言來證明，「人欲」並不是惡的，並且必須透過「人欲」來展現「天理」，如此看來陳確對於「人欲」的處理是非常小心的。以「酒色財氣」是我們大家為之避恐不及的，認為「酒色財氣」是「人欲」的過度超過，於是陳確則是主張只要喝酒不要喝過度適可而止；對於男女之間情愛不要過於縱欲；對於錢財則能取之有道而不去偷搶；對待人則不要隨便遷怒於人，這些都是「人欲」即可的範圍，於是我們可以推論出陳確其實要我們不要過度「縱欲」，倘若沒有「人欲」那麼「天理」如何展現呢？想當然爾，在此前提之下並不是每個都人是完美，於是「克己」、「寡欲」則是另一個工夫修養的重點，而達成「我欲仁，斯仁至矣」〔註30〕。雖然「太王好色，公劉好貨，文王、武王皆好勇」但是又能推於民，並不是占為己有，然而「所欲與聚，推心不窮，生生之機，全恃有此」即是把「人欲」的意義加以提高且加深，而不再只是「天理」和「善」相對的貪慾，並且是發自於內心的自然反應〔註31〕，而陳確也破除了「人欲」在宋儒學者思想中的低位階，進而把「人欲」拉拔提升，於是「人欲」、「天理」其實是一，兩者關係有如「體」、「用」不離。

第三節　理欲觀各家之說

對於宋儒所謂的「存天理、滅人欲」的觀點，逐漸被後代學者不認同，紛紛對於「理欲觀」再度的重新詮釋，那麼「人欲」與「天理」的調和，則是各家學者所著重之處。除此之外，在於明清思想的轉換時期「人欲」與「天

〔註29〕 【清】陳確《陳確集》，（北京：中華書局，1979年），下〈與劉伯繩書〉，頁468～469。
〔註30〕 《論語·述而篇》。
〔註31〕 參見古清美《明代理學論文集》，臺北：大安，1990年，頁323。

理」是以何種的關係存在呢？以上諸點都值得我們去探討的，而筆者就以「理氣是一」、「純粹氣本」、「心理氣是一」、「心氣是一」的角度來闡述，並加入陳確來相做比較。

一、與羅欽順「節欲」相比較

羅欽順則主張「人欲」本來就在於人身上，因「人欲」就是「性」，雖然「人欲」有時會流於「惡」，但羅欽順則是巧妙的運用「節欲」、「慎獨」的工夫修養來解決此限制，並且在「理氣是一」為出的思想架構之下，再藉以「氣化條理」來使「人欲」更能展現出「天理」的真實一面，很明顯的羅欽順仍是以「人欲」為主要討論的對象，那如何調和「天理」、「人欲」即是下面所要探討的對象。

羅欽順云：

> 夫人之有欲，固出於天，蓋有必然而不容已，且有當然而不可易者。於其所不容已者，而皆合乎當然之則，夫安往而非善乎？惟其恣情縱欲而不知反，斯為惡矣。先儒多以去人欲、過人欲為言，蓋所以防其流者，不得不嚴，但語意似乎偏重。夫欲與喜怒哀樂，皆性之所有者，喜怒哀樂，又可去乎？〔註32〕

羅欽順主張每個人都是有「欲望」的，因為人都稟陰陽之氣化生而成，而這陰陽之氣的源頭也就來自於「天道」即是「天理」，如果以「理氣是一」的觀點來看的話，「人欲」確實內聚於個人身上，所以羅欽順才言「人之有欲，固出於天」。再者，又以「人欲」為「必然」、「當然」的準則，換句話說也就是肯定了「人欲」的存在，那麼「人欲」是否為惡？在羅欽順的思想觀念中，主張「人欲」是善的，就如上述所言「人欲」為「必然」、「當然」，那麼也就是合於「理」，如果不合於「理」那必定會產生形上與形下二分，這是羅欽順所不認同的，但羅欽順並不是要我們盡情的「縱欲」，如果不知節制必然會流於「惡」，其實不難發現個思想家雖然都肯定「人欲」的存在，但是難免都會有「超過」或者「過與不及」，如此一來都必須透過工夫來化掉此「惡」。

陳確也主張「人欲」就在我們人倫日用中，所強調的思想觀念在於「人欲」不應該去遏止，應該要適情適度的去接收與感受，因為人是不可能沒有

〔註32〕 【明】羅欽順《困知記》，北京：中華書局，1990 年，卷下，頁 28。

欲望的產生，當在無形之氣在氣化創生凝聚爲有形之氣時，人對於外在環境就會產生既有的欲望，此時人必須敞然去面對此問題，這也代表著人在此刻也面臨著考驗，但是人在氣化過程中，形上的道德規範也加諸在吾人個體之內，也因此陳確必須透過個人的修身與實踐，來使個人的對於外在物質環境的利誘不要無過與不及。除此之外，陳確也說明了必須導入「心」的價值判斷，因爲除了靠「氣」的生生義、價值義是無法支撐整個「理欲觀」，也因此透過「心」對於外在的環境判斷，並且可以從外在內聚到內在，那麼「人欲」也得以透過人的價值判斷與個人的實踐修爲得以展現出合理的規範。

於是，羅欽順也認同「縱欲」是不好的，那麼以羅欽順的「理氣是一」的觀點去探討的話，「理」仍然具有依定的影響能力，筆者則假設羅欽順以「理」來節欲，此「理」爲「氣化條理」，也就當人有過度的欲望的情形，此「氣化條理」則會來規範或者是說去除人對於「人欲」貪婪，使「人欲」回歸到合理處，那麼可以看出兩人雖然都認同「人欲」的存在，但是以分析來看的話，陳確則是透過「心與氣」之間相互的牽引；而羅欽順則是以「理與氣」相互的輔助得以使「人欲」合理性，但總結來說兩人還是必須回到修養工夫上去談論。

又因，陳確雖然承認人有時會太過於追求欲望，而導致人性產生了問題，但不因此認爲「人欲」是須要被遏止的，只是必須在問題上下工夫，並且陳確又深受孟子的思想所影響，則是利用「寡欲」來克己，使「人欲」產生過與不及，並且對所謂「存天理、滅人欲」加以撻伐。除此之外，羅欽順也不認同宋儒所謂的「存天理、滅人欲」的說法，在先前的論述我們知道羅欽順主張人不可能「無欲」，只是在於如何去拿捏這其中的平衡點，顯然，我們得以看出羅欽順時則把「理」融入於在「欲」中，而達到「理欲是一」。這如陳確所言從「天理從人欲中見」是相同道理，其云：「人欲正當處，即天理也。」〔註33〕藉由「人欲」來彰顯「天理」的道德價值，並且同樣認爲宋儒所言「理欲觀」的只是太偏，有如我們之前所提到朱子，雖以「存天理、滅人欲」爲口號，但是他認爲仁是有欲望的，這也是朱子的思想矛盾處。〔註34〕

〔註33〕【清】陳確《陳確集》，（北京：中華書局，1979 年），下〈近言集〉，頁 425。
〔註34〕參見蒙培元《理學的演變──從朱熹到王夫之戴震》，臺北：文津出版社出版社，民 79，頁 425。蒙培元也認爲羅欽順也認同朱熹的「以理節欲」的思想，但朱熹所謂的「存天理、滅人欲」其實也只是語意上的偏重，同樣的也認爲這也是朱熹「理欲觀」的矛盾。而筆者的先前的推論也比較偏向蒙培源的想法，都認爲朱熹「理欲觀」是有瑕疵的。

羅欽順又言「欲與喜怒哀樂，皆性之所有者」很明顯看出，「欲」就是「情」，而「情」之所發即是「喜怒哀樂」，而「欲」與「情」都是出自於「性」，那麼「性」、「情」、「欲」不就是相互融合，既然「欲」又是出自於「性」，又合於「理」，我們更不能說「欲」是「惡」的，羅欽順則是從先驗層次來肯定「欲」的價值，也把「欲」的層次提高，不再是宋儒所言「欲」是形下之惡。同樣的，羅欽順此觀念就像陳確所言「性」必須在「氣、情、才」上見，其云：「性之善不可見，分見於氣、情、才。」〔註 35〕而「欲」又蘊含於「性」中，並且陳確從先驗層面肯定「性」是善的，那麼「欲」怎麼會不善呢，這觀念恰好與羅欽順非常相似。

羅欽順言：

> 「人心，人欲。道心，天理」。程子此言，本之《樂記》，自是分明。後來諸公，往往將人欲兩字看得過了，故議論間有未歸一處。夫性必有欲，非人也，天也。既曰天矣，其可去乎！欲之有節無節，非天也，人也。既曰人矣，其可縱乎！君子必慎其獨，爲是故也。獨乃天人之際，離合之機，毫釐之差，千里之遠。口能無所不至其慎，則天人一矣。到此地位甚難，但講學則不可不盡。〔註 36〕

此處羅欽順實則提出對於程子的批評，首先以兩條路線來分析。首先，羅欽順從「人心，人欲。道心，天理」來抨擊程子以把「道心」、「人心」一分爲二，「人只是一個心。然有體有用。本體即性，性即理，故名之曰道心。發用便是情，情乃性之欲，故名之曰人心。」〔註 37〕羅欽順則直接說明人只有一個心即是「人心」，而心又有「體用關係」，這和程子把「人心」、「道心」分爲兩種樣態，那麼「體用」關係則必然會產生斷裂，在此又能看出「情」、「欲」、「性」的內在相互關聯性〔註 38〕，此爲第一個不滿之處。次之，延續上述所言「道心」、「人心」既然是一心，那麼「人欲」、「天理」則不應該這樣分，而是「天理」就在「人欲」之中，這也說明了不以「存天理、滅人欲」爲主要論述主軸，而羅欽順則是跳出既有的限制，而以「節欲」來做號召。因爲

〔註 35〕【清】陳確《陳確集》，（北京：中華書局，1979 年），下〈氣情才辯〉，頁 452。
〔註 36〕【明】羅欽順《困知記》，北京：中華書局，1990 年，〈三續〉，頁 90。
〔註 37〕【明】羅欽順《困知記》，北京：中華書局，1990 年，〈答劉貳守煥吾〉，頁 124～125。
〔註 38〕參見成中英〈原性與圓性：性即理與心即理的分疏與融合問題——兼論心性哲學的發展前景〉，《漢學研究》第十三卷第一期，民 1995，頁 74。

他認為程子是錯認《樂記》所言的「理欲觀」，造成後代的學者仿效，而把「人欲」看成是惡的。

至此，羅欽順則以「節欲」為依歸，認為此工夫不在於天，而主導權在於「人」，也就是說從形而上的道德規範轉向到形下的實踐動力，那麼「人」才是決定於「欲」的方向，以至於羅欽順則認為人必須以「慎獨」為重，不在是居限於道德規範上，而是從「人欲」就是氣的前提之下，來引導一切生而為人所自然而有一切的需求，並不是直接否定了或忽略了道德的存在性，間接的把「人欲」的範圍給擴大開來〔註39〕。

對此，陳確也相同認為「人心」即是「道心」，因為「人心」確實受到形上氣化的影響，這也代表著形上層就是形下層，形成一個同質同層的位階關係，如此「天理」與「人欲」也是利用此關係來存在著，那麼問題又必須回到人的身上，那麼「寡欲」修養工夫主要在於「人」，而不是單純憑恃著形上所賦予道德價值，這也看出陳確不再走宋儒的形上本體，而是落實後天的實踐能力，因為只有工夫修養才能真正使「人欲」更能合理化，並不是以「本體」為主，它只是一個依靠並不是使人有行動力，如果失去實踐能力，則會使「理欲觀」的再度崩解，回到宋儒既有的思想道路。

二、與王廷相「澄心寡欲」相比較

王廷相認為「無欲」是成聖的道路，並且提出必須從內在的「澄心寡欲」出發，來完成人對於外在的物質利益不受到影響，但「無欲」真的是沒有欲望嗎？而所為「澄心」是如何使「心」能夠正其心，這都是我們必須去探討的，而以下筆者則從「澄心」→「寡欲」→「無欲」的進路來做說明。

王廷相云：

> 天下無一物能動其心，則無一物宅於心。死生大矣，順而不計；有天下不與，又不足云也。無一物宅於心，則虛、則明、則正、則公、則和，研慮處物，罔非順應矣。〔註40〕

在前幾章節的論述我們得以了解王廷相所言之「性」為有善有惡，那麼所謂

〔註39〕 參見鄧克銘《理氣與心性：明儒羅欽順研究》，臺北：里仁出版，民 2010，頁 164～167。

〔註40〕 【明】王廷相《王廷相集》，北京：中華書局，1989 年，〈雅述・上篇〉，頁 841。

之「惡」也就是「欲」即是性中之惡，如此一來王廷相則必須面對此問題。王廷相認爲「心」必須不受到外物的影響，否則容易陷入到《大學》所言「忿懥、恐懼、好樂、憂患」此種現象。對此，則必透過工夫修養來對此問題來做個導正，使「心」能得其正，因爲工夫修養則必須以「心正」爲首要，最後使我們能達到王廷相所言「無喜、無怒、無好、無怨、無得、無喪、無智、無功」的境界。換句話說，王廷相先以「正心」而達到「無我」而與大地同體，然而「澄心」、「寡欲」正是王廷相所主要闡述思想，藉此兩種工夫修養來使人性更臻善。

陳確認爲「人欲」也是需要透過「心」來作爲價值判斷的一個依據，於是「心」對於個體來說已經是性善之心，不像王廷相所言必須要去「正心」，因爲如果要去「正心」，此時會面臨到性就會有善惡之分，相對之下陳確已從先驗層來肯定性，導致此處與王廷相有些微不同，這也就說明王廷相必須先從自我的「正心」開始做工夫修養，最後才再透過「寡欲」來達到聖人的境界，兩者比較起來，陳確則比較以直截的方式來看待「人欲」，使人在當下的時空環境中做出具有價值判斷的可能。

對此，王廷相又再度說明「澄心」、「寡欲」。

> 人心澹然無欲，故外物不足以動其心，物不能動其心則事簡，事簡則心澄，心澄則神，故「感而遂通天下故」。是故無欲者，作聖之要也。〔註41〕

> 作聖之塗，其要也二端而已矣：澄思寡欲以至睿也；補過從義以日新也。卒以成之，曰誠。〔註42〕

此處分成兩條進路來論述「澄心」、「寡欲」。首先，人心倘若「無欲」也就是沒有「無喜、無怒、無好、無怨、無得、無喪、無智、無功」那麼就不被外在的環境所利誘而使「心」不正，但王廷相「無欲」並不是眞正的是要我們「滅人欲」，如果是的話這樣又回到宋儒所言「存天理、滅人欲」的思想泥淖了。此處「無欲」是要我們「寡欲」，因爲要使「性中之惡」透過「寡欲」此工夫，來化解性中所產生的「惡」，使人不在汲汲追求欲望而能適中，所以不能「寡欲」則不能成就聖人的道路。

〔註41〕【明】王廷相《王廷相集》，北京：中華書局，1989 年，〈慎言‧卷之五‧見聞篇〉，頁 773。

〔註42〕【明】王廷相《王廷相集》，北京：中華書局，1989 年，〈慎言‧卷之三‧作聖篇〉，頁 760。

　　依筆者認爲王廷相所言之「心」只是有認知或者判斷外界事物的功能，並不像陳確所言之心那麼具有活動義而能內外照看，「人人無負其本心，而又加之學，則是天之未喪斯文，而虞廷精一之心，庶其復傳于今後也。」〔註43〕陳確所言之「心」不但有認知、判斷外在是非的功用，他更能扣緊內外，因爲他能從外在的工夫（人倫實踐）扣緊內在之心，又能對於外在事物有所觀照，且「心」能藉由氣化的活動義，具有連結外與內的功用，如此一來不是單純的只有認知，在加上陳確能把工夫鍥入到本體之中，使本體不在枯燥無味。

　　另一條道路則是透過「澄心」來使「心」不役於物，簡單來說不要使「心」陷入到貪婪之心，假若「心」能澄澈展現而使人面對於外物的利益不去追求，那麼就能達到所謂「心澄則神」，因爲「澄心」不單是能「認知」外在的價值規範，更是我們的成聖的道路，因爲過與不及的「欲」會使我們做出不仁之事，而使我們最初的本性受到衝擊，也就是說必須通過內在心的道德教化或者修養，使人能夠「澄心寡欲」。

　　最後，王廷相對於「克己寡欲」指出：

　　　無我者，聖學之極至也。學之始，在克己寡欲而已矣。寡之又寡，
　　　以至於無，則能大同於人而不有己矣。雖天地之度，不過如此。
　　　〔註44〕

王廷相認爲學習必須是「克己寡欲」，也就是控制自己內心的欲望，把追求的「人欲」降低，對此「寡欲」就是使人慢慢走向「無欲」的境界，此時我們得以了解王廷相並不是一開始否定人「無欲」，因人一生下來性中就帶有「欲」，只是我們必須對於「欲」如何處置，使它能合理展現，所以王廷相主張人必須藉由工夫修養達到「欲」能「寡之又寡，以至於無」的方向，因爲能展現自我反身的體驗，來了解「天理」所蘊含的價遺意義，而「澄心寡欲」正是王廷相自我逆覺體證。

　　陳確深受孟子影響而有「寡欲」之說，此處所言「寡欲」與王廷相所言相似，兩人都認爲不要過度對於外物有所追求，但最終的目標確有所不同，

<hr>

〔註43〕【清】陳確《陳確集》，（北京：中華書局，1979 年），〈輯祝子遺書序〉，頁240。

〔註44〕【明】王廷相《王廷相集》，北京：中華書局，1989 年，〈慎言‧卷之三‧作聖篇〉，頁764。

陳確認爲「人欲」是人人有之，不管是聖人還是都會有；反之，王廷相則認
爲必須從「寡欲」走向「無欲」，那麼「無欲」是否是連「飲食之欲」都要屏
除，給人留下一個探討空間，如果是的話是否王廷相有受到佛老影響。因此，
王廷相主張能通過「寡欲」就能使心中逐漸達到無有不善，反之不能「寡欲」
則就不能達到養心，全善就沒有機會展現。〔註45〕

三、與「心理氣是一」相比較

　　陳確則繼承劉宗周的思想架構，而劉宗周「天理」、「人欲」把兩者之間
的關係比喻「水」、「冰」，就內容而言「冰」、「水」本質上是相同的，但就外
在而言「天理」、「人欲」是否相同？如果不同，劉宗周如何去調解「內在」、
「外在」使「人欲」更能合理展現，使道德規範不因「人欲」而失去既有的
本質，再者，陳確對於劉宗周所言「生機不容已者」有何看法。

　　黃宗羲雖與陳確師出同門，但兩人的思想確有稍稍不同。然而黃宗羲認
爲「存天理、滅人欲」是可的，相較之下陳確則是對此言論則加以批判，又
提出周子「無欲」之說，以下筆者就以黃宗羲修訂陳確於墓誌銘之中的言論，
來剖析兩人的「理欲觀」，並且說明宋儒「滅人欲」並不是要人眞正去除掉「人
欲」，而是「寡欲」到「無欲」的階段。

（一）劉宗周「欲可以還理」

　　劉宗周認爲所謂「天理」與「人欲」。

> 　陽明先生教人，其初只是去人欲、存天理。或問：「何者爲天理？」
>
> 　曰：「去得人欲，便是天理。大抵使人自悟而以」。〔註46〕

誠如宋儒學者的觀念之中仍是以「存天理、去人欲」爲主要論述主軸，而王陽
明也默認了此理論，他認爲每個人心中都是有私欲存在的因子，於是王陽明則
以「良知」做爲判斷外在事物的總則，並且與意念發動相環扣，也就是當意不
正「人欲」即產生出，如此一來王陽明則力求去除心中的私念以復「天理」。
對此，劉宗周則不這麼認爲必須「存天理、去人欲」，反而力求「人欲」的合
理性，他認爲所謂的去「人欲」即是把氣性之中不夠清暢的氣質給去除亦或者
合理化，使人性之中的「人欲」得以回歸到應有的本質，則這既有的本質也就

〔註45〕參見王廷相《王廷相評傳》，南京：南京出版社，1998年，頁176。
〔註46〕【明】劉宗周、戴璉璋、吳光主編《劉宗周全集》，（臺北中央研究院中國文
　　　　哲研究所籌備處，民86），第二冊，頁467。

是「天理」〔註47〕，因在一氣流行之中，「天理」本來就在其中流通不已，更不能視「人欲」與「天理」相違背，因為生理欲望都存在於每個身上，只是我們要如何去把握此「人欲」，讓它能夠合理的展現而不是過度的擠壓，因為「天理」的道德內涵仍必須藉由「人欲」來顯露，並不是憑空、捏造而出來的。

陳確延續著劉宗周的思想，主張「人欲」與「天理」兩者是不能相違背，因為「天理」已經是形上的道德價值不用再去多談，相對的「人欲」則必須加以去處理，但並不是加以的遏止，否則與「存天理、滅人欲」有何不同，於是陳確轉而從「人欲」的內涵去著手，首先以「人欲」不可滅進而說明如何藉由「人欲」來展現「天理」，只是陳確比劉宗周更直接說明「大理正從人欲中見」，於是可以了解到陳確對於後天的實踐重視，因為必須藉由形而下來展現形而上的本質，那才是真正的修養工夫。

對此，劉宗周所謂的「欲可以還理」又有不同看法：

> 天理人欲，同行而異情，故即欲可以還理，為善為惡，毫釐而千里，故知其不善，所以明善。〔註48〕

此段話為劉宗周依據胡五峯所言而說，認為所言「欲可以還理」在於飲食男女，即是在個人的價值判斷，能使飲食男女合於自然之理的表現，不再承認「人欲」之外有個「天理」，只要人能夠時時存養工夫，不讓「人欲」過度的縱欲，那麼就不需要以理來節制欲，因為當「人欲」能夠合理展現之時，「天理」亦能夠展露形上的道德規範〔註49〕。然而，一念所差則可能產生「為善為惡，毫釐而千里」於是劉宗周認為必須從根木做起，能以道德修養工夫來解決「人欲」之偏。

劉宗周云：

> 求仁是聖學第一義，克復是求仁第一義也。吾儕日用之間，一揚眉瞬目，無非護持此己。過惡皆從此生。假合此己不立，雖聲色貨利亦天理邊事，若為己而設，即道德性命亦人欲邊事。天理人欲，本無定名，在公、私之間而已。〔註50〕

〔註47〕 參見柯正誠《劉蕺山「盈天地間一氣」思想研究》，中國文化大學中國文學系碩士論文，民93，頁134。

〔註48〕 【明】劉宗周、戴璉璋、吳光主編《劉宗周全集》，（臺北中央研究院中國文哲研究所籌備處，民86），第二冊，頁334。

〔註49〕 參見蒙培元《理學範疇系統》，北京：人民出版社，1997年，頁308～309。

〔註50〕 【明】劉宗周、戴璉璋、吳光主編《劉宗周全集》，（臺北中央研究院中國文哲研究所籌備處，民86），第二冊，頁426。

在劉宗周看來雖然求仁是聖學、克復求仁都認爲必須放在第一義，因爲認爲
成聖的道路必須對於「人欲」的渴望是必須減少的，但在現實的人倫日用之
中，環境充滿了這當下，那麼「人欲」必然與「天理」是必須處理的問題，
但劉宗周則主張「天理」、「人欲」不能是爲相對之物，曾云：「欲與天理只是
一箇。從凝處看，是欲；從化處看，是理。」〔註51〕他以「水」、「冰」來比
喻「理」、「欲」兩者的關係，再以科學的角度看來「冰」、「水」兩者的本質
是相同的，只是呈現方式不同罷了；相對的，劉宗周也認爲「理」、「欲」兩
者本質是相同的，從氣化的觀點去解釋的話，「冰」就是經過凝結而爲「有」
是「欲」的表現；「水」就是經由化生之裡回到「無」爲「天理」，其實兩者
都在一氣流行之中，於是「理」、「欲」都是是一，並不是相互的抵制、抗衡，
因「天理人欲」只是在於公、私之間的具體表現。

　　此段非常明顯與陳確「理欲觀」相同，但並不是要把「天理」、「人欲」
混爲一談，而是從「人欲」中的合理處來談，因爲合理之處才能夠展現出「天
理」應有的價值規範，畢竟仍以「人欲」的無過不及處來說，並且從外在的
「體驗」而內發判斷道德價值，也就是每個具體是物之中雖有應當之理，但
仍必須以後天的實踐來體證形上「天理」，那麼與劉宗周以「冰」、「水」的觀
點來說「理欲」是相同道理，都主張「天理」、「人欲」是一。

　　再者，劉宗周又指出何謂「生機之自然」。

　　　生機之自然而不容已者，欲也。欲而縱，過也。甚焉，惡也。而其
　　　無過不及者，理也。其理則謂之性，謂之命，謂之天也。〔註52〕

劉宗周明白指出「生機之自然」也就是人在人倫生活之中的欲望即是「欲」，
於是所言之「機」也就是生生作用在於形氣的展現；「欲」即是對於形氣在人
倫日用的生生表現，又可從先前的闡述中得知「欲」又是氣中之性，倘若「人
欲」過度或者過與不及都會使氣中之性爲「惡」，於是必須以道德實踐的工夫
來解決此限制，使「人欲」時常保持著無過不及，那麼「欲」又能再度恢復
到合理之性，那麼「人欲」的合理展現就是「理」、「命」，更是「天道」的無
窮生生的展現。

〔註51〕 【明】劉宗周、戴璉璋、吳光主編《劉宗周全集》，（臺北中央研究院中國文
　　　　哲研究所籌備處，民86），第二冊，頁428。

〔註52〕 【明】劉宗周、戴璉璋、吳光主編《劉宗周全集》，（臺北中央研究院中國文
　　　　哲研究所籌備處，民86），第二冊，頁327。

（二）黃宗羲「寡之又寡，至於無欲」

黃宗羲在〈與陳乾初論學書〉中認爲陳確所言「理欲觀」是有問題的。

> 老兄云：「周子無欲之教，不禪而禪，吾儒只言寡欲耳。人心本無所
> 謂天理，天理正從人欲中見，人欲恰好處，即天理也。向無人欲，
> 則亦無天理之可言矣。」〔註53〕

首先，我們先前已論述過陳確「理欲觀」，但同樣師出同門的黃宗羲則與陳確的思想觀念確有不同，而提出自我的看法與批判。陳確對於宋儒學者「存天理、滅人欲」的觀念不認同，又再一次的批判周子「無欲觀」，其實周子並不是要我們人人都不可以有欲望，因爲在宋明理學之中並不是真正的去強調人要無欲，連朱子也認同「飲食男女」，該吃就吃但必須符合於中節，對此，看來並不是要求去剔除所有欲望，只是必須要合理化、無過與不及。然而，或許是陳確誤認了亦或者直接說是在於價值的認同上與觀念上的不同，但所要闡述的思想是相同。因爲，陳確雖不言「本體」，單從「天理正從人欲中見，人欲恰好處，即天理也」去體認可以發現，陳確較偏重實際層面，而仍必須憑藉著形上本體的價值意涵存在〔註54〕。於是，黃宗羲與陳確相反認爲「存天理、去人欲」是可行的，而認爲陳確的「理欲合一」是不對的，在黃宗羲的思想之中以「故寡之又寡，至於無欲，而後純乎天理」來做爲他的「理欲觀」的基礎。

於是，黃宗羲先從「道心」、「人心」來談論「欲」。

> 老兄此言，從先師「道心即人心之本心，義理之性即氣質之本性，
> 離氣質無所謂性」而來。然以之言氣質、言人心則可，以之言人欲
> 則不可。氣質、人心是渾然流行之體，公共之物也，人欲是落在方
> 所，一人之私也。天理、人欲，正是相反，此盈則彼絀，彼盈則此
> 絀。故寡之又寡，至於無欲，而後純乎天理。若人心、氣質，烏可

〔註53〕【明】黃宗羲《南雷文案》，卷三，杭州：浙江古籍出版社，2005 年 9 月，〈與陳乾初論學書〉，《黃宗羲全集》增訂版，冊十，頁 195。

〔註54〕參見蔡家和《國立臺灣大學哲學論評》，臺北：臺灣大學，第三十五期，民 2008，頁 1～36。乾初對於周子的理解有誤，乃在於對欲的定義不同所至。雖然乾初強調人不可能無欲，然亦不是要人放任欲望、爲所欲爲，乾初的看法是「人欲恰好處，即天理也」，此恰好處便是以理來規範住，只是這理想不能離開現實人倫而空言理想。依筆者看來，陳確或許有認同上的不同，但是最終的結果都還是一樣，認爲人必須要懂得「人欲」如何去拿捏，並不是要「縱欲」，如此一來，如何「寡欲」、「無過與不及」才是重點所在。

言寡耶？「梔也慾，焉得剛」，子言之謂何？「無欲故靜」，孔安國注《論語》「仁者靜」句，不自濂溪始也。以此而禪濂溪，濂溪不受也，必從人欲恰好處求天理，則終身擾擾，不出世情，所見爲天理者，恐是人欲之改頭換面耳。〔註55〕

陳確雖師承劉蕺山言「道心即人心之本心，義理之性即氣質之本性，離氣質無所謂性」，「道心」、「人心」存屬一心，說明了形上與形下的相貫通，而「義理之性」、「氣質之性」只是一性，並且「義理之性」就在「氣質之性」之中，在於一氣流行之中，藉形而下來展露形而上，所以離氣質也就無法展現形上之理。然而黃宗羲雖然認同「氣質」、「人心」，但卻說「人欲」確不可，於是，這邊就產生幾個問題。首先，「人欲」與「道心」、「人心」三者之間的問題，黃宗羲本著師說，「人心即道心」、「義理之性即氣質之性」，那麼一來「人心」就有形上的道德規範存在，而又純淨爲善的，此時「人欲」爲外在的誘因，怎能與「人心」混爲一談，黃宗羲認爲「人欲」本來就是外在物質的欲望並不是內在的產物，基於此觀點之下，進而對陳確有所批評，認爲陳確所言「道心人心」與「人欲」相雜混，而導致所謂「異質異層」，使上下產生了嚴重割裂。

次之，「天理、人欲，正是相反，此盈則彼絀，彼盈則此絀」可看出黃宗羲主張「天理」、「人欲」是相對的，卻與陳確「天理」、「人欲」是一的觀念相反。此觀念之下，黃宗羲利用了消長關係來比喻「天理」、「人欲」，則必須把「欲」給消解掉來回復「天理」，其實黃宗羲認爲必須有一個「理」支撐他的「理欲觀」來保有人最純淨的一面，而不使人性下滑到「人欲」層面，可看出他以外在的「理」來規範內在「人欲」，所以黃宗羲才說「寡之又寡，至於無欲，而後純乎天理」；陳確則是以內在「人欲」的恰當處來回應「天理」，所以兩者都不能說他們錯，只是論述點不同而已，但就「人欲」而言仍是以「寡欲」來做爲目標。

最後，提出孔子、孔安國兩者都言「無欲」之說，但卻沒有人提出批評，認爲是禪障，黃宗羲因此對於陳確批周子「無欲」之說，其實去探究原因，有如先前所言，陳確只是對於周子所言「無欲」有所誤解，並不是要眞正「無欲」，因爲周子所言「欲」只是要把它合理化，更是合的展現出來而不是眞正

〔註55〕【明】黃宗羲《南雷文案》，卷三，杭州：浙江古籍出版社，2005 年 9 月，〈與陳乾初論學書〉，《黃宗羲全集》增訂版，冊十，頁 195。

去遏止，而導致陳確有所誤解，所以黃宗羲才認爲陳確會以「人欲」用人心的一己之私來展現天理，因爲黃宗羲認爲那個停損點並不是那麼恰當，現今研究學者則對兩人「理欲觀」則各有比較，但筆者較偏向蔡家和所言只是「定義」上的不同，仍可以相互的了解溝通〔註56〕。

四、與孫應鰲「寡欲修身」

　　雖然孫應鰲沒有明白說明「存天理、滅人欲」的主張，但透過以下的論述確實有此跡象，但並不是完全的「無欲」的觀念，那麼則必須面對「人欲」的過度問題，並且如何運用形上「生生之理」來解決此問題。再者，如何去面對現實之中的「人欲」，而「天理者，禮也。」所代表的意涵又是爲何？筆者則針對以上問題做一番論述，來了解孫應鰲與陳確之間異同性。

　　孫應鰲云：

> 人爲氣拘物蔽，不見與物同體之本，然只從自家軀殼起念，然後有私欲。有了一分人欲，便沒了一分天理；去得一分人欲，便全得一分天理。私欲者，我也。有我之私，即己也。〔註57〕

孫應鰲提出人會受到氣質不清暢所干擾，而導致與本體背道而馳，在此觀念底下容易使人內在本質暫時失去依靠，而產生了惡的可能，但在「心氣是一」的立場下，「人心」就是「天地生物之心」而「天理」又爲「生生之理」的論點，

〔註56〕參見參見蔡家和《國立臺灣大學哲學論評》，臺北：臺灣大學，第三十五期，民 2008，頁 1～36。認爲「天理」、「人欲」兩者之間的關係在於「定義」上的認同不同罷了，但仍有相互討論了解的空間。鄧立光《陳乾初研究》，臺北：文津出版社出版社，民81，頁 146～147。認爲黃宗羲之論並無錯，但陳確之說只是另有所本，並且「欲」不僅含有「私欲」，更是有「生之欲」。陳正宜《黃宗羲理學思想研究——以心理氣是一爲詮釋進路》，中國文化大學中國文學系博士論文，民 99 年，七月，頁 243～246。此則較偏向黃宗羲理論，認爲陳確所言「人欲」，時則可能對人性產生衝擊，相對的也可能產生惡的可能，也容易使「理」、「欲」兩者之間的關係混淆。王瑞昌《陳確評傳》，南京：南京大學出版，民 2002，頁 417。主要以道德本心作爲出發點，並且加入「欲」又站在新學的立場之上，來激發形上的「天理」，所以陳確並未遺棄本質。然而，筆者的觀念偏向於蔡家和所言，只是在於「定義」上的不同，實則不必加以批評，而陳確對於周子可能只是誤解的後果，只是陳確對於後天的實踐比較要求，對於形上的「天理」比較少談，而使大家對他有所誤認罷了。

〔註57〕【明】孫應鰲著，劉宗碧、龍連榮、王雄夫點校《孫應鰲文集‧四書近語》，貴州：貴州教育出版社，1996 年，卷一，頁 248。

其云：「仁者，天地生物之心，而人得知以為心者也。」〔註58〕從上所言可以得知，「仁」為道德規範又是「人心」，並且貫穿於這天道氣化之中，使萬物都具有形上條理的內涵與價值，那麼「仁」不就扮演著連結的角色而具有創造作用，實則把人與天地的關係拉近，如此一來「人心」又是「天理」展現，或者直接說明「人心」即「天理」。那麼，回到「人為氣拘物蔽，不見與物同體之本」人心受到氣質不清暢而受到遮蔽，那麼就必須藉由「仁」來拉回到既有的道路，否則「人心」內在的仁本質也因此受害，但「人心」之中又有善的因子存在，於是又必須以「生生之理」來化解此拘限，因為「生生之理」蘊含道德價值規範又藉由一氣流行來消解此私欲，因為當人受到在的物欲所影響，容易受到考驗而導致方向錯誤，自然就只剩當下自我生理的表現，也就是私欲。

　　陳確的思想觀念之中氣質雖然有清濁之分，但不把氣質的不清暢轉嫁於善惡之上，那麼既從先驗的層面去肯定性為善，又從後天層次來說明「人欲」不可無，於是，則產生了「人欲」如何去安置，陳確較不同於孫應鰲的是，他利用了後天修養工夫「寡欲」來使人對於欲望的降低，並不是從先天「生生之理」來規範，雖然人在生化過程中天以蘊含此理，只是有了此本體的平是依靠，人們會因此產生了推諉之心，於是陳確才不言形上之理，轉向對形下實踐，而使「天理」在「人欲」中展現形上「生生之理」，而不是用「生生之理」來規範「人欲」，此為陳確與孫應鰲較不同之處。

　　所以，孫應鰲才說「有了一分人欲，便沒了一分天理；去得一分人欲，便全得一分天理。」，但孫應鰲又不把「人欲」給說死，因為人不可能「無欲」，於是如何把「人欲」給合理化，或者藉由各種方法來安頓「人欲」，所以他的觀念與黃宗羲有些為相似，都認為必須「存天理、滅人欲」的想法，因為必須去遏止「人欲」過多的現象，但又不可能沒有「人欲」的存在，雖然「人心」即「天理」但又容易受到考驗，於是孫應鰲才用「生生之理」來解決此問題，因為此「理」才是最初的本質，而使「人心」與「天理」相呼應。

　　孫應鰲對於「天理」即是「禮」有不同看法。

> 天理者，禮也。此心之理，即禮也。若能克去有我之私欲，以復還
> 天理之本，然則天地生物之心渾然在我而無虧矣。〔註59〕

〔註58〕 【明】孫應鰲著，劉宗碧、龍連榮、王雄夫點校《孫應鰲文集・四書近語》，
　　　　貴州：貴州教育出版社，1996年，卷一，頁248。
〔註59〕 【明】孫應鰲著，劉宗碧、龍連榮、王雄夫點校《孫應鰲文集・四書近語》，
　　　　貴州：貴州教育出版社，1996年，卷一，頁248。

所謂「天理」不僅只有蘊含「生生之理」的氣化現象，更具有最高的道德規範、價值義的存在，所以「天理」亦是「禮」，而此「禮」也就是在我們眞實世界中的「禮節」，然而「心之理」與「人心」稍有不同，因「人心」容易受到外在環境誘因影響，「人心」尙未完全貞定，必須透過「天理」的「生生之理」來加注在「人心」之上，使「人心」也是道德規範的展現才能說「禮」。所以在於孫應鰲的理念中，可以得知必須把「形上天理」與「人心之理」必須達到相呼應前提之下，「人欲」才能合理的展現出來，而不會使「人欲」過度氾濫。所言「克去有我之私欲，以復還天理之本」也就是克除過多的「人欲」，來恢復天道既有本質，就不就是在做「寡欲」工夫，使「天地萬物」、「人心」都能合乎現實之中「禮」，並且又可回應「形上之理」。

　　相對而言，孫應鰲與陳確兩者之間，都認爲「寡欲」工夫不可失，藉以來貞定「人心」對於過與不及之欲望，產生了一道防禦之牆，但並不代表「人欲」就必須徹底消失。對於陳確來說所言之「禮」也就是「天理」，而此「禮」也就是規範我們的必要條件，但此條件已經不再是那麼重要的，這也就是在於「禮」不管是先天還是後天都存在著，相對之下與「實踐工夫」相比之下，人必須了解到如何把修養工夫做好，因爲「人欲」其實就是「人心」也是「天理」的另一種樣態展現，如此一來工夫修養仍就是成爲了一個重大課題。

第四節　重實踐工夫修養論

　　陳確對於《大學》強調「知行」有先後而進行批判，主張所謂「知行」是必須並重的，如此一來陳確倘若只是強調合一之重要性，那也代表著對「知行觀」沒有突破性，所以此部分仍是一個論述重點所在。次之，陳確強調「知行」並重的重要性，但卻不代表他對「知」沒有看重，對此，陳確也對佛老所謂「澄心坐忘」、「空談心性」都進行了嚴厲批評，並且也強調了如何達到所謂「下學而上達」之重要性來和他「素位之行」來做搭配。又言「心所不安者不爲」認爲不合乎「心體」的道德判斷則不要去做，陳確又說連聖人都難免會有所過錯，但他強調「知過即改」迫切性，而不去加以拖衍不去實踐，並且說明「心體」如何觀照、回應外在事物，不管從內向外或者從外向內，來說明在這氣化眞實世界中的「心體」富涵活動義，使內外交融互滲而達到

「心氣是一」。最後，言「工夫」即「本體」藉由一氣流行不已，而「道體」亦在氣化之中，必須透過「工夫」即後天的實踐來展現「道體」無窮生生之理，又說明陳確此觀念爲師承劉宗周並且比老師更加直截表達何謂「即工夫即本體」，而勉人必須在日用人倫中不斷發用，使「本體」能保持盈泰，那麼成聖的道路必定不遠矣。

一、知行觀

（一）知行並進

陳確云：

> 知行之分，自中庸始也。知行之分先後，自大學始也。確也惑之，然中庸之分知行也，則猶若並重之也，大學之分先後，則重知矣。重知必輕行；欲學者之不墜於空，不可得矣。確嘗以大學爲釋氏之權與者，殆以此也。〔註60〕

首先，有「知行之分」始自於《中庸》；另有「知行之分先後」始自於《大學》〔註61〕。依筆者認爲所謂「知」就是對外在的人、事、物的了解與知識；而「行」就是對於學習的動力或者如何去實踐。於是，陳確認爲《中庸》「知行之分」其實並無錯誤，而是兩者皆重而有所不偏倚，但是陳確則是嚴屬批判《大學》所謂「知行分先後」，因爲當學習者偏重於知識的獲得，但空有知識卻沒有去付諸實行，就像是學習了很多東西但是沒有吸收內化一樣，如此一來在多知識都容易落入空談之中，以至陳確斥責「重知輕行」的求聖工夫，讓學者墮入到空談知識，以至於佛老所言「空」。對此，陳確主張大學只知要人了解知識，卻不是去努力實踐，言：「大學言知不言行，必爲禪學無疑」〔註62〕以陳確所言「素位之行」大相違背，只講求「澄心坐忘」工夫，於是人們就會抱持著只要求聖學工夫，卻不懂得如何去成聖，再加上容易使人產生怠惰、推諉，最後變成只需要了解而不必去實踐的路途。

至此，從如上所述可以了解到陳確雖然對於《中庸》有「知行」之分，

〔註60〕【清】陳確《陳確集》，（北京：中華書局，1979年），〈困勉齋記〉，頁210。

〔註61〕參見牟宗三《心體與性體（一）》，（台北：正中書局，1999年），頁18。：「《大學》只列舉出一個實踐地綱領，只說一個當然，而未說其所以然，在內聖之學之義理向上爲不確定者，究往哪裡走，其自身不能決定。」

〔註62〕【清】陳確《陳確集》，（北京：中華書局，1979年），〈大學辯〉，頁557。

但《中庸》仍強調兩只並重，但陳確更近一步說明「知行」雖並重，而「並」也就兩者同一進行；另外「重」即是「重行」〔註63〕，這也是陳確對於「知行」更近一步的強化作用，對「素位之行」的陳確來說更加的貼切，因陳確對於後天的實踐之功非常強調，因為他主張以工夫切入到本體之中，也就是後天的實踐完成來展露形上的道德倫理規範。

陳確言：

> 道雖一貫，理有萬珠；教學相長，未有窮盡。學者用功，知行並進。
> 故知無窮，行亦無窮；行無窮，知愈無窮。先後之間，如環無端，
> 故足貴也。〔註64〕

「天道」雖貴為「本體」為創造的主宰，但透過一氣流行所化生的「分殊之理」，則會因厚薄、向度的不同而產生多種可能，形上「道體」藉由氣化生生灌注在形下「分殊之理」之中，以至於萬事萬物都蘊含著形上的共同本質，但每個萬事萬物仍會以不同的狀態存在，但又透過人的不同行動表現更使「道體」以多樣性的方式展現。再者，陳確比喻學者作學問之時，雖知道知識無窮無盡有如「道體」一般，但「行」的實踐動力亦是無窮無盡，兩者之間扮演著相輔相成的腳色相互依存著，於是陳確強調做每件事情都必須當下努力去實踐，有如「行之千里，始於足下」之意味。

（二）以「行」為首出

陳確也因此特別重視「行」的重要性，在〈大學辨三〉曾說：

> 如兄欲至京師，必先自越城發足，烏有先見京師而后發程之理？若
> 只據圖披索，一覽斯盡，何煩推勘，要豈得為真見耶？推之凡事，
> 莫不皆然，而復何疑於斯道乎？天命精微，今學者之所熟講，雖弟
> 之愚，亦得竊聞一二。正如「京師」二字，人人知之，只未嘗一至
> 之耳。孔子五十而知天命，似不如是，其得力正在下學也。〔註65〕

此則藉由朱子所言「如人行路，不見便如何行？」〔註66〕的論點進而闡述，是來對朱子「知行先後」做一個解釋。陳確認為既然能看的、能走到的為何

〔註63〕　參見辛冠潔《清代學術論叢——鮮享盛名的清代學壇明珠——陳確》，臺北：文津出版社出版社，民90，頁276。
〔註64〕　【清】陳確《陳確集》，（北京：中華書局，1979年），〈答張考夫書〉，頁588。
〔註65〕　【清】陳確《陳確集》，（北京：中華書局，1979年），〈與劉伯繩書〉，頁471。
〔註66〕　【宋】黎靖德《朱子語類》，卷九，北京：中華書局，頁137～138。

不要去實踐呢？所以此處更加確立了陳確對於「行」的重要性，但並不是遺棄了「知」，因為「知」是一切行為規範的準則或者是廣博的知識，但「行」才是真正去了解更深入的問題，以至於陳確對於「行」才會如此重視，又所言「知行合一」又不是王陽明說的「知行合一」，此問題待下章節有做深入探討比較。

在此，陳確又舉一例子來說明「知行並重」的重要性，如人要到京師一定要從第一步跨出去，這也不就說明之前「行之千里，始於足下」的思想觀念，陳確認為做一件事情，必須在當下時空環境中就要去實踐，而不是空談心性、澄心坐忘的工夫，又如只看到地圖上的京城就說已經到京城，那不就落入禪學，只「知」而不懂「行」。所以，陳確認為不管做任何事情，都必須透過「知行並重」來面對問題，云：「古人之學，皆走在路上問路，今人之學，皆坐在家裡問路者。」〔註 67〕如此一來才能真正達到孔子所謂的「下學而上達」的工夫。陳確在〈原教〉又指出：

> 孟子道性善，是欲人為善，但若知性善而不能為善，雖知性善何益？
> 故陽明子又欲合知行，正為知行已迥分為二故耳。使世之學者果皆知之即行，行無不知，即陽明子可不言「知行合一」，知行無先後矣。
> 言性善，則天下將無棄人。言知行合一，則天下始有實學。〔註68〕

陳確又引孟子之言來多說明，孟子常教人處處為善，倘若只知道性善之本，但卻不知道如何為善，那不就空有本體就不知道本體能做什麼。而又認為王陽明所言「知行合一」之說，雖已把先前所言「知行先後」重新做了一番詮釋，但仍不像陳確那麼所重「行」字，所以依筆者認為陳確只是在「知行觀」的工夫之之中，比較重視後天的實踐工夫「行」來闡述扣緊他的「素位之行」。

二、心所不安者不為

陳確在〈與吳仲木書〉、〈近言集〉中提到「知錯即改」的思想觀念。

> 力行之功，莫先改過。吾人日用，過失最多，自聖人且不能免，何但後學。細心體察，當自知之。知之即改，改而不已，功夫純熟，漸不費力。聖賢學問，端不越此。若明知是過而不即改，曰「此特在外者，不須汲汲，吾當求之獨體」，此自欺欺人，不可之大者也。

〔註67〕【清】陳確《陳確集》，（北京：中華書局，1979 年），〈寄劉伯繩書〉，頁 111。
〔註68〕【清】陳確《陳確集》，（北京：中華書局，1979 年），〈原教〉，頁 456。

知過之心，即是獨體；知而不改，便為有體無用，非真體矣。又於此外求獨，何翅千里。〔註69〕

學問之道無他，惟時時知過改過。無不知，無不改，以幾于無可改，非聖而何！上之，若顏子之不遠復，有不善未嘗不知，知之未嘗復行，幾于聖矣。次之，亦若子路人告之以過則喜，猶為賢者之事。下之，則如世俗之惡聞己過，終至於過惡日積，人莫敢言，真下愚不移矣。〔註70〕

陳確主張人對於當下時空環境都必須時常保持著「知行並重」的態度，來當作處事之道，但人難免受到外在環境影響而有了過錯，以至於陳確對此問題頗為重視，因而提出「知錯即改」的觀念，他認為就算是聖人都會有所犯錯〔註71〕，何況是一般平民百姓，因成聖的道路並不是那麼簡單，而又言「吾人日用，過失最多」人在一氣流行之中多少都會受到氣質的清、濁的影響，於是陳確勉人當下知道錯誤，就必須立刻改過向善，並且透過工夫修養使人性更佳完善，因為要實現本體就只能從工夫修養上著手，此即是工夫鍥入到本體之中；反之，若知當下有了過錯卻不知悔改，則會自欺欺人讓自己無法成就聖人。然而「心」就有判斷價值之功用，每人都隱含「惻隱、辭讓、是非、羞惡」此四端之心，當「心體」有所判斷並且「心體」在氣化流行中不斷的發用，使「心」不但具有認知外在事物，更能從內向外發實踐動力，而達到「心氣是一」。陳確也說「心體」即「獨體」，但此「獨體」雖受到其師劉宗周影響，但又與劉宗有所不同，陳確把「慎獨」解是成為「知錯即改」的「心體」，此部分待下一章節做深入討論。所以，倘若只知「本體」，卻沒有實踐發用那不就無法真正了解「本體」所蘊含的意義，那麼不就與「體用一原」相違背了。

　　陳確云：

〔註69〕 【清】陳確《陳確集》，（北京：中華書局，1979年），上〈與吳仲木書〉，頁73。

〔註70〕 【清】陳確《陳確集》，（北京：中華書局，1979年），下〈近言集〉，頁429～430。

〔註71〕 【清】陳確《陳確集》，（北京：中華書局，1979年），上〈遺祝鳳師兄弟書〉，頁99。：「人非堯、舜，安能無過？過而能改，且改之又改，即是聖賢功夫。……所謂君子，只是戒慎恐懼時若有過而已矣。所謂小人，只是無忌憚時自以為是而已矣。」

> 文章入妙處，無過是停當；學到入妙處，亦無過是停當。無不停當，
> 即是可與權、不踰矩境界，窮神知化又何加乎！或問停當之說。曰：
> 「即道理之正者。」「於何取諸？」曰：「取之於吾心。吾心停當，
> 道理自無不停當，故曰『先正其心』，故曰『從心所欲不踰矩』。從
> 心不踰，正吾心極停當時也。」〔註72〕

此處說明「心體」富涵「道德義」、「流行義」，當人對於事物有所了解、判斷，
即會透過「心體」當下的「逆覺體證」，來了解形上天理的道德價值規範此為
「知」；並且付諸實行加深對於形上天理的表現，此時「心體」不在處於形下
之心而是躍昇到形上之心，如此一來「心體」不緊貫穿上下更是連結了人對
與外在事物的了解，此時所有的感應無不收攝在「心體」之中，而所言「化」
不就是「心體」透過氣化生生流行不已能使「心體」貫穿上下的實踐動力。
雖然陳確非常重視「心體」但仍不忘「氣化義」也就後天的實踐道德的「用」，
而「心體」具有判斷是物價值，所以必須從「心體」下手即是「知」，而所謂
「氣化」也就是實踐作用即「行」，而達到「知行並重」，並且勉人當下有了
過錯就必須立刻改過，其言：「有問道者，予曰：「道不必予問，問諸心而已。
心所不安者必勿為，如是而已。」〔註73〕

三、「工夫即本體」與「素位之行」

陳確再度指出「本體」必須鍥入「工夫」之中。

> 知「繼善成性」為工夫，則雖謂「繼善成性是本體」亦得。由陽明
> 云：「戒慎恐懼是本體，亦得。」蓋工夫及本體也，無工夫亦無本體。
> 〔註74〕

> 成之也者，誠之也；誠之也者，人道也，而天道于斯乎見矣，故曰
> 性也。凡經文言忍性、養性、盡性、成性，皆責重人道，以復天道。
> 蓋人道不脩，而天道亦幾乎息矣。〔註75〕

陳確主張在人性尚未完全盡善之前必須透過「繼善成性」使人性回復到最本

〔註72〕 【清】陳確《陳確集》，（北京：中華書局，1979年），下〈近言集〉，頁425。
〔註73〕 【清】陳確《陳確集》，（北京：中華書局，1979年），上〈過舊居〉，頁403。
〔註74〕 【清】陳確《陳確集》，（北京：中華書局，1979年），下〈與劉伯繩書〉，頁467。
〔註75〕 【清】陳確《陳確集》，（北京：中華書局，1979年），下〈性解下〉，頁450。

然狀態，簡單來說也就是在於「天道」賦予在人身上的道德理倫規範藉由「人道」把天道展現出來，此時必須利用氣化生生義使人在活動表現之中能使性展露出本然之性，即爲天道就在人道之中發用，此時性才能眞正的臻善，此工夫即是「繼善成性」。王陽明認爲「戒愼恐懼」勉人時常充盈保持，並且在主張在人倫日用之中不斷的發用。從上面不然發現都認爲「本體」是個非常飄渺的形上之理，但如何才能使形上的道德規範得以展現，以至於必須把「工夫」鍥入到「本體」之中，使「本體」不在只是一個枯燥無味的形上之理，而是賦予更多的活動義，所以陳確才會那麼重視後天實踐工夫，而言「工夫及本體也，無工夫亦無本體。」我們得知陳確思想觀念是受到劉宗周影響，所以也是有跡可循。

劉宗周云：

> 學者只有工夫可說，其本體處直是著不得一語。纔著一語，便是工夫邊事。然言工夫，而本體在其中矣。大抵學者肯用工夫處，即是本體流露處；其善用工夫處，即是本體正當處。若功夫之外別有本體，可以兩相湊泊，則亦外物而非道矣。〔註76〕

劉宗周也認爲宋儒學者只會在「本體」之上求工夫，或者是「空談本性」不願去眞正去實踐，所以陳確對此觀點也是採認同的觀念。所以，劉宗周才認爲工夫以外就無所謂的「本體」，他實怕人對於「本體」追求太過而流於空洞遐想，以至於劉宗周才言以「工夫」鍥入「本體」之中，才能眞正展現「本體」眞正意涵，如此一來所言「本體」不就是「體」；「工夫」即爲「用」，在「體用一原」的架構下，使工夫更能完全展現，只是陳確比劉宗周更直截來說明「工夫」之重要。然則又有同門黃宗羲也對陳確提出此看法。

黃宗羲則提出自我的看法。

> 盈天地皆心也，變化不測，不能不萬殊。心無本體，工夫所至，即其本體，故窮理者，窮此心之萬殊，非窮萬物之萬殊也。〔註77〕

黃宗羲認爲要明瞭萬事萬物所蘊含之理必須透過「心體」來窮之理，也就從內而向外發，而不是從外向內的發用，但最重要的還是「工夫」修養，因爲

〔註76〕 【明】劉宗周、戴璉璋、吳光主編《劉宗周全集》，（臺北中央研究院中國文哲研究所籌備處，民86），第二冊，頁309。

〔註77〕 【明】黃宗羲《南雷文定》，四集，卷一，《黃宗羲全集》增訂版，冊十，頁77。

要了解「本體」無窮生生之理，則必須藉由「工夫」來體現。於是，黃宗羲才言「工夫所至，即其本體」，從這很明顯看出陳確、黃宗羲兩位都受到劉宗周影響，都認為必須以「工夫」為前提，並且鍥入到「本體」之中，使人在日用之中不斷的發用與展現。

因此，陳確在於落實道德修養──「素位之行」則有不同看法。

> 吾輩今日學問，斷不外家庭日用，舍此更言格致，正是禪與子蒲團上工夫，了無用處也。〔註78〕

> 不知家庭日用，處處有盡心功夫，即處處有盡心功夫，吾輩只是當面錯過耳。今學者言道，並極精微，及考其日用，卻全不照管，可謂之道乎？弟所以惓惓於素位之學者，固今日貧士救時之急務，即學者他日入道之金針也。〔註79〕

陳確主張求學問亦或者做任何事情，都離不開人倫日常的實踐工夫，因「道體」無法離開日用倫常即「道在氣中」，此關係就有如「天理」、「人欲」不可分離，如果離開了日用倫常那麼「本體」如何展現，如果只是「澄心坐忘」、「格物致知」只會停留在原地而沒有真正的往前，陳確對此提出嚴厲批判「禪學」、「坐蒲」之工的不切實際，於是轉向後天實踐工夫──「素位之行」。又言「當面錯過」即勉人「知過即改」的迫切性，不可認為日用人倫可以捨棄，如捨棄日用之工，會使人對於「本體」過度追求而沒有實際的目標，那麼最後又淪為佛、老的境界，對此，陳確所要闡述的理論，要人有「知錯即改」、「心所不安不可為」、「工夫鍥入本體中」、「素位之行」的修養，來回復到人性既有的本質又富含形上道德價值規範。

〔註78〕 【清】陳確《陳確集》，（北京：中華書局，1979年），上〈柬同志〉，頁357。
〔註79〕 【清】陳確《陳確集》，（北京：中華書局，1979年），下〈與劉伯繩書〉，頁620～621。

第九章　陳確《大學辨》重新詮釋

　　《大學》原為《禮記》中的一篇，自從唐代韓愈表彰之下《大學》逐漸成為爭相競讀的經典，由其是到了宋代二程則是把《大學》奉為聖人必讀之書，而朱子把《論語》、《大學》、《中庸》、《孟子》合注為「四書」，相對之下，宋代以後則以朱子《四書集注》當作科舉考試的底本，於是《大學》更是每人必讀的典籍，並且地位也跟著水漲船高。雖然《大學》被奉為經典的圭臬，但仍有人提出疑問與不合理之處，例如王陽明曾經懷疑《大學》是否真為孔子所做；另外則有楊慈湖、陳確相繼提出不同看法。本章節則是論述主軸則是以陳確重新詮釋《大學》為主而作《大學辨》一書。

　　首先，陳確主張《大學》並非聖經與非孔、曾之作，而開始論述《大學》之辨的意旨所在，〈大學辨〉云：

> 陳確氏曰：《大學》首章，非聖經也。其傳十章，非賢傳也。程子曰：
> 「《大學》，孔氏之遺書，而未始直言孔子」朱子則曰：「右經一章，
> 蓋夫子之意，而曾子述之；其傳十章，則曾子意，而門人記之也」。

〔註1〕

這也是引發陳確對於《大學》的不滿，並且斥責非聖人之書。然而對於《大學》內容更是瘋狂的批評，例如：「三綱領、八條目」亦有所言，對於修身立命的整體性都給破壞掉了，以至於使「三綱領、八條目」更是支離破碎，在〈大學辨〉更說：

> 其曰：「在明明德，在親民，在止於至善」者，皆非知道者之言也。
> 三言皆脫胎《帝典》。《帝典》自「克明俊德」至「黎明於變時雍」，

〔註1〕　【清】陳確《陳確集》，（北京：中華書局，1979年），下〈大學辨〉，頁552。

凡七句。此三言括之，似益簡切，而不自知其倍也。「新民」即在「明德」之中，至善又即在「明」、「親」之中，故《帝典》「克明」句下貫一「以」字，便文理粲然。而此下三在「字」，若三事然，則不通矣。〔註2〕

其曰：「古之欲明明德於天下」云云者，由非知道者之言也。古人之慎修其身也非有所爲而爲之也，而加以之齊，而國以之治，而天下以之平，則故非吾意知所敢必矣。孟子之釋恆言，提一「本」字，何等渾融！〔註3〕

另外，陳確認爲《大學》「言知不言行」導致人們對於「知」的追求大於「行」，於是，人就面臨到後天實踐的不徹底性，而使「本體」無法眞正鍥入「工夫」之中，容易落入到佛、老的禪障之中，如「坐忘心齋」只用「心」觀照事物而忽略到「行」之重，陳確的意思要我們不要只重於「知」追求，而是以「行」爲首，不再停於「知止」之上，而是無窮無盡的去學習與實踐，〈大學辨〉云：

蓋《大學》言知不言行，必爲禪學無疑。雖曰親民，曰齊、治、平，若且內外交脩者，並是裝排不根之言。其精思所注，只在致知、知止等字，竟是空寂之學。書有之：「知之非艱，行之惟艱」。玩知止四節文氣，不其然乎？聖學之不明，必由于此。故《大學》廢，則聖道自明。《大學》行，則聖道不明。關係儒教甚鉅，不敢不爭非好辨也。〔註4〕

從以上我們得以了解陳確對於《大學》有諸多的不滿，而力求改變人對於《大學》的認識，進而重新詮釋《大學》而作《大學辨》，雖然在當時造成許多批評，但陳確仍不改其志，對於《大學》內容提出許多疑問，例如：「三綱領、八條目」、「言知不言行」、「禪障」、「格物致知」、「誠意愼獨」、「正心」等諸多問題都一一提出自我的看法，當然這或許陳確的個人看法，但是他能做出許多人不敢做的事情，而眞正揭露出《大學》的弊病，可以堪稱中國哲學史上的重要思想家，而以下筆者則對於陳確《大學辨》做申論探討與比較，來凸顯出陳確對於《大學》的不同看法，並且加入自我的評論和現今學者的看法。

〔註2〕 【清】陳確《陳確集》，（北京：中華書局，1979年），下〈大學辨〉，頁553。
〔註3〕 【清】陳確《陳確集》，（北京：中華書局，1979年），下〈大學辨〉，頁555。
〔註4〕 【清】陳確《陳確集》，（北京：中華書局，1979年），下〈大學辨〉，頁557。

第一節　《大學》——言知不言行

陳確認為《大學》所言「言知不言行」有所不認同，並在〈大學辨〉言：

> 蓋《大學》言知不言行，必為禪學無疑。雖曰親民，曰齊、治、平，若且內外交脩者，並是裝排不根之言。其精思所注，只在致知、知止等字，竟是空寂之學。書有之：「知之非艱，行之惟艱」。玩知止四節文氣，不其然乎？聖學之不明，必由于此。故《大學》廢，則聖道自明。《大學》行，則聖道不明。關係儒教甚鉅，不敢不爭非好辨也。〔註5〕

陳確對於《大學》內容多有不滿之處，並且主張《大學》一書所言處世之道只重「知」卻遺漏了最重要的「行」，而造成內外的無法相呼應與遺棄工夫實踐。然而《大學》言「齊、治、平，若且內外交脩者」但在字面看起來都是從修養工夫來說，但實際上都停留在人對於《大學》的認知義上，而缺乏了真正在日用人倫之中自我實踐，於是大家都停留在「致知」、「知止」只知道知識上的認知卻不是生活經驗層面的「知」，如此一來則產生了「空談本體」、「割裂知行」的狀態，所以陳確才認為《大學》為「空寂之學」為不切實際的「禪學」。

另外「玩知止四節義氣」從上面我們必須去分析所謂「四節文氣」來證明《大學》對於「知」重於「行」，以下即為《大學》〔註6〕內文。

《禮記》云：

> （1－1）知止而後有定，定而後能靜，靜而後能安，安而後能慮，慮而後能得。

> （1－2）物有本末，事有終始，知所先後，則近道矣。

> （1－3）古之欲明明德於天下者，先治其國；欲治其國者，先齊其家；欲齊其家者，先修其身；欲修其身者，先正其心；欲正其心者，先誠其意；欲誠其意者，先至其知；致知在格物。

> （1－4）物格而後至，知至而後意誠，意誠而後心正，心正而後身修，身修而後家齊，家齊而後國治，國治而後天下平。

〔註5〕　【清】陳確《陳確集》，（北京：中華書局，1979年），下〈大學辨〉，頁557。
〔註6〕　【宋】朱熹《四書章句集注》，（臺北：鵝湖出版社），〈大學章句〉，頁3～4。

從以上可以了解到《大學》主要闡述於「知」字上，例如（1－1）所言「定、靜、安、慮、得」它們的基礎都建立在「知」上；至於（1－2）明確點出「知所先後」更是把「知」、「行」兩者分開來說而對後代學者則造成一定的影響，但此處仍是以「知」為主與（1－3）「先至其知；致知在格物」相同，都是認為以「知」為首出；最後（1－4）「格物致知」更是「八條目」的起點，那麼「知」則是扮演著一個最重要的關鍵作用所在〔註7〕，於是陳確對於《大學》「言知不言行」、「知之非艱，行之惟艱」更是嚴厲批判，甚至把他認為是「禪學」。至此，陳確認為《大學》一書為不切實際必須從新來去詮釋，或者更以激進的方式來說《大學》必須要廢除，使「聖人」之道更能以身體力行來自我實踐，反之，則會使「聖人」停留在認知層次經驗上。

陳確對於「脩身為本」工夫修養曾提到。

> 夫「知之非艱行之惟艱」，自古言之。定靜安悉屬止功，固不費絲毫氣力；慮亦是空思索，未有力行深造之功也。何遽至於能得乎？大學蓋曰一「知止」，而學已無餘事矣。此大學之供案也。後又遽進而求之格致，皆為知止起義耳。物格而知至者，知止也。故「物格」節文氣絕似「知止」節。又若曰一格致，而學已無餘事矣。又大學之供案也。故以其前之歸重知止，而知上文明、親、至善之言之為虛設也；以其後之歸重格致，而又知上文誠、正、脩、齊、治、平之言之皆為虛設也。惟「脩身為本」一言，最為切實，然已大悖前義矣。故讀大學之全文而又知「脩身為本」之言之亦為虛設也。弟謂大學竟是空寂之學者，蓋以此也。〔註8〕

陳確主張所謂「脩身為本」必須把實踐工夫鍥入本體之中，即能在人倫日用時時展現「天道」的價值義、生生義；反之，《大學》所謂「脩身為本」卻是停留在空有理論卻不知如何以「行」來逆覺體證，如「定、靜、安、慮、得」雖為工夫，但仍是強調「知止」的格物致知上，並沒有與「力行」相環扣，使兩者再度斷裂為二，這也造成程朱過度的把「知之」再度拉高，使「力行」看的不是那麼重要，對此，如果以「知」為首要來言《大學》「誠、正、脩、齊、治、平」則淪入為效驗層次而不是真正在講工夫，云：「《大學》只說效驗，並不說工夫，弟是以惡其虛誕耳。」〔註9〕依本者認為陳確主張以「學」

〔註7〕 參見王瑞昌《陳確評傳》，南京：南京大學出版社，2002 年，頁 335～336。
〔註8〕 【清】陳確《陳確集》，（北京：中華書局，1979 年），下〈大學辨〉，頁 573。
〔註9〕 【清】陳確《陳確集》，（北京：中華書局，1979 年），下〈大學辨〉，頁 597。

來代替「知」〔註10〕，也就是靠著平常不斷在人倫日用中對於「力行之功」抱持著持盈保泰的態度，而終生以「行」爲重，但又不把「知」遺棄丟掉，從這可以深入了解到陳確認爲所謂「知行觀」是以「知行並進」來解釋，云：「道雖一貫，理有萬珠；教學相長，未有窮盡。學者用功，知行並進。故知無窮，行亦無窮；行無窮，知愈無窮。先後之間，如環無端，故足貴也。」〔註11〕對於《大學》可以說是全面的推翻，雖然被當時學者進行批評，但陳確仍是以自我的思想架構再度詮釋《大學》的問題。

一、朱子「知止」──禪障

陳確在〈答張考夫書〉對於朱子所言「知止」則有不滿之處。

格致功夫，自與學相終始，必不可截爲學之始事。截爲始事，勢不得不盡棄躬脩，爭求了悟。如朱子「一旦豁然貫通」之說，是誘天下而禪也，亦不仁之甚者矣。〔註12〕

對於宋儒所言「格致工夫」陳確也做了相對的評論，其云：「物格而知至，則「知止」矣。」〔註13〕陳確對於朱子也進行了批判，認爲「知止」只是虛求本體之上的道德規範，卻眞正的把形下「實踐之力」給視爲第二義，以至於陳確認爲這只是「禪學」，或許是朱子過度的把「知」看得太過，導致「知」、「行」兩者被重視的份量不同，變成世人只懂得了解事物的道德規範，殊不知如何把這道德規範在人倫日用中給展現出來，而朱子「盡棄躬脩，爭求了悟」確實遺棄反躬修身只去了解形上道德，陳確對於朱子「一旦豁然貫通」類似於佛家「頓悟」即爲一時就能了解事物，但知識並不是一時就能全盤了解吸收，因人在當下環境是不斷學習，並不是停留於原地，所以就算是能「知」是不夠的，仍必須把「行」兼併進來，才能眞正落實「實踐之功」。

〔註10〕參見周麗楨《晚明《大學》知行問題之儒佛分辨──以釋德清與陳乾初爲中心》，華梵大學哲學系第七次儒佛會通學術研討會論文集，2003 年 9 月，頁238。這裡的「知」，乾初是將他解釋成「學」習聖人之行所累積的知識經驗；他認爲這樣的「知」，是靠著修養點滴積存下來的，根本不可能在一開始的時候就「吾能素知之」。所以，單純只就《大學》「知」的理解上而言，陳乾初所體會的「知」，其實比較有程朱學派即物窮理的味道。而獲取「知」的過程，既然是必須以「終身」的學習許之，也等於直接說明了他的「知」、「行」一至立場。

〔註11〕【清】陳確《陳確集》，（北京：中華書局，1979 年），〈答張考夫書〉，頁 588。

〔註12〕【清】陳確《陳確集》，（北京：中華書局，1979 年），〈大學辨〉，頁 564。

〔註13〕【清】陳確《陳確集》，（北京：中華書局，1979 年），〈大學辨〉，頁 573。

夫泛論知行之理，而就一事之中以觀之，則知之為先、行之為後無可疑者。然合夫知之淺深、行之大小而言，則非有以先成乎其小，亦將何以馴至乎其大者哉？蓋古人之教，自其孩幼而教之以孝悌誠敬之實，及其少長，而博之以詩書禮樂之文，皆所以使之即夫一事一物之間，各有以知其義理之所在，而至涵養踐履之功也。（自注：此小學之事，知之淺而行之小者也。）及其十五成童，學於大學，則其灑掃應對之間，禮樂射禦之際，所以涵養踐履之者，略已小成矣。於是不離乎此而教之以格物以至其知焉。致知云者，因其所已知者推而至之，以及其所未知者而極其至也，是必至於舉天地萬物之理而一以貫之，然後為知之至。而所謂誠意、正心、修身、齊家、治國、平天下者至是而無所不盡其道焉。（自注：此大學之道，知之深而行之大者也。）今就其一事之中而論之，則先知後行固各有其序矣。〔註14〕

此段則是朱子對於「知」、「行」再度進行詮釋，認為「知」、「行」必須有個劃分並且舉例人的各種階段的學習來解釋，對此，朱子對於萬物的理解首重於「知」而後「行」輔之，並且又把「知」、「行」分為大小，在陳確的思想中的確是相違背，「知」、「行」兩者則可能二分，倘若兩者二分則會造成工夫與本體分割，如此一來「本體」如何藉由人倫日用來展現無窮生生之理，導致人對於實踐有著推諉之心，這是陳確與朱子最格格不入的思想歧出處。又言「孩幼、少長」、「大學、小學」每一階段都有不同學習歷境，但都認為必須去窮事物之理，因為只有「理」才能觀穿於萬物，所以「理」才是真正能主宰一切事物，但如果缺少「氣化觀」的話，「理」如何活動如何展現，由如「知行」對上「理氣」兩者處於相同狀態。以至於朱子了解萬事萬物都是以「知」為先而「行」為後，所謂「至涵養踐履」即是當到達對於「知」了解才推至於「踐履之功」〔註15〕；但則必須了解「至涵」之意，也就必須先「存

〔註14〕《朱子文集》卷四十二，《答吳晦叔第》。

〔註15〕參見曾亦《從朱子與湖湘學者論知行關係看陽明對朱子「知而不行」的批評》，中國思想史研究中心，2001年。湖湘學者對知行概念的理解乃上承明道，即：知是對本體的知，即所謂知仁、識仁或察識；而行是常存此已識之本體而勿失也，即所謂涵養或存養。然就朱子而言，根本反對知仁、識心作為工夫之可能，認為只可能有對具體事理的知識，至於對於本體的知識則是工夫至極而後有的效驗，即所謂下學而上達，因此，行在朱子那裏則不是涵養本體，而只是主敬的工夫。對於「涵養」牟宗三先生遂以為如此所涵養的只是個形

養」而後達到「致知」才又藉由「至」來達到「涵養」，那麼所言「至」即可能爲向外之動力「行」，所以在此處可以很明顯得知朱子「知行觀」有先後之分。

（一）「知先行後、行重知輕」

朱子云：

> 學者工夫，唯在居敬、窮理二事。此二事互相發。能窮理，則居敬工夫日益進；能居敬，則窮理工夫日益密。譬如人之兩足，左足行，則右足止；右足行，則左足止。又如一物懸空中，右亦則左昂，左亦則右昂，其實只是一事。〔註16〕

雖然我們前面不斷批評朱子所謂「知止」、「禪障」、「知先行後」等各種思想，但是朱子不盡然是如此，他認爲所謂工夫即是「居敬」、「窮理」其實是一體兩面，也就是兩種雖然運行的方式雖然不一樣，但就本質來說是相同的，即是修身成聖的方法，以至於朱子強調如果能把「居敬」未發工夫先行重視，而使後來的「窮理」相環扣，例如他說一個人有一雙腳，當左腳走又腳停而不動；反之，右腳走左腳停而不動，有如把一本體提的高高，始另一個受到拘限不自由，所以他也認爲兩者是必須一至，雖然此處看來朱子把「知」、「行」再度緊密起來，而有所謂「知行合一」。

朱了言：

> 致知、力行，用功不可偏。偏過一邊，則一邊受病。如程子云：「涵養須用敬，進學則在致知」。分明自作兩腳說，但只要分先後輕重。
>
> 論先後，當以致知爲先；論輕重，當以力行爲重。〔註17〕

朱子明確指出「致知」、「力行」兩者不可有所偏頗，換句話來說就是「致知」、「力行」必須等同重量，如果兩者一有所偏則會使另一個造成不好的作用，或者更可以說是工夫實踐的不徹底性。然而朱子亦受到程子影響「涵養須用敬，進學則在致知」此則爲由內向外發涵養基礎，所以「居敬」、「窮理」都必須從基於「心」上做工夫。對此，又回到朱子「知行」的問題之上，我們又能更進一步了解到朱子所講的「知行觀」不是著重在於先後次數問題而是

氣之心，即保持一種自然意識上的甯靜，就是說，心未發時不可有念慮，已發時才可有念慮，如此念慮才能合乎理。
〔註16〕【宋】黎靖德《朱子語類》，北京：中華書局，卷二，頁85。
〔註17〕【宋】黎靖德《朱子語類》，北京：中華書局，卷二，頁85。

在於「輕重」，而重於「行」這與「知先行後」更是不同論調，簡單來說，朱子仍是不把「行」給眞正的遺棄掉，或許我們對朱子多多少少的誤會，但深入去探討朱子思想，不難發現只是朱子站在不同的角度立場去詮釋工夫，最後從上面去了解朱子所謂的「知行觀」則會有「知先行後」、「知輕重行」或者更是大膽說「知行並進」，在於不同角度之下所論述出來的結果罷了。

二、王陽明「知行合一」

王陽明云：

> 門人問曰：「知行如何得合一？且如《中庸》，言『博學之』，又說個『篤行之』，分明知行是兩件。」先生曰：「博學只是事事學存此天理，篤行只是學之不已之意。」又問：「《易》『學以聚之』，又言『仁以行之』，此是如何？」先生曰：「也是如此。事事去學存此天理，則此心更無放失時，故曰『學以聚之』，然常常學存此天理，更無私慾間斷，此即是此心不息處，故曰『仁以行之』。」又問：「孔子言知及之，仁不能守之，知行卻是兩個了？」先生曰：「說及之已是行了，但不能常常行，已爲私慾間斷，便是仁不能守。」〔註18〕
>
> 問：「自來先儒皆以學問思辯屬知，而以篤行屬行，分明是兩截事。今先生獨謂知行合一，不能無疑。」曰：此事吾已言之屢屢。凡謂之行者，只是著實去做這件事。若著實做學問思辯的工夫，則學問思辯亦便是行矣。學是學做這件事，問是問做這件事，思辯是思辯做這件事，則行亦便是學問思辯矣。若謂學問思辯之，然後去行，卻如何懸空先去學問思辯得？行時又如何去得做學問思辯的事？
>
> 〔註19〕

王陽明門人對於「知行合一」提出疑問，如何把「知」、「行」兩者兼併一起，首先我們必須了解王陽明「知」、「行」是建立在「心本體」基礎上，也就是必須透過「心體」由內向外對外在環境做出回應，那麼「心體」就成爲本體或者是說主宰，曾云：「心之體，性也，性即理也。天下寧有心外之性？寧有

〔註18〕 【明】王守仁《王陽明全集》，上海：上海古籍出版社，〈傳習錄下〉，卷三，〈語錄三〉，頁 121。

〔註19〕 【明】王守仁《王陽明全集》，上海：上海古籍出版社，〈傳習錄下〉，卷六，〈文錄三〉，卷六，〈答友人問〉，頁 208。

性外之理乎？寧有理外之心乎？外心以求理，此告子『義外』之説也。理也者，心之條理也。」〔註20〕從這裡可以發現到王陽明所言「心」即是「性」又是「理」，那麼可以推論出在王陽明的思想中無所謂的「心外之理」、「心外之性」，如此一來都扣緊著「心體」，對此，拉回到「知」、「行」的觀念中，不難了解到必須以「心體」來做爲觀照外在事物，於是「知」、「行」就必須建立在「心體」基礎之上，也就是「知行」可以細分爲「知行本體」、「知行工夫」〔註21〕，然而「本體」、「工夫」這裡才是關鍵之處，王陽明深知雖「心體」本善，但仍會受到外在環境所影響，或者我們以氣學的角度來説的話就是「氣質不清暢」，於是空有「本體」是不夠的。

　　相對的，陳確也有類似觀點，他也主張「工夫」必須鍥入到「本體」之中，云：「蓋工夫及本體也，無工夫亦無本體。」〔註22〕陳確指出氣質清不清暢並不是影響人性善與惡，主要在於個人對於後天的修養態度來做爲一個抉擇，因爲「心體」雖是能夠作爲價值判斷的標準，但是人總是會有推諉之心，這也就是陳確爲何不談論本體的意涵，但是「心體」仍是扣緊著「本體」，並不是去遺棄行上的道德規範，顯然這觀點較異於王陽明認爲心本體仍有受到「氣」所影響，而有可能產生氣質不清暢，但回歸到此觀念仍與王陽明的「本體」、「工夫」思想不相違背。

　　至此，王陽明又言「知」爲「博學」、「行」爲「篤行」，所謂「博學」勉人事事學存此天理；「篤行」是學之不已之意，從上面或許可以發現所謂「博學」並不是單純只蘊含「知」，而是「知」、「行」兩者都包含，倘若把「博」、「學」分別視之，可以了解到「博」也就是認知廣泛道德價值；「學」不就是「行」，在這觀念之下，「知」、「行」不就同一本體。值得注意是「私欲」如何去控制，才是能使「知行觀」中的「本體」不失其本然，否則「知」、「行」

〔註20〕【明】王守仁《王陽明全集》，上海：上海古籍出版社，〈文錄五〉，卷八，〈書諸陽伯卷〉，頁277。

〔註21〕參見吳震《王陽明著述選評》，上海：上海古籍出版社，頁104。「知行合一的命題含有兩層意思：一，從本體上說，知行原就是合一；二，從工夫上說，知行就是一個工夫過程。」依筆者看來吳震所要表達出王陽明的「知行觀」認爲必須以「本體」、「工夫」相配合，因「本體」本來就是存在的，於是「知行」一定是一，但人有受到氣欲所影響，難免會產生氣質不清暢，使「知行」暫時失去「本體」，於是仍是要透過「工夫」，來對「知行」做貞定的作用。

〔註22〕【清】陳確《陳確集》，（北京：中華書局，1979年），下〈與劉伯繩書〉，頁467。

則會再度分裂爲二，所以王陽明的「知行觀」是建立「本體」之上的圓融。

王陽明云：

> 孟子云：「是非之心，知也。」「是非之心，人皆有之。」即所謂良
> 知也。孰無是良知乎？但不能至之耳。《易》謂「知致，致之。」知
> 至者，知也；至之者，致知也。此知行之所以一也。近世格物致知
> 之説，只一知字尚未有下落，若至字工夫，全不曾道著矣。此知行
> 之所以二也。〔註23〕

雖然王陽明也受到孟子學說的影響，而孟子所謂「是非之心，知也」即是良
知，但此「良知」或許與王陽明有些許不一樣，王陽明所強調的是「致」良
知，即是透過「行」來展現，如果空有「知」是不足的，顯然對於朱子的「格
物致知」提出批判，認爲朱子只著重於在於「知」字上，卻不知「行」之重
要性，所以「格物致知」才會被陳確認爲是「禪障」。

陳確的「知行觀」也是承襲王陽明，但兩者仍是有稍有不同之處，經由
前面的詮釋之下了解到王陽明所言「知」仍是以道德主體爲主，因此，陳確
不在走王陽明此道路，而是跳躍出此思想框架翻轉到形下經驗層面即是人倫
日用，認爲「知」不只有單純體認形上道德規範，而是主張「知」是無限的，
既然「知」是無限伴隨而來的「行」更是無受到拘束，如此一來，人不就在
人倫日用中不斷的體現，所以陳確仍是以「行」爲首重，王陽明雖言「知行
合一」，但依筆者看來王陽明或許仍放不掉以「本體」爲重，從此處看來陳確
的確是脫離舊有窠臼而另闢一條新的道路或者說是用「行」來重新引導對「知」
的了解。〔註24〕

再者，王陽明對於「知行並進」亦有所言。

> 來書云：「所喻知行並進，不宜分別前後，即《中庸》尊德性而道問
> 學之功交養互發、內外本末一以貫之之道。然工夫次第不能無先後

〔註23〕【明】王守仁《王陽明全集》，上海：上海古籍出版社，〈文錄二〉，卷五，〈與
　　　　陸原靜二〉，頁189。

〔註24〕參見申淑華《陳乾初《大學辨》研究》，渤海大學，渤海大學學報，2009年，
　　　　第三期，頁3。另又見譚雄毅《陳確哲學思想研究》，湘潭大學哲學與歷史文
　　　　化碩士學位論文，2008年，頁23。兩位都認爲陳確所謂的「知行觀」都超越
　　　　出王陽明、朱子，而對於朱子「格物致知」、「知止」視爲「禪障」；又認爲王
　　　　陽明雖言「知行合一」但又無法眞正的轉向形下實踐，仍偏重於「知」，此爲
　　　　筆者所推論則與上述幾位學者相似。

之差，如知食乃食，知湯乃飲，知衣乃衣，知路乃行，未有不見是物，先有是事。此亦毫釐倏忽之間，非謂有等今日知之而明日乃行也。」既云：「交養互發、內外本末一以貫之」，則知行並進之說無復可疑矣。又云：「工夫次第不能不無先後之差」，無乃自相矛盾已乎？「知食乃食」等說，此尤明白易見，但吾子為近聞障蔽，自不察耳。夫人必有欲食之心然後知食：欲食之心即是意，即是行之始矣。食味之美惡必待入口而後知，豈有不待入口而已先知食味之美惡者邪？必有欲行之心然後知路：欲行之心即是意；即是行之始矣。路歧之險夷必待身親履歷而後知，豈有不待身親履歷而已先知路歧之險夷者邪？「知湯乃飲」，「知衣乃服」，以此例之，皆無可疑。若如吾子之喻，是乃所謂不見是物而先有是事者矣。吾子又謂「此亦毫釐倏忽之間，非謂截然有等今日知之而明日乃行也」，是亦察之尚有未精。然就如吾子之說，則知行之為合一併進，亦自斷無可疑矣。〔註25〕

在前面論述的結果，我們可以得知王陽明對於「知」、「行」的觀念解釋有不同闡釋，但此處我們再來看王陽明如何對「知行並進」做解釋。至此，在上面的觀念中王陽明所謂「知行並進」是以「尊德性而道問學」、「內外交養」、「內外本末一以貫道」三者為基底，所言「尊德性」為人對於大命之性內在道德規範的自我反省，而「道問學」簡單來說就是「博學之，審問之，慎思之，明辨之，篤行之」，如此一來，藉由大命之性的內在道德規範而使人對於天道的認識，再利用「博學之，審問之，慎思之，明辨之，篤行之」來使天道更能落實在人倫日常中。所言「內外交養」、「內外本末一以貫道」也是此道理而達成內與外交融互滲，王陽明則是把「知行觀」建立在此三者基礎上。

　　陳確也認為人必須「內外交養」從內在的「心體」不斷的向外作用，並且能夠合理從外在的價值往內收攝蘊涵在個體之內，對於外又能展現無窮的形上天理的意義，再加上從內在與外在的氣化流行的「工夫」來展現形上道德本體，使內外相互滲互透，云「所以古人用功，貴內外交養。」〔註

〔註25〕【明】王守仁《王陽明全集》，上海：上海古籍出版社，〈語錄二〉，卷二，〈傳習錄中〉，頁41。

〔註26〕【清】陳確《陳確集》，（北京：中華書局，1979年），上〈與吳仲木書〉，頁137。

26〕這也代表著人不能只有從單方去做修養，而是要達到對內能夠合理的收攝；對外則能做出既有的判斷，並且以「實踐」來做爲人在日常生活中的一個基礎。

對此，王陽明又舉例說明「欲食之心然後知食」、「欲行之心然後知路」很顯然此處對於「行」的重視相對於「知」有大大提高，如人因飢餓而想要吃東西，於是藉由「心體」發用然告訴我們必須要去吃，那麼要了解食物的美味也就要吃過才知道，於是「去吃」就顯得格外重要了，這樣「知」不就是「行之始」；又想要知路但又必須先行才知道路，才能親自了解而知路是否可通行，這也是「知」即「行之始」。

陳確也有明確說過相同觀念即是「行之千里，始於足下」，想要到京城則必須行之才能到而不是「據圖披索」落入佛、老「澄心坐忘」，而云：「如兄欲至京師，必先自越城發足，烏有先見京師而后發程之理？若只據圖披索，一覽斯盡，何煩推勘，要豈得爲眞見耶？推之凡事，莫不皆然，而復何疑於斯道乎？」〔註27〕陳確在此亦可能受到王陽明「知行並進」的觀念影響，而產生以「行」爲重的後天實踐工夫。換句話說王陽明認爲「知行並進」是利用「知是行之始，行是知之成」，於是「知」、「行」兩者關係是非常緊密的或者可以說是一，即是「知行之爲合一併進，亦自斷無可疑矣。」

對此，王陽明對於「行」又再加以說明。

> 夫學、問、思、辨、行，皆所以爲學，未有學而不行者也。如言學孝，則必服勞奉養，躬行孝道，然後謂之學，豈徒懸空口耳講說，而遂可以謂之學孝乎？學射則必張弓挾矢，引滿中的；學書則必伸紙執筆，操觚染翰；盡天下之學無有不行而可以言學者，則學之始固已即是行矣。篤者敦實篤厚之意，已行矣，而敦篤其行，不息其功之謂爾。蓋學之不能以無疑，則有問，問即學也，即行也；又不能無疑，則有思，思即學也，即行也；又不能無疑，則有辨，辨即學也，即行也。辨既明矣。思既慎矣，問既審矣，學既能矣，又從而不息其功焉，斯之謂篤行。非謂學、問、思、辨之後而始措之於行也。是故以求能其事而言謂之學；以求解其惑而言謂之問；以求通其說而言謂之思；以求精其察而言謂之辨；以求履其實而言謂之

〔註27〕【清】陳確《陳確集》，（北京：中華書局，1979年），下〈與劉伯繩書〉，頁471。

行：蓋析其功而言則有五，合其事而言則一而已。此區區心理合一

之體，知行並進之功，所以異於後世之說者，正在於是。〔註28〕

所謂「學、問、思、辨、行」都是工夫即是學，而「學」必須以「行」來實踐，那麼「學」、「行」不就是同件事情，都建立於「行」之上，不言「空談」事物，如學孝則必須身體力躬，如此一來才能說是真正孝順，而王陽明則引用《中庸》「學、問、思、辨、行」學習之功來做為人面臨事物的態度，而不是「學而不行者也」這會使「知」、「行」兩者產生割裂情況，無法使人對於事物有實踐之力，亦或者停留在「知」的道德本體或者知是上，那麼為學不就是要以「即知即行」才能真正面對所遇到的困境，再者，藉以「學射」、「學書」立論上而衍申到「學、問、思、辨、行」，學習射箭則必須親自去拉弓；寫字則必須親自拿起筆來，這不就是自我的身體力行，並不是以「心」意想而是以「心之意」發動驅使人實踐，如以一來「問」即學、「思」即學、「辨」即學，但值得注意一點並不是「知」而後「行」，而是當下「即知即行」否則兩者會有輕重之分導致人對於實踐會有選擇之分，因此「求能其事而言謂之學」、「求解其惑而言謂之問」、「求通其說而言謂之思」、「求精其察而言謂之辯」、「求履其實而言謂之行」此五者即是「學、問、思、辨、行」，所講求的是此五者為相同本質為「知行並進」。

這觀念有如陳確的「知過改過」對於當下的錯誤必須於當下時空環境之下立即改過。

陳確云：

吾人日用，過失最多，自聖人且不能免，何但後學。細心體察，當自知之。知之即改，改而不已，功夫純熟，漸不費力。聖賢學問，端不越此。若明知是過而不即改，曰「此特在外者，不須亟亟，吾當求之獨體」，此自欺欺人，不可之大者也。知過之心，即是獨體；知而不改，便為有體無用，非真體矣。又於此外求獨，何翅千里。

〔註29〕

陳確主張連聖人都會犯錯何況是一般人民，但只要透過「學」來化掉所謂「過

〔註28〕 【明】王守仁《王陽明全集》，上海：上海古籍出版社，〈語錄二〉，卷二，〈傳習錄中〉，頁45。

〔註29〕 【清】陳確《陳確集》，（北京：中華書局，1979年），上〈與吳仲木書〉，頁73。

失」，但必基於「知過改過」之上，對於知道自己的犯了過錯，則必須當下去就改過，如果不當下則會失去「行」的動力，是否此時又處於「知而不行」的窘境，於是陳確則提出所謂「知過之心」雖是人都皆有為內在「獨體」，但「知而不改」不就無法與內在做個呼應，使內外失去連結的作用，即落入到「有體無用」這並不是所謂的「本體」，於是筆者認為所謂「知」為「知錯」、「體」；「行」為「改錯」、「用」，陳確就是要把兩者關係扣緊為「知行並進」、「體用一原」的基礎之下所闡述的本體觀。

王陽明對於「知行」云：

> 又問：「知行合一之說，是先生論學最要緊處。今既與象山之說異矣，敢問其所以同。」曰：知行原是兩個字說一個工夫，這一個工夫須著此兩個字，方說得完全無弊病。若頭腦處見得分明，見得原是一個頭腦，則雖把知行分作兩個說，畢竟將來做那一個工夫，則始或未便融會，終所謂百慮而一至矣。若頭腦見得不分明，原看做兩個了，則雖把知行合作一個說，亦恐終未有湊泊處，況又分作兩截去做，則是從頭至尾更沒討下落處也。〔註30〕

此處所言工夫包含了「知」、「行」，但我們知道「知」、「行」兩者無法分開來做工夫，但分析立論上則是可以的。如是，我們大至上可以了解到這「工夫」所要強調的是「即知即行」的作用，所謂這個「一」就是扣緊這兩者使內外交養，那麼在王陽明的思想觀念中或許仍是以「知行並進」的觀念存在。對此，我們回溯到朱子所言「知行觀」，當朱子碰觸到或談到實際生活經驗層次，仍是脫離不了以「行」為首重，其云：「論先後，當以致知為先；論輕重，當以力行為重」〔註31〕可看出朱子不免認為「行」之工也是非常重要或者說「知行」是相伴隨的。最後，朱子、王陽明、陳確所言「知行觀」雖有不同，但觸及到生活經驗面仍必須扣緊「行」，所以我們了解陳確指是對於「行」的觀念加重，最主要是要使人不在有藉口有所推諉，不使人以本體做憑恃，嚴格的說起來陳確對於《大學》「知行觀」重新詮釋比前儒更是邁向一大步。

〔註30〕 【明】王守仁《王陽明全集》，上海：上海古籍出版社，〈文錄三〉，卷六，〈答友人問〉，頁209。

〔註31〕 【宋】黎靖德《朱子語類》，臺北：中華書局，卷二，頁85。

第二節　陳確《大學辨》與朱子、陽明、劉宗周分析 比較

陳確對於《大學》多有批評，認為「知而不行」只知道對於事物的「知」的重視，卻遺棄了最重要的「行」，導致人對於後天實踐工夫的斷絕，於是陳確作《大學辨》來說明過失，而提出「立志」、「正心」、「誠意愼獨」、「格物致知」，並且制定出自己一套的實踐方法。

一、「立志」

陳確云：

> 故學莫先定志，志為聖賢，而後有聖賢之學問可言。格物致知，猶言乎學問云耳。故曰：志于功名者，富貴不足以移之；志于道德者，功名不足以移之。故志於富貴，則所格所至皆富貴邊事矣；志于功名，則所格所至皆功名邊事矣；志於道德，則所格所至皆道德邊事矣。此非格致之異，而吾心之異焉也。故子曰「吾十有五而志於學」，志於聖人之學也。〔註32〕

陳確對於人成聖道德之過程非常重視，首當其衝就是「立志」，那麼「立志」必然也就會歸納入於工夫修養的重要一環，必且又舉例孔子「吾十有五而志於學」來說明人在做任何事情之前都必須「立志」、「學習」的重要性，使人對於道德的追求有正確的方向，相對之下，「立志」的工夫則會使人不在有推諉、怠惰，這也是陳確所要表達的思想內容。與其說陳確對於朱子「格物窮理」有所批評，不如說是他認為「格物致知」只要不要過於強調「知」而遺「行」的話也尚無不可，凸顯出陳確不但對於「知」的重視，更強調「行」的重要性，這也是之所以會批評《大學》的地方。

相較之下，人在這真實世界中必須藉由「立志」來做為成聖道德的第一步，不斷的朝向道德之路前進，再透過「素位之行」來落實後天的工夫，使人保持著「戒愼恐懼」、「知過改過」之心，最終達到人性對於對德規範的圓滿處。那麼，所言「志于功名者」、「志于道德者」、「故志於富貴」的成敗取決於「心」，而不是對於事物的「格致」，此時「心」就扮演著重要角色，當

〔註32〕【清】陳確《陳確集》，（北京：中華書局，1979 年），〈答格致誠正問〉，頁559。

人對於外在物質利益過度的追求，此時「心體」〔註33〕就易受到形氣所拘限、遮蔽，而人在當下也就喪失了既有的道德本質，以至於做出傷天害理之事，於是道德禮教與規範理所當然就受到考驗，所以「立志」就是導正我們「形氣之心」受到外在利益物質而有所偏，那麼在尚未發生之前就必須使道德良知充滿我們個體，讓我們了解「立志」主要在貞定對於我們後天實踐工夫的保證，不在使「形氣之心」受到重大影響。

> 確竊以為學者但言虛心，不若先言立志，吾心先立箇主意：必為聖人，必不為鄉人。次言實心于聖人之學，非徒志之而已，事事身體力行，見善必遷，知過必改。終言小心於聖人之學，細加搜剔，須從有過得無過，轉從無過求有過，不至至善不止。〔註34〕

這邊陳確認為人的「立志」的方向非常重要，因為「立志」會取決影響到「心」，所以「立志」成為聖人的一個必要的步驟，因內在的「心」會引導著我們朝向道德最臻處前進，如此一來人經過「立志」到後天的實踐工夫則成為聖人，如陳確所言「必為聖人，必不為鄉人」，因為人的「心體」不斷的對外作用，而又有從外到內的內聚功能。這邊我們可以分為兩種層次來說明內與外。首先，從內而外的發用，人經過「立志」之功而使人心受到既定的影響，朝著道德方向前進，那麼使藉由內心所散發出來的道德規範必然是與形上道德相呼應，此為內在；次之，由外向內的實踐，人也是經由「立志」來驅使我們外在的實踐之力，當天道的道德規範貫注在我們個體之上，而我們亦會回應天道給我的內涵，此時回應即是人倫日用的實踐也就是「素位之行」，於是，當人在實踐之時天道的內涵不斷內聚於內，換句話說，此時內外不斷的相互影響、交融互滲最終達到是一，那麼我們可以說「立志」最重的要一環也就是由外向內的作用，陳確自己也說「事事身體力行，見善必遷，知過必改」強調的是自我的反躬，而不是憑恃著既有的天道蘊含，所以勉人時時警惕自己不要受到外在物欲的過度影響。

二、「誠意慎獨」

陳確言：

> 君子之慎獨，去私而已矣。所謂未發之中者，無私而已矣。去私即

〔註33〕又見於第七章此處對於「心體」有更深入的探討與分析。
〔註34〕【清】陳確《陳確集》，（北京：中華書局，1979 年），〈近言集〉，頁 427。

事格致工夫，無私即是誠正氣象。去私之屬，至於無私，天下之能
事畢矣。治平以是，位育以是矣。獨者，對眾之稱，非離眾之稱。
試思格、至、誠、正、修、齊、治、平何處無獨，何時非慎獨？
〔註35〕

陳確提出所謂「慎獨」只是「去私」，以至於「去私」就成爲眞正的關鍵點所
在，在傳統的思想中，大多人都把「私」認爲是「人欲」的部分，而導致宋
儒學者把「人欲」看低，於是「天理」與「私」就容易落入到緊張對立的關
係〔註36〕，但陳確不這麼認爲「私」與「天理」相違背，反而就像先前所闡
述「天理」、「人欲」是相融合，那麼「私」我們或許可以說是自我的「私心」
並不是所謂「私欲」，因爲陳確並不是強調人要「無欲」，此觀念在先前以做
討論，對此「私心」就會直接影響人的行爲，「去私」就成爲內在的修養工夫
重要的一環，是來革去人對於「私心」追求並不是「私欲」，因爲人處於「戒
愼恐懼」工夫中必須體現「天道」價值內涵，於是「獨體」就有引導人邁向
道德價值處，所以「去私」就有如格致之工夫轉向身體力行的實踐，來恢復
到本然之處即是像「未發之中」最純粹的狀態，但不能說有「私心」代表著
人性就走向「惡」一途，因爲陳確仍是把後天的「習染」放在第一義，力求
人對於後天實踐學習的保握。

　　至此，「獨體」大至可以看出是對於人後天的「身體力行」工夫，然而陳
確又曾云：

獨者，本心之謂，良知是也。慎獨者，兢兢無負其本心之謂，致良
知是也。〔註37〕

　　知過之心，即是獨體；知而不改，便爲有體無用，非眞體矣。〔註38〕

所謂「獨」也就內在本心爲最純淨之心，再者「本心」又與「天理」相呼應
連結，此時本心就是良知具有判斷是非、善惡的良知良能；而「慎獨」爲時

〔註35〕【清】陳確《陳確集》，（北京：中華書局，1979 年），〈大學辨三〉，頁 583。
〔註36〕參見張麗珠《清代新義理學——傳統與現代的交會》，頁 175。從《尚書》中
　　　　就可以看到「大公減私」、「大公無私」的語句，宋明理學中的「公」主要是
　　　　指「天理」；相對的「私」就是「人欲」，公私對立的緊張，在宋明理學的論
　　　　辯中最明顯。
〔註37〕【清】陳確《陳確集》，（北京：中華書局，1979 年），〈輯祝子遺書序〉，頁
　　　　240。
〔註38〕【清】陳確《陳確集》，（北京：中華書局，1979 年），〈與吳仲木書〉，頁 73。

常保持著謹慎小心，可以讓「本心」自由的流露與展現，於是從內在自我不斷做修養工夫，而使「本心」一直處於靈明之心，也就是所謂的「致良知」。陳確又受到其師劉宗周「慎獨」的影響而提出「知過改過」，但又脫離既有傳統內在理路，進而跳躍到外在的實踐工夫，陳確不像劉宗周把在過錯發生前就阻絕掉，而是面臨如何知道怎樣當下改錯，於是「改過」為陳確所著重的地方，劉宗周仍是屬於內在理路的之過改過，而不是像陳確那麼注重。

> 凡言誠者，多兼內外。《中庸》言誠身，不言誠意。誠只在意，即是不誠。朱子之解「誠意」曰：「實其心之所發。心之所發者，欲正也，欲修也，欲齊、治平也。而苟有未正、未修、未齊治平焉者，則是心之所發猶虛而不實也，而何以未知誠乎？故曰：「誠者非自誠己而己也，所以成物也。」又曰：「反身而誠，樂莫大焉」。〔註39〕

所謂「誠者」為內外是一，也就是說從外在的工夫鍥入到本體中使內外相互影響滲透；反之，由內在純淨的「心體」向外發用使內在或者形上本體能夠完全的展現，於是所謂「誠者」是融攝著內與外。有如《中庸》所說所謂「誠」為誠身，而不是執著於「意」，陳確則是把「意」歸入到「心」，認為所謂「誠」必須扣緊「力行之躬」，使人有「身修」、「家齊」、「國治」、「天下平」這才是所謂誠，以至於「誠」不再只是講求「意」，而是轉向於「身」的實踐動力，於是「誠」就成為陳確最高的心性學說的最高範疇，一來打破程朱「空談心性」、「恥言事功」、「言知不言行」；二為對王陽明的心學「以知消行」、貶斥工夫直逐良知本體的心性學說，最後克服了其師劉宗周將「意」從「心」中剝離出來導致誇大的主觀意志作用，以道德修養及踐履取代人的一切實際活動〔註40〕。相對比較之下，陳確不僅已跳脫出既有的限制框架，從後天的學習實踐來回應外界的各種事物，並且對於「本體」賦予活化的功用，並不是單純的形上本體，而是活動於在這人倫日用之中，所以陳確才會如此重視「誠身」而不是「誠意」唯有實踐才是使人性更趨於天道的內涵。

（一）朱子「格物致知」

首先，陳確先在〈大學辨三〉提出既有的看法，在進而對朱子進行批判。

〔註39〕【清】陳確《陳確集》，（北京：中華書局，1979年），〈大學辨〉，頁555。
〔註40〕參見陶清《明遺民九大家哲學》，臺北：紅葉出版，民1997，頁557。

> 君子之於學也，終身焉而已。則其於知也，終身焉而已。故今日有
> 今日之至善，明日又有明日之至善，非吾能素知之也。〔註41〕
>
> 天下理無窮，一人之心有限，而傲然自信，以爲吾無遺知焉者，則
> 必天下之大妄人矣，又安所得一旦貫通而釋然於天下之事之理之日
> 也哉！〔註42〕

首先陳確對於朱子「格物致知」抱持著批評的態度，他認爲對於萬事萬物的了解不應該只有「知」亦或者「一旦豁然貫通」，於是朱子則遺忘重最要的「行」，如此一來陳確才嚴厲批評朱子所謂「格物致知」只是「重知輕行」，或者落入「知止」的禪障泥淖之中，陳確云：「朱子『一旦豁然貫通』之説，是誘天下而禪也，亦不仁之甚者矣。」〔註43〕，因爲人對於學習這件事情是永無止盡，對於新事物不斷接收與學習，而對已知知識則是不斷的複習，如此才能使自己不斷的提升與內化，有如「日知其所亡，月亡忘其所能」的溫故知新工夫，以至於陳確認爲朱子的「格物致知」形下不徹底性。再者，人的學習路程是永不止盡，那麼「止於至善」此言更是不得這樣說，人對於學習是無窮無盡，當人對於現狀處於滿足之時，隨之而來的是對於實踐工夫產生衝擊，那麼「至善」不再只是「至善」而是停留在於原地打轉，然而朱子所言也被陳確評爲禪學所言的「頓悟」此言是非常嚴重的，這也說明了朱子只講求「知」的追求，而「行」成爲附屬工具罷了。

　　陳確所講求學習事講求超越形上本體之外，但又落實在人倫日用中，使人在這時空環境不斷的完成，使道與學習就在之中不斷的加注在人身上，那麼道就無窮無盡；學習亦是在我們生活中不斷的體現，如此一來「道無窮盡、學亦無窮盡」此爲陳確所重視，則與朱子有不同的概念。但陳確並不是完全否定朱子學說，他對於朱子所說「敬」是認同的，從「居敬存養」工夫並可以得知，云：「朱子初由察識端倪入，久之無所得，終歸涵養一路，則亦既知其非矣。居敬存養，自是聖學，弟未嘗以爲禪而闢之也，然居敬即是存養，亦非有二。」〔註44〕朱子對於起先的「察識端倪」工夫轉換到「居敬涵養」，

〔註41〕　【清】陳確《陳確集》，（北京：中華書局，1979年），〈大學辨三〉，頁554。
〔註42〕　【清】陳確《陳確集》，（北京：中華書局，1979年），〈大學辨三〉，頁554～555。
〔註43〕　【清】陳確《陳確集》，（北京：中華書局，1979年），〈大學辨〉，頁564。
〔註44〕　【清】陳確《陳確集》，（北京：中華書局，1979年），〈與劉伯繩書〉，頁468。

如此明顯可以看出朱子慢慢已從形上未發工夫轉換到重視後天已發工夫修養，陳確也認同「居敬存養」是成聖的路程之一，相對的，這是從形上與形下工夫重要轉變，而後天實踐工夫也是陳確一再強調，而不喜言未發的形上本體，他著實了解到不能一昧處於談形上不徹底性，並須從形下來了解人性，這才能使人性更為圓滿或者說更趨於天道。

（二）王陽明「致良知」

雖說陳確「知行觀」多少受到影響王陽明，但是仍認為王陽明所言「知行合一」尚未脫離宋儒形上本體或者「知」與「行」兩者無法真正鍥合。再者，陳確對於「致良知」則是經過重新詮釋，並且更以直截方式來表達所要思想觀念。

陳確云：

> 陽明子雖欲合知行，然諄諄言致良知，猶未離格致之說，傳之後學，益復荒唐。非揣摩之不可，其所以揣摩者失其道也。後儒惟無切實求道之心，故樂虛而惡實、物大而不根；是以語理解則瑩然有餘，效躬行則歉乎未足。〔註45〕

相較之下，王陽明「良知」同樣存在著內在形上本體來當做人追求最高標準，云：「『致良知』亦強為『致知』解嘲耳，而終非《大學》之旨。」〔註46〕於是，人在道德修養的實踐的動力之中，想去找尋一個安頓立命之處，但當碰觸到「良知」本體就容易阻絕了人對於人倫日用中的體驗，關鍵就在於「致良知」取代了人對於真理的現實的認知活動本身的必然性，而「良知」就如同在客觀環境中的「真理」〔註47〕，也就是人在環境實中不會有像是朱子所言有「輕重」、「先後」之分，因為不在於此問題之上，而關係就猶如「人欲觀」、「義理與氣質之性」必須相互消融互滲，而王陽明則是把「良知」解成「知過」；「致良知」釋成「改過」，很明顯兩者是被拆解為二，相對的反而在維護《大學》，換句話說，王陽明仍是受到《大學》的固有框架拘限，其云：「陽明子亦欲曲護《大學》，其如《大學》之終不可理解何！」〔註48〕對於「知」

〔註45〕【清】陳確《陳確集》，（北京：中華書局，1979年），〈揣摩說〉，頁263。
〔註46〕【清】陳確《陳確集》，（北京：中華書局，1979年），〈大學辨〉，頁508。
〔註47〕參見陶清《明遺民九大家哲學》，臺北：紅葉出版，民1997，頁567。以真理性認識指導實踐和在實踐中發現和把握真理，乃是人的認識——實踐活動知不可分割的統一過程。
〔註48〕【清】陳確《陳確集》，（北京：中華書局，1979年），〈大學辨〉，頁508。

是無窮無盡的深遠道理，倘若「致」是後加諸於實踐之上那不就為時已晚。陳確又且云：

> 所謂良知，只是能知過；所謂致良知，只能是改過。〔註49〕

在此思想看來，陳確對於內在修養道德逐漸不是那麼完全重視，而是從內在本體發展到外的實踐修養工夫，這對於明末清初可是一大轉變，陳確則身處於王學末流而必須跳脫出宋儒既有的框架限制，可見陳確對於後天的實踐工夫下了非常大的工夫，所以陳確比王陽明更直截把「致良知」說成「知過改過」的當下實踐工夫，透過本身具體的反躬求己而真正的良知良能得以展現。那麼「致」當何解釋？在王陽明所言「致」為「擴充，或即充分實現」，這也如同孟子所言「擴充」之意〔註50〕，然而陳確也確實繼承兩位思想觀念，只是陳確把「致」的深度與廣度提升，對於人犯了過錯即要當下「知過」──知道自己所犯的錯誤；「改過」──知道自己犯了錯誤，此時必須當下改過過錯，而正也是陳確所要表達的「致良知」。

（三）劉宗周「慎獨」

劉宗周言：

> 君子之學，慎獨而已矣。無事，此慎獨即是存養之要，有事，此慎獨即是省察之功。獨外無理，窮此之謂窮理，而讀書以體驗之；獨外無身，修此之謂修身，而言行以踐履之。其實一事而已。知乎此者，謂複性之學。〔註51〕

從上述大略可以了解到劉宗周對於「慎獨」視為實踐修養一大課題，他主張所謂君子之學就是「慎獨之功」，首先我們必須對於「獨」是「本體」還是「氣性」呢？云：「不睹不聞，天知命也；亦睹亦聞，性之率也；即睹即不睹，即聞即不聞，獨之體也。」〔註52〕此時我們可以分為兩條進路來做分析立論。

〔註49〕【清】陳確《陳確集》，（北京：中華書局，1979年），〈志喜篇〉，頁218。
〔註50〕參見牟宗三《從陸象山到劉蕺山》，臺北：學生書局，民1979，頁229。陽明的「致知」就是「致良知」，是從成聖到不間斷的工夫，其「致」字是「向前推至」的意思，即孟子所謂「擴充」，而「致良知」便是使良知能夠充分地呈現出來以使之見於行事，即成為道德行為。
〔註51〕【明】劉宗周《劉宗周全集》，臺北：中央研究院中國文哲研究所籌備處，民86，第三冊上，頁370。
〔註52〕【明】劉宗周《劉宗周全集》，臺北：中央研究院中國文哲研究所籌備處，民86，第二冊，頁461。

其一，「不睹不聞」即是對於萬事萬物聽不到也看不到，此所謂看不到爲形上「本體」，換句話說，當無形之氣尚未經過凝結成有形之氣，此時「本體」爲最高創造本體「天命」、「天道」，那麼我們可以推論出此「本體」是所言「獨」；次之，「亦睹亦聞」明白的說對於萬事萬物得以看的見聞的到〔註53〕，此時已從「無形」妙凝到「有形」，那「有形之氣」不就是「氣質之性」道德展現，於是「睹」與「不睹」即是「有」、「無」的相對照，而「無」不就是「獨」。但必須重意一點的是兩者關係爲何，在前幾章節討論之下，劉宗周對於「義理」、「氣質」是主張相融合，於是藉此觀念之下我們可以了解到「無事、有事」其實同爲一件事情或者更可以直接說同一本體，如此一來，不管「已發」、「未發」都是「愼獨工夫」，這觀念已從內在的道德修養擴展到外在工夫，或許劉宗周以跨越先前的限制，而達到「獨外無理、獨外無身」，逐漸走向嶄新的一條進路，而陳確在其師劉宗周的影響之下，也提出相同思想觀念。陳確則進一步提出。

> 或曰：蕺山先生以愼獨爲學，而吾子序祝子之書，只（原注：刊本作「單」）提本心二字，其毋乃廢先生之教矣乎？曰：獨者，本心之謂，良知是也。愼獨者，兢兢無負其本心之謂，至良知是也。先生達祝子初見問學書曰：「道不遠人，只就日用尋常間，因吾心之已明者而一一措諸踐履，便是進步。」〔註54〕

陳確則繼承其師劉宗周「愼獨」之學，所言「獨者」爲「本心」，而「本心」爲內在最靈明之心爲直承形上的道德價值，那麼人的「本心」不就是爲無惡之體，「良知」此時也深受「天理」感召影響而內攝於「本心」之內，如此一來「本心」就成爲「良知良能」，而陳確與劉宗周「獨」可以說是相類似，都是以形上本體爲基本架構，再順此理路下降凝結到人身上，陳確雖然偏受王陽明「心學」甚強影響，但也很明顯講求「氣學」來扭轉明末弊病，來免於落入空洞、浮誇、不確實，並且透過一氣流行來說明把形上與形下相互雜揉一起，不再是以追求「本體」爲主要路線而是落實到「實踐」，因此，陳確主張「愼獨」爲「致良知」，所謂「致」也就孟子所謂的「擴充」，換句話說，

〔註53〕 參見柯正誠《劉蕺山「盈天地間一氣」思想研究》，中國文化大學中國文學研究所碩士論文，民92，頁71。

〔註54〕 【清】陳確《陳確集》，（北京：中華書局，1979 年），〈輯祝子遺書序〉，頁240。

當「本心」在這氣化無限的時空之中，我們必須保持著「兢兢」此為謹慎小心，以免遭受到外在的環境物質薰心而偏離成聖道路。對此，人們對於「慎獨」必須謹小心，得以讓「本心」完全順利「擴充」，對外不斷的把「本心」靈明之處展現出來；對內則可以透過實踐工夫來貞定我們心性，這也就是所謂「致良知」，不管是否「未發」、「已發」對於「本心」而言，仍都是處於活動的狀態，即是陳確所言的「慎獨之功」。

三、「誠正」、「正心」、「格物」、「致知」次序

陳確言：

> 吾之先正於誠也，蓋欲合意於心，而統誠于身焉耳。分意于心，則支甚矣。先誠于正，則舛甚矣。此大學之蔽也。夫誠是到頭學問，而正為先端趨向。先後之勢，相去遠甚，何待辨乎？若乃正心之於格致，則正心為指南之鍼，格致乃辨方之盤；鍼搖不定，雖盤星燦然，度分刻畫又安所取正乎？故學莫先定志，志為聖賢而後有聖賢之學問可言。格物致知，猶言乎學問云耳。〔註55〕

陳確主張當我們去實踐道德活動之時，必須先確立自己的志向與道德價值規範；再來，從實踐活動認知來進行自我的學習與修養，對此，人的成聖道路或者學習道路的路途，也就是從「正其心」並透過「格物致知」最後達到「誠意」的理想道德價值。因此，「先正於誠」之「正」也就是「正心」，也就事先確立我們學習志向，使自己的學習能夠以「力行」二字來落實，此處可以看出是以自律道德來規範自我，並不是以他律道德來進行實踐，於是，陳確才認為必須以「正心」為首，來避免人一開始就走錯方向始自己志向不夠貞定。值得注意一點是「意」字，在陳確的思想觀念中「意」是等同於「心」，顯然的為了當「意念」一發動不至於偏倚而讓人性有缺陷，因而把「意」歸納於「心」兩者成了一體。倘若此時「意」與「心」兩者相互剝離，當「意」發動不夠靈明、清明之時，人的實踐動力方向會受此影響，並且會造成了極大危害，那麼就算是「心」能夠導正「意」那也已經是太慢了。另外，陳確對於「誠」先於「正心」持著不同意的態度，唯有當實踐動力與志向能夠得以正常顯露之時才能說是真正的「誠」，因為學習是永無間斷實踐過程，於是

〔註55〕【清】陳確《陳確集》，（北京：中華書局，1979 年），〈大學辨〉，頁 559。

「誠」就扮演著一個最終目標，讓人有目標得以前進學習，這也就為什麼陳確不把「誠正」至於第一位的原因了，實怕人自此憑恃而遺闕了重要「正心」、「格致」的工夫，這也就陳確對《大學》不滿之處而提出批評。

> 所謂致知、格物者，非即以吾心至之，吾心格之乎；心者，身之主
> 也；存心公恕，夫後能知己之過、知物之情。知己之過，故修之而
> 勿至；知物之情，故齊、治、平知可以一貫也。〔註56〕

陳確主張「致知」、「格物」包含了道德修養與認知活動兩方面的內容，但兩者其實都是同出於一個主體也就「正心」，因此致知、格致也就同一本質只是功用不同而已，那麼可以了解到「致知」也就是將志向與意識給展現實踐出來；「格致」就是在實踐中「知過改過」而使「齊家」、「治國」、「平天下」得以表現〔註57〕。從上述的討論之後，我們已大略清楚得知「正心」先於「誠意」，那麼「格致」的位置到底在哪呢？其實陳確已經很明確的把「正心」喻成「指南」、「格致」喻成「辨方之盤」，換句話來說，「正心」為「格致」之前提，而「格物致知」的工夫修養則由「正心」來做決定，因為只有「先正其心」才能使「格物致知」實現出「知過改過」的目標，如此一來陳確又把《大學》的工夫再度詮釋。最後，陳確談「誠意」主要是來辨證「統誠于身」而免淪為「分意于心」，並且不再是談「誠意」而是「誠身」，因「身」代表著兩種方向，其一，對內可以自我的修身以鍥合於道德價值規範；次之，對外可以落實道德價值修養使內在的道德價值得以展現，而表現出「齊家」、「治國」、「平天下」的理想〔註58〕，這就是陳確所要闡述的理論，而重新把《大學》的「格物致知」、「誠意」、「正心」的次序，改變成為「正心」、「格物致知」、「誠意」。

〔註56〕 【清】陳確《陳確集》，（北京：中華書局，1979 年），〈大學辨〉，頁 559。
〔註57〕 參見陶清《明遺民九大家哲學》，臺北：紅葉出版，民 1997，頁 571～572。
〔註58〕 參見張克偉《從《大學辨》看陳確對《大學》義理系統的價值重估》，黃淮學刊（社會科學板），第十一卷第二期，1995 年，頁 38。

第十章 結 論

　　經過本論文深入探討之下陳確雖不喜愛言天道「本體觀」，實則陳確由形下實踐義來告知人，如何去從人倫日用之中去體驗行上道德的存在，而不只是空談本體之性。但在筆者的觀察之下仍發現在陳確的「天道觀」思想中，難免也雜揉了漢代「自然義」，〈葬論〉云：

> 天無私覆，故雨露之施不擇物。物之材不材，自爲枯榮焉，非天有
> 意枯榮之也。地承天施，亦猶是耳。人之善不善，自爲禍福焉，非
> 天與地能禍福之也。〔註1〕

由上述得知陳確主張「天道」是沒有人格神意志，相較之下與漢代董仲舒「天人相應」、「人格神」大相逕異但卻和王充的理念相同即是以「自然之天」來當做思想基礎。除此之外，陳確又保留了宋明「本體義」的思想，在〈道俗論下〉中則有說明到。

> 離日用言道者，辟之則廢食而求飽也，終不可得飽矣。泥日用是道
> 者，辟之四體具而爲人，而遂謂土木偶之果無以異乎人也。果無以
> 異乎人哉！〔註2〕

雖然陳確對於宋儒有所批評，卻仍是保留既有的「本體觀」思想，而主要仍是強調後天實踐工夫的重要性，因此也看出陳確著實跳出本體限制的框架中，從形下氣化層來談「天道」，這也就是爲什麼陳確會造成當時反動思潮，對此，繼承了其師劉宗周的「道在氣中」思想基礎架構進路之下發展出特有的「氣性論」，並且順此理論之下而談到先天稟氣此問題。陳確雖承認「氣」

〔註1〕 【清】陳確《陳確集》，（北京：中華書局，1979年），下〈葬論〉，頁477。
〔註2〕 【清】陳確《陳確集》，（北京：中華書局，1979年），上〈道俗論下〉，頁171。

有「清」、「濁」但不能因此有「善」與「惡」之分，原因在於當凝結過程中會有方向、速度、厚薄多種氣化的可能導致有了「清」、「濁」之分，但主要氣性仍是保持「善」的狀態，

陳確云：

> 氣之清濁，誠有不同，則何乖性善之義乎？氣清者無不善，氣濁者亦無不善。有不善，乃是習耳。若以清濁分善惡，不通甚矣。〔註3〕

所以陳確把「惡」歸咎於「習」即是人對於後天實踐與否。

> 清者恃慧而外馳，故常習于浮；濁者安陋而守約，故常習于樸。習于樸者日厚，習于浮者日薄。善惡之分，習使然也，於性何有哉！〔註4〕

進而說明人必須透過「變化習氣」而不是「變化氣質」，此時又產生一大問題也就是「變化氣質」。

對於，宋儒所言「存天理、滅人欲」更是加以抨擊，陳確以特有的思想價值來詮釋「天理」與「人欲」之間的緊張關係。陳確在〈無欲作聖辨〉言：

> 人心本無天理，天理正從人欲中見，人欲恰好處，即天理也。向無人欲，則亦並無天理之可言矣。〔註5〕

陳確首先肯定「人欲」的價值存在，並且從「人欲」之中去體驗那虛無飄渺的「天理」，倘若從氣化流行層面來看的話，「天理」其實是連續不間斷的貫注在吾人身上，以至於當人在日用倫用中得以展現形上道德規範，這也使「天理」、「人欲」兩者得以相互消解此緊張對立關係，但「人欲」又必須基於「無過與不及」的狀態下，否則當「人欲」過與不及時，人的道德行為則會備受考驗，那麼又回到必須扣緊「擴充盡才」、「養心寡欲」等道德工夫修養。

於是，問題又回到爭執最為激烈的「義理之性」與「氣質之性」兩大課題。本論文則是從宋儒做為一個切論點，陳確對於宋儒把「義理之性」與「氣質之性」二分，其實是割裂了形上與形下而造成兩個本體，云：

〔註3〕【清】陳確《陳確集》，（北京：中華書局，1979 年），下〈氣稟清濁說〉，頁455。

〔註4〕【清】陳確《陳確集》，（北京：中華書局，1979 年），下〈氣稟清濁說〉，頁455。

〔註5〕【清】陳確《陳確集》，（北京：中華書局，1979 年），下〈無欲作聖辨〉，頁461。

　　宋儒分本體、氣質以言性，何得不支離決裂乎？性即是本體，又欲

　　於性中覓本體，那得不禪！〔註6〕

很明顯陳確不同意兩者二分，而主張「義理之性」與「氣質之性」必須建立

在「體用一源」的基礎上來談，云：「既以氣質屬性」〔註7〕也就是說「義理

之性」與「氣質之性」其實是同一本質，只是「義理之性」透過氣化流行以

貫注在「氣質之性」之內，於是形上與形下交融互滲並以「氣質之性」來展

露形上無窮生生之理。此外，「氣質之性」則成為工夫修養的重要目標，換句

話說陳確認為「氣質之性」必須利用「擴充盡才」來讓性更能完美而臻善。

　　「盡其心者知其性也」之一言，是孟子道性善本旨。蓋人性無不善，

　　於擴充盡才後見之。如五穀之性，不藝植，不耘籽，何以知其種之

　　美耶？〔註8〕

陳確則承襲了孟子「擴充」的思想，主要是要讓對於後天實踐工夫得以開展，

又讓人不憑恃著先天本有的道德價值而對後天有所推諉、閃躲之心，所以才

必須以「擴充」的工夫來貞定吾人對後天的責任。但在「擴充盡才」之後陳

確又藉以《易經》「繼善成性」的工夫修養才算是真正有成聖的可能，〈與劉

伯繩書〉云：

　　資始、流形，言天之生物也；各正、葆合，言天之成物也。物成然

　　後性正，人成然後性全。物之成以氣，人之成以學。人物之性，豈

　　可同哉！且大象何不言「萬物資始，各正性命」，而必係之「乾道變

　　化」之下？〔註9〕

陳確透過以上各種工夫修養與氣化觀來談「氣、情、才」，認為不能視為形下

之惡，〈氣情才辯〉云：

　　性之善不可見，分見於氣、情、才。才與氣，皆性之良能也。天命

　　有善無惡，故人性亦有善無惡，人性有善而無惡，故氣、情、才亦

　　有善而無惡。〔註10〕

〔註6〕　【清】陳確《陳確集》，（北京：中華書局，1979 年），下〈與劉伯繩書〉，頁
　　　　620。

〔註7〕　【清】陳確《陳確集》，（北京：中華書局，1979 年），下〈與劉伯繩書〉，頁
　　　　466。

〔註8〕　【清】陳確《陳確集》，（北京：中華書局，1979 年），下〈性解上〉，頁447。

〔註9〕　【清】陳確《陳確集》，（北京：中華書局，1979 年），下〈性解下〉，頁449。

〔註10〕　【清】陳確《陳確集》，（北京：中華書局，1979 年），下〈氣情才辯〉，頁452。

這也是陳確獨有的思想特質，他不從先天本體去講而是從後天的經驗層面來回推到本體之上，這也明確可以了解「氣、情、才」才是真正展現出天道最真誠的一面，再者天道也受到氣化流行影響也把形上的道德價值加諸於「氣、情、才」的內涵中，於是「氣、情、才」則不淪為宋儒所言的形下之氣（惡）。

　　陳確對於「心學」的繼承可以說是不遺餘地的接收，但他看透了純有「心學」是不夠足以支撐整個實踐觀，於是陳確必須「援氣入心」來讓「心」不在是枯燥、空洞的內在本心，並且透過氣化流行賦予了活動義，又在「體用一源」的基礎之下讓「心」、「氣」兩者交融互滲，於是「心」能夠由內向外發用，並且對於外在事物又能夠內聚，而讓人有了「知過改過」的悔改之心，也就是說空有「心體」是無法貞定自我，必須導入「氣」來解決外界環境對於「心體」的衝擊，使人不在偏離成聖道路，

　　另外對於「心」又有著不同的解釋：

> 知過之心，即是獨體；知而不改，便為有體無用，非真體矣。又於
> 此外求獨，何翅千里。〔註11〕

既然，我們以知道「心體」的主要內涵，但如透過後天的「逆覺體證」來讓「心體」能夠完全展現。對此又說：

> 不知家庭日用，處處有盡心功夫，即處處有盡心功夫，吾輩只是當
> 面錯過耳。今學者言道，並極精微，及考其日用，卻全不照管，可
> 謂之道乎？弟所以倦倦於素位之學者，固今日貧士救時之急務，即
> 學者他日入道之金針也。〔註12〕

主要不再走宋儒「只存有、不活動」形下本心，陳確則已把「心」的位階拉拔到與道德本體相同，不在有形上與形下之分，於是「心」能透過後天人倫日用來展現天道內容，那麼「氣」就扮演著實踐的動力來源，使「心」能夠自當下「逆覺體證」，因為人還必須透過實踐工夫來達到修身的工夫，此則藉由「反求諸心」來讓人不在憑恃著先天本有的道德本體，此則使「心」、「氣」兩者必須再一次相做連繫，主要在破除只求形上本體而不肯對後天實踐負責，最後讓人夠面對外在環境的衝擊，而能適時做出當下應該做的事情，而不再只盲目追求形本體就能夠貞定自我的陋習。

〔註11〕【清】陳確《陳確集》，北京：中華書局，1979，〈與吳仲木書〉，頁73。

〔註12〕【清】陳確《陳確集》，（北京：中華書局，1979年），〈與劉伯繩書〉，頁620
　　　　～621。

最後，陳確又必須面對《大學》所衍生出的問題，也因此作《大學辨》來批評，指出「言知不言行」、「立志」、「格物致知」、「誠正」、「正心」、「格物」、「致知」次序等諸多問題。陳確認為「言知不言行」容易讓人散失了實踐的意義，此時對於知識的追求大於實踐，必定會使人產生以「心」觀照萬物，如此則落入到佛、老陷溺中，例如：「按圖索驥」沒有真正去走過、了解過，終究用「心」來認為已經去過、了解。〈與劉伯繩書〉云：

> 如兄欲至京師，必先自越城發足，烏有先見京師而后發程之理？若只據圖披索，一覽斯盡，何煩推勘，要豈得為真見耶？推之凡事，莫不皆然，而復何疑於斯道乎？〔註13〕

俗話說的好「千里之行，始於足下」，筆者認為陳確主張對於外在事物都必須以「實踐」二字來做為準則，也就是說以「行」來對自我負責。陳確主張必須以「正心」為先；「格物致知」次之；「誠意」為末。〈大學辨〉云：

> 所謂致知、格物者，非即以吾心至之，吾心格之乎；心者，身之主也；存心公恕，夫後能知己之過、知物之情。知己之過，故修之而勿至；知物之情，故齊、治、平知可以一貫也。〔註14〕

原因在於當吾人以「立志」確立學習方向，而「正心」主要在於貞定吾人學習方向，並且扣緊「力行」二字來真正落實，免於人一開始就迷失自我的方向，既然我們已確立「正心」為首，那麼「格物致知」則就扮演著把自我將志向與意識給展現實踐出來，並且在實踐的過程之中以「知過改過」的自律道德來約束自己，如此更能讓我們成聖學習道路更加穩定。最後則是「誠意」，但陳確則把「誠意」修改成為「誠身」主要意涵在於「身」，主要原因在於對內可以自我的修身以鍥合於道德價值規範；次之，對外可以落實道德價值修養使內在的道德價值得以展現，而表現出「齊家」、「治國」、「平天下」的理想〔註15〕，此為陳確對於《大學》所做出一些批判與回應，這也代表著陳確的思想理念更邁前一大步。

由於，筆者初涉理學殿堂未深仍有許多不足與疏漏之處。對於，陳確從《葬論》來破除人對於當時喪葬禮節的迷信，並且試圖把人拉回到現實的層

〔註13〕 【清】陳確《陳確集》，（北京：中華書局，1979 年），下〈與劉伯繩書〉，頁471。
〔註14〕 【清】陳確《陳確集》，（北京：中華書局，1979 年），下〈大學辨〉，頁559。
〔註15〕 參見張克偉《從《大學辨》看陳確對《大學》義理系統的價值重估》，黃淮學刊（社會科學板），第十一卷第二期，1995 年，頁38。

面之中，相關禮節問題尚未著墨此爲遺憾之處，而這也是陳確其中最具特色的思想之一。另外，與黃宗羲多次修改《墓誌銘》的談話尚未深入探討分析，但筆者認爲此處仍有值得研究的討論空間。也許，陳確因走在明末清初末流的動盪時代，不得不開創自我獨特思想來拯救當時疲弊之風，試圖把人們從形上層面拉回到後天的實踐層面，並以「素位之行」來眞正落實後天的實踐工夫，這也使陳確得以在中國思想史上占得一席之位。

引用文獻

說明：

1. 古籍文獻部份依經、史、子、集次序排列。

2. 近人專著與期刊、學位論文則依姓氏筆劃順序排列。

（一）古籍文獻

1. 相關原典

經 部

1. 《周易正義》（魏）王弼、（晉）韓康柏注、（唐）孔穎達等正義（臺北：藝文印書館《十三經注疏》影印嘉慶二十年江西南昌府學開雕本，2001年。）

2. 《禮記・樂記》（漢）鄭元注（唐）賈公彥疏（十三經注疏五，臺北：藝文印書館《十三經注疏》影印嘉慶二十年江西南昌府學開雕本，1989年。）

3. 《孟子注疏》（漢）趙岐注、（宋）孫奭疏（臺北：藝文印書館《十三經注疏》影印嘉慶二十年江西南昌府學開雕本，2001年。）

4. 《孟子字義疏正》（清）戴震撰（臺北：世界書局，1974年。）

5. 《論語注疏》（魏）何晏注、（宋）邢昺疏（臺北：藝文印書館《十三經注疏》影印嘉慶二十年江西南昌府學開雕本，2001年。）

6. 《四書章句集註》（宋）朱熹撰（臺北：鵝湖出版社，1984年。）

史 部

1. 《明史》（清）張廷玉等撰（臺北：鼎文出版公司，新校本明史并附編六種，1975年。）

2.《宋元學案》（明）黃宗義撰（臺北：河洛圖書出版社，1975 年。）

3.《明儒學案》（明）黃宗義撰（臺北：世界書局，1992 年。）

4.《明儒學案》（明）黃宗義著，沈芝盈點校（臺北：華世出版社，1987 年。）

5.《清儒學案》徐世昌撰（臺北：世界書局，1979 年。）

6.《四庫全書總目題要》（清）永瑢撰（臺北：藝文印書館影印清乾隆據武
英殿刊本，1986 年臺一版。）

子　部

1.《荀子集解》（周）荀況撰、（唐）揚倞注、（清）王先謙集解（臺北：世
界書局，1970 年。）

2.《周子全書》（宋）周敦頤撰（臺北：廣學社印書館，1975 年。）

3.《張子全書》（宋）張載撰（臺北：臺灣中華書局，1968 年。）

4.《張載集》（宋）張載撰（北京：中華書局，1978 年。）

5.《朱子語類》（宋）朱熹撰、黎靖德編（北京：中華書局，2004 年。）

6.《困知記》（明）羅欽順撰（北京：中華書局，1990 年。）

7.《劉子遺書》（明）劉宗周撰（臺北：臺灣商務印書館，景印文淵四庫全
書年。）

8.《論衡校釋》（漢）王充撰，黃暉校釋（北京：中華書局，1996 年。）

集　部

1.《二程集》（宋）程顥、程頤撰（北京：中華書局，1981 年。）

2.《王陽明全集》（明）王陽明撰（上海：上海古籍出版社，1992 年。）

3.《王廷相集》（明）王廷相撰（北京：中華書局，1989 年。）

4.《吳廷翰集》（明）吳廷翰撰（北京：中華書局，1984 年。）

5.《劉宗周全集》（明）劉宗周撰，戴璉璋、吳光主編、鍾彩鈞編審（臺北：
中央研究院中國文哲研究所，1996 年。）

6.《黃宗義全集》（一）～（十二）（明）黃宗義撰（杭州：浙江古籍出版社，
2005 年，增訂版。）

7.《魏校先生集》（明）魏校撰（臺北：藝文印書館《百部叢書集成》據萬
曆胡震亨等校刊本影印，1965 年。）

8.《魏校先生遺書》（明）魏校撰（嘉靖四十二年，蘇州知撫王道行刊本。）

9.《孫應鰲文集》（明）孫應鰲撰，劉宗碧、龍連榮、王雄夫點校（貴州：
貴州教育出版社。）

10.《船山遺書全集》（清）王夫之（臺北：自由出版社，2002 年。）

11.《楊園先生集》（清）張履祥（北京：中華書局，2002 年。）

12. 《戴震集》（清）戴震（臺北：里仁書局，1980 年。）

13. 《陳確集》（清）陳確，（北京：中華書局，1984 年。）

（二）近人專著（姓氏筆畫）

1. 小野澤精一、福永光司、三井涌編著、李慶譯《氣的思想·中國自然觀和人的觀念的發展》（上海：上海人民出版社，1999 年 4 月。）

2. 王邦雄、岑溢成、楊祖漢、高柏園《中國哲學史》，（臺北：國立空中大學，1998 年。）

3. 王俊彥《王廷相與明代氣學》，（臺北：秀威出版社，2005 年。）

4. 王俊義、黃愛平《清代學術文化史論》，（臺北：文津出版社，1999 年。）

5. 王國良《明清時期儒學核心價值的轉換》，（合肥：安徽大學出版社，2002 年。）

6. 王瑞昌《陳確評傳》，（南京：南京大學出版社，2002 年。）

7. 古清美《慧菴存稿——慧菴論學集》，（臺北：大安出版社，2004 年。）

8. 牟宗三《中國哲學的特質》，（臺北：學生書局，1994 年。）

9. ———《心體與性體（一）》，（臺北：正中書局，1968 年。）

10. ———《心體與性體（二）》，（臺北：正中書局，1968 年。）

11. ———《心體與性體（三）》，（臺北：正中書局，1968 年。）

12. ———《牟宗三先生全集》，（臺北：聯經出版社，2003 年。）

13. ———《從陸象山到劉蕺山》，（臺北：學生書局，1979 年。）

14. ———《圓善論》，（臺北：學生書局，1985 年。）

15. 余英時《論戴震與章學誠——清代中期學術思想史研究》，（北京：三聯書局，2005 年。）

16. ———《中國思想的現代詮釋》，（臺北：聯經出版社，1987 年。）

17. 李紀祥《明末清初儒學之發展》，（臺北：文津出版社，1992 年。）

18. 何冠彪《明末清初學術思想研究》，（臺北：學生書局，1991 年。）

19. 李振綱《證人之境——劉宗周哲學的宗旨》，（北京：人民出版社，2000 年。）

20. 沈善洪《中國倫理學說史》下卷，（北京：人民出版社，1985 年。）

21. 岡田武彥《宋明哲學序說——〈反宋明學の精神——唯氣的思想〉》，（東京：文言出版社，1977 年。）

22. 林聰舜《明清之際儒家思想的變遷與發展》，（臺北：學生生局，1990 年。）

23. 侯外廬《中國早期啓蒙思想史》，（北京：人民出版社，1956 年。）

24. ———《中國思想通史》第五卷，（北京：人民出版社，1956 年。）

25. ———《宋明理學史》下卷，（北京：人民出版社，1997 年。）

26. ———《陳確哲學選集》，（科學出版社，1959 年。）

27. 胡展貴《羅欽順評傳》，（南京：南京大學出版社，2002 年。）

28. 姜廣輝《走出理學——清代思想發展的內在理路》，（瀋陽：遼寧教育出版，1997 年。）

29. 韋政通《中國思想史方法論文選集》，（臺北：水牛出版社，1987 年。）

30. ———《中國思想傳統的創造轉化》，（臺北：洪葉出版社，2000 年。）

31. 唐君毅《中國哲學原論——原性篇》，（臺北：學生書局，1991 年。）

32. ———《中國哲學原論·原教篇》，（臺北：學生書局，1985 年。）

33. ———《中國哲學原論·原道篇》，（臺北：學生書局，1978 年。）

34. ———《中國哲學原論·導論篇》，（臺北：學生書局，1986 年。）

35. 徐復觀《中國人性論史——先秦篇》，（臺北：商務出版社，1969 年。）

36. 張立文《中國哲學範疇精選叢書——道》，（臺北：漢興書局，1994 年。）

37. ———《中國哲學範疇精選叢書——理》，（臺北：漢興書局，1994 年。）

38. ———《中國哲學範疇精選叢書——性》，（臺北：七略出版社，1996 年。）

39. ———《中國哲學範疇精選叢書——心》，（臺北：七略出版社，1996 年。）

40. ———《中國哲學範疇精選叢書——氣》，（臺北：漢興書局，1994 年。）

41. 張學智《明代哲學史》，（北京：北京大學出版社，2000 年。）

42. 張麗珠《清代的義理學轉型》，（臺北：里仁書局，2006 年。）

43. ———《清代新義理學——傳統與現代的交會》，（臺北：里仁書局，2003 年。）

44. ———《清代義理學新貌》，（臺北：里仁書局，1999 年。）

45. 袁爾鉅《吳廷翰哲學思想》，（北京：人民出版社，1988 年。）

46. 梁啟超《中國近三百年學術史》，（臺北：里仁書局，1995 年。）

47. 陳來《宋明理學（第二版）》，（華東師範大學出版社，2004 年。）

48. 陳榮捷《王陽明傳習錄詳註集評》，（臺北：學生書局，1998 年。）

49. 陶清《明遺民九大家哲學思想研究》，（臺北：洪葉出版社，1997 年。）

50. 陸寶千《清代思想史》，（臺北：廣文書局，1978 年。）

51. 傅武光《中國思想史論集》，（臺北：文津出版社，1990 年。）

52. 傅偉勳《從創造的詮釋學到大乘佛學——哲學與宗教四集》，（臺北：東大出版社，1990 年。）

53. 勞思光《新編中國哲學史（一）》，（臺北：三民書局，1984 年。）

54. 黃敏浩《劉宗周即其慎獨之學》，（臺北：學生書局，2001 年。）

55. 曾昭旭《王船山哲學》，臺北：遠景出版社，1983 年。）

56. 喬清舉《湛若水哲學思想研究》，（臺北：文津出版社，1993 年。）

57. 馮耀明《中國哲學的方法論問題》，（臺北：允晨出版社，1989 年。）

58. 楊伯峻《孟子譯注》，（臺北：華正書局，1990 年。）

59. 楊祖漢《中庸義理疏解》，（臺北：鵝湖出版社，1984 年。）

60. ———《從當代儒學觀點看韓國儒學的重要論爭》，（臺北：臺大出版中心，2005 年。）

61. ———《當代儒學思辨錄》，（臺北：鵝湖出版社，1998 年。）

62. ———《儒家的心學傳統》，（臺北：文津出版社，1992 年。）

63. ———《儒家與康德的道德哲學》，（臺北：文津出版社，1987 年。）

64. 楊儒賓、祝平次編《儒學的氣論與工夫論》，（臺北：臺大出版中心，2005 年。）

65. 楊儒賓、黃俊傑編《中國古代思維方式探索》，（臺北：正中書局，1996 年。）

66. 溝口雄三著，林右崇譯《中國前近代思想的演變》，（臺北：臺北市編譯館，1994 年。）

67. 詹海雲《清初學術論文集》，（臺北：文津出版社，1992 年。）

68. ———《陳乾初大學辨研究——兼論其在明末清初學術史上的意義》，（臺北：明文書局，1986 年。）

69. 蒙文通《先秦諸子與理學》，（桂林：廣西師範大學，2006 年。）

70. 蒙培元《中國心性論》，（臺北：臺灣學生，1990 年。）

71. 劉述先《黃宗羲心學的定位》，（臺北：允晨出版社，1986 年。）

72. ———《儒家思想意涵之現代闡釋論集》，（臺北：中研院文哲所籌備處，2000 年。）

73. 劉又銘《理在氣中：羅欽順、王廷相、顧炎武、戴震氣本論研究》，（臺北：五南出版，2000 年。）

74. 歐崇敬《中國哲學的脈絡構造理論分析》，（臺北：洪葉出版社，2004 年。）

75. 蔡仁厚《儒家心性之學論要》，（臺北：文津出版社，1990 年。）

76. 鄭宗義《明清儒學轉型探析——從劉蕺山到戴東原》，（香港：香港中文大學，2000 年。）

77. 鄧立光《陳乾初研究》，（臺北：文津出版社，1992 年。）

78. 鄧克銘《理氣與心性：明儒羅欽順研究》，（臺北：里仁書局，2010 年。）

79. 蕭萐父、許蘇民《明清啓蒙學術流變》,(瀋陽:遼寧教育出版社,1995年。)

80. 樂愛國、高令印《王廷相評傳》,(南京:南京大學出版社,1998年。)

81. 錢穆《中國近三百年學術史》上冊,(臺北:臺灣商務,1987年。)

82. 鍾彩鈞主編《劉蕺山學術思想論集》,(臺北:中央研究院中國文哲研究所籌備處,1998年。)

(三)期刊論文

1. 王汎森〈《中國近三百年學術史》中的一件公案——再論黃宗羲與陳確的思想交涉〉,新亞學術集刊第 14 期,香港:新亞學術期刊編輯委員會、香港中文大學新亞學院,2003 年,頁 241～260。

2. ———〈明末清初的一種道德嚴格主義〉,臺北:中央研究院近代史研究所,1998 年,頁 69～81。

3. ———〈明末清初的人譜與省過會〉,《中央研究院歷史語言研究所集刊》,第 63 本第 3 分,1993 年,頁 679～712。

4. 王成福〈進步思想家陳確評述〉,《社會科學輯刊》第五期,1981 年,頁 1～8。

5. 王俊彥〈王廷相的「性者、氣之生理」論〉,《中國文化中文學報》,第 9 期,2004 年 3 月,頁 41～64。

6. ———〈羅欽順的「理氣心性」論——以「理氣是一的本體觀」爲詮釋進路〉,《高明教授百歲冥誕紀念學術研討會》(臺北:國立政治大學中國文學系,2009 年 10 月) 頁 9～26。

7. ———〈陳確的性善論與明清氣學〉,《發皇華語‧涵詠文學——中華文化暨華語文教學學術研討會論文集》(臺北:文津出版社有限公司,2009 年 12 月) 頁 113～142。

8. 王昌偉〈陳乾初《大學辨》對朱子的駁難〉,《鵝湖月刊》第 24 卷第 12 期,頁 8～14。

9. 王瑞昌〈陳乾初思想的心學定位〉,《中國哲學史》第 3 期,2002 年,頁 63～72。

10. 古清美〈陳乾初理學思想探討〉,收於古氏著《明代理學論文集》,(臺北:大安,1990 年。)

11. ———〈談陳乾初與黃梨洲辯論的幾個問題〉,《幼獅學誌》第 17 卷 3 期,1983 年,頁 69～87。

12. 何佑森〈黃梨洲晚年思想的轉變〉,《故宮文獻》第 3 卷第 1 期,2000 年,頁 273～305。

13. 何冠彪〈陳確對出處之抉擇與回應——明遺民探求自處之道一例〉,《故宮學術季刊》第 11 卷第 4 期,1994 年,頁 109～140。

14. 岑溢成〈孟子告子篇之「情」與「才」論釋〉,《鵝湖月刊》第 58、59 期,1980 年。

15. 李明輝〈朱子論惡之根源〉,臺北:中央研究院中國文哲研究所籌備處,1993 年,頁 551～580。

16. ———〈劉蕺山對朱子理氣論的批判〉,《漢學研究》第 19 卷,第 2 期,2001 年,頁 1～32。

17. ———〈劉蕺山論惡之根源〉,臺北:中央研究院中國文哲研究所籌備處,1998 年,頁 93～96。

18. 李澤厚〈宋明理學片論〉,收入氏著《中國古代思想史論》,人民出版社。

19. 辛冠潔〈陳確三論——陳卻對程朱理學的三次發難〉,收入《中國哲學史》,浙江人民出版社,1983 年,頁 237～256。

20. ———〈鮮享盛名的清代學壇明珠——陳確〉,收於《第一屆國際清代學術研討會論文集》,高雄:中山大學中文系,1993 年,頁 265～279。

21. 周麗楨〈晚明釋德清與陳乾初對「大學」知行問題之儒佛詮釋〉,《華梵人文學報》第一卷,民 92 年 7 月,頁 167～208。

22. 姜廣輝〈陳確思想研究〉,《中國哲學史》第 1～2 期,1996 年,頁 143～152。

23. 徐令彥〈試析陳確對「人性善」理論的修正和補充〉,《河南社會科學》第 5 期,1999 年,頁 23～27。

24. 張立文〈中國傳統理欲觀的發展及其現代轉化〉,《中國文化月刊》,1993 年,頁 6～24。

25. 陳立勝〈儒學經傳的懷疑與否定中的論說方式——以王陽明、陳確的《大學》辨正爲例〉,收於劉小楓、陳少明主編《經典與解釋的張力》,上海:三聯書店,2003 年,頁 55～62。

26. 陽徵〈陳確研究綜述〉,《船山學刊》第 4 期,2004 年,頁 55～57。

27. 黃翔〈黃梨洲晚年思想轉變說試探〉,臺大:《中國文學研究》第 14 期,2000 年,頁 273～305。

28. 黃懿梅〈清代哲學中人性論的探究〉,臺大:《哲學論評》第 6 期,1983 年,頁 201～225。

29. 楊祖漢〈論蕺山是否屬「以心著性」之型態〉,《鵝湖學誌》第 39 期,2007 年,頁 33～62。

30. 詹海雲〈陳確人性論發微〉,收於《第二屆清代學術研討會論文集》,高雄:中山大學中文系,1991 年,頁 281～318。

31. 蔡家和〈黃宗羲的氣論研究〉，南華大學哲學系：《揭諦》第 11 期，2006年，頁 289～322。

32. ───〈黃宗羲與陳確的論辯之研究〉，臺大：《哲學論評》第 35 期，2008年，頁 1～35。

33. 鄭宗義〈黃宗羲與陳確的思想因緣之分析──以〈陳乾初先生墓誌銘〉為中心〉，《漢學研究》第 14 卷 2 期，1996 年，頁 59～74。

34. 嚴健羽〈陳確的哲學思想〉，收入《論中國哲學史──宋明理學討論會文集》，浙江人民出版社，1983 年。

（四）學位論文

1. 王巧儀〈孫應鼇「心與氣」思想之研究〉，（臺北：中國文化大學中國文學研究所碩士論文，2005 年。）

2. 王琇瑜〈陳乾初處世思想探析──以素位、葬論惟中心的討論〉，（臺北：國立台灣師範大學國文研究所碩士論文，1993 年。）

3. 李宜庭〈陳確思想探析：以「欲」、「私」、「氣」為核心的討論〉，（臺北：國立台灣師範大學國文研究所碩士論文，2008 年。）

4. 周麗禎〈陳乾初思想之研究〉，（高雄：國立高雄師範學院國文研究所碩士論文，1989 年。）

5. 林盈盈〈吳廷翰「氣即道，道即氣」思想之研究〉，（臺北：中國文化大學中國文學研究所碩士論文，2004 年。）

6. 柯正誠〈劉蕺山「盈天地間一氣」思想研究〉，（臺北：中國文化大學中國文學研究所碩士論文，2003 年。）

7. 紀喬蓓〈王充《論衡》氣論思想研究〉，（臺北：中國文化大學中國文學研究所碩士論文，2008 年。）

8. 唐經欽〈孔孟天論之歷史省察與當代詮釋〉，（臺北：中國文化大學研究所博士論文，2000 年。）

9. 陳正宜〈黃宗羲理學思想之研究〉，（臺北：中國文化大學中國文學研究所博士論文，2010 年。）

10. ───〈羅欽順理學思想之研究〉，（臺北：中國文化大學中國文學研究所碩士論文，1999 年。）

11. 陳立驤〈劉蕺山哲學思想研究〉，（臺南：國立成功大學中國文學博士研究論文，2009 年。）

12. 陳國勛〈張載《正蒙》氣論思想之研究〉，（臺北：中國文化大學中國文學研究所碩士論文，2009 年。）

13. 陳熙遠〈時代思潮與轉折點上的異數──陳確思想試析〉，（臺北：國立臺灣大學歷史研究所碩士論文，1991 年。）

14. 楊于萱〈陳確人性論研究〉,(中壢:國立中央大學中國文學研究所碩士論文,2007 年。)

15. 劉清泉〈陳確批判傳統理學的思想探究〉,(新竹:國立清華大學中文所碩士論文,1997 年。)

16. 蔡恆海〈陳確思想研究〉,(彰化:國立彰化師範大學國文研究所碩士論文,2003 年。)

17. 蔡馥穗〈清儒人性論研究〉,(高雄:國立高雄師範大學國文研究所碩士論文,1996 年。)

18. 蕭又寧〈董仲舒《《春秋繁露》》氣論思想研究〉,(臺北:中國文化大學中國文學研究所碩士論文,2008 年。)

19. 賴昇宏〈湛甘泉理學思想之研究〉,(臺北:中國文化大學中國文學研究所碩士論文,1998 年。)

20. 薛台光〈陳確生死思想研究〉,(臺北:中國文化大學哲學研究所碩士論文,2005 年。)

21. 蘇哲儀〈魏校「理氣是一」思想之研究〉,(臺北:中國文化大學中國文學研究所碩士論文,2005 年。)